歌者传记 JIMMY PAGE

光与影

吉米·佩奇谈话录

LIGHT AND SHADE

CONVERSATIONS WITH JIMMY PAGE

布莱德·托林斯基（Brad Tolinski） 著 吴少骊 陈易之 译

中国人民大学出版社

·北京·

序

50多年来，集吉他手、作曲家、制作人等多重身份于一身的吉米·佩奇，对其所在时代的音乐产生了多重意义上的影响。年轻时，他与另外几位音乐人几乎是单枪匹马地将美国的布鲁斯音乐带到了不列颠群岛，所掀起的音乐革命为滚石、吉米·亨德里克斯（Jimi Hendrix）和奶油（Cream）等乐队奠定了基础。60年代，他在数不胜数的伴奏带中刻下了自己出神入化的吉他技巧。他曾与妮可（Nico）、乔·库克（Joe Cocker）、多诺万（Donovan）和“他们”乐队（Them）等各式各样的艺术家合作，也帮助当时最受年轻人推崇的“摇摆伦敦”[1]（Swinging London）制作了原声。他和齐柏林飞艇开创性的演奏、作曲和制作不仅在70年代名列前茅，在之后的数十年间依然不断引起共鸣。

即使到现在，佩奇的创造才华依然让世人惊叹。他的上一部摄影自传《吉米·佩奇自选集》（*Jimmy Page by Jimmy Page*），是对他的生活和事业最原始也最美好的解说；而他的新网站 jim-

---

1　摇摆伦敦是60年代早期风行伦敦的一种时尚与文化风潮，此处是指1961—1969年间播出的与这一风潮有关的电视节目。——译者注。本书脚注均为译者注，以下不再一一说明。

mypage. com，图像和信息都十分丰富，也算能满足他那遍布世界各地的粉丝对他工作和生活的好奇心。

考虑到他的成就与经历皆多姿多彩，大家或许以为关于他的书不会少。然而事实上，吉米·佩奇的个人世界始终远离公众视线。

听起来似乎是又一个“齐柏林飞艇之谜”[1]，但这一个倒没什么故弄玄虚——主要是因为吉米·佩奇惯于保持沉默，毕竟他是那个在乐队 1976 年的音乐会电影《歌声依旧》（*The Song Remains the Same*）中乔装成隐者的人啊。更重要的是，佩奇与音乐记者及乐评人曾有过一段不和睦甚至可说是敌对的历史。而音乐记者或者乐评人，正是那批想写摇滚传记的人。

到底是怎么搞僵的呢？说起来可能有点荒谬——在 70 年代早期，当齐柏林飞艇逐渐形成自己的风格时，热衷跟风的摇滚出版界对齐柏林飞艇的音乐总是——说得好听些——没什么兴趣，纵使现在它已广受推崇。

当时的《滚石》杂志特别蛮不讲理。1968 年，乐评人约翰·门德尔松（John Mendelsohn）写了一段关于齐柏林飞艇第一张专辑的 389 字解析，断言这张专辑的价值“与它的大哥乐队‘杰夫·贝克组合（Jeff Beck Group）’不可同日而语，基本是在炒杰夫·贝克组合的冷饭”。几个月后，《滚石》又请这位门德尔松来评价《齐柏林飞艇Ⅱ》[2]，而他用一句“整张唱片里只有那首特别重型的歌值得一听”把他们打发了。

《滚石》绝不是当时唯一一个挑刺的。1970 年 12 月，底特律传奇摇滚杂志 *Creem* 刊登了一篇针对《齐柏林飞艇Ⅲ》的差评，臭名昭著。乐评人亚历山大·爱斯奈（Alexander Icenine）佯装自己吸毒

1　齐柏林飞艇的职业生涯神秘色彩浓厚，有诸多传言流传于世，虚实难辨，故称“齐柏林飞艇之谜”。

2　齐柏林飞艇的第二张专辑，详情见后文。

过后思绪不清，以混乱的笔调来表达他对这张专辑的蔑视：

> 骑玻璃飞艇？那是什么？每次睡下，我常常就此扪心自问。有时候我又想，为什么他们不叫 Red Zipper 或者 Load Zoppinsky[1] 呢？然而无论问几次，都没有答案，他们也从不回答。

面对这样无礼的评价和其他所谓“理性客观”的评论，吉米·佩奇是怎么做的呢？他干脆彻底无视了整个乐评圈。

随着乐队的日益走红，评论也逐渐变得积极，佩奇对出版界冷漠的态度亦有所缓和——但是不管怎么说，裂痕都是难以修补的。老牌摇滚作家扬·乌赫茨基[2]（Jaan Uhelszki）仍然记得齐柏林飞艇 1977 年巡演期间她对吉米·佩奇进行的一次采访，过程很有趣。

> 当时，在整整一个多星期的时间里我和乐队始终待在一起，但我就是没法让吉米给我一次采访的机会。终于，他在巡演最后一天同意做采访，不过有一个条件：他的公关人员必须在场。一开始我没反应过来这是什么意思，直到采访的时候我才明白，吉米规定我必须先把我的问题说给公关人员听，然后再由她把这个问题转达给他——即便我们说的是同一种语言，而且我和他之间的距离只有 6 英尺。我们的采访就以这种形式持续了大约 1 个小时。

不过吉米也有权将自己禁锢起来——毕竟大部分记者只是想知道

1　Red Zipper 与 Load Zoppinsky，发音均相近。

2　扬·乌赫茨基，传奇摇滚杂志 *Creem* 的联合创办人，摇滚新闻界最早的一批女性从业者之一。

他是不是像外界所说的那样吸毒、是不是和骨肉皮[1]（groupie）大搞危险性爱以及他到底有没有和撒旦签订恶魔契约。事实是，只有一小部分的记者能够在对待他或者他的乐队时，像对待约翰·列侬（John Lennon）、基斯·理查兹[2]（Keith Richards）和彼得·汤显德（Pete Townshend）那样严肃认真。不过随着事情的发展，这些都不重要了。吉米那不为人知的私生活也成了环绕于其身的重重谜题的一部分——他成了摇滚史上的一个神秘人物。

而之后就该我登场了。

1993年，我第一次和佩奇说上话。作为《吉他世界》（*Guitar World*）杂志的首席编辑，我给自己布置了一个任务，即采访佩奇，和他聊聊那时他与白蛇[3]（White Snake）的大卫·科沃戴尔（David Coverdale）那颇有争议的合作。但说实话，我感兴趣的是更加私人化的部分——作为一个从70年代成长起来的人，我是听着佩奇的音乐长大的，他和新兵[4]（Yardbirds）、齐柏林飞艇的作品嵌在我的基因里。我一直都很钦佩他作为吉他手、作曲家和制作人的创造力。他能当上制作人，全是凭借着他不输菲尔·斯派克特（Phil Spector）和乔治·马丁（George Martin）的创新精神。

作为一个记者，我一直都很好奇，怎么就没人问他那些事情呢？这正是我想读到或者想写下的东西。

佩奇总是对记者发脾气，这一点对我而言当然不陌生，所以我也做好了心理准备。采访过程虽说不上相谈甚欢，但我可以看出他很高兴我能和他聊一些十分专业和复杂的技术及音乐问题。我们第一次的

1 指乐于和摇滚乐手发生性关系的女歌迷，又称“果儿”等。
2 基斯·理查兹，滚石乐队吉他手。
3 20世纪80年代著名流行金属乐队。
4 吉米·佩奇曾经的乐队。

采访进行了几个小时，当他假装被我那极具挑战意味的提问搞得精疲力竭时（倒是展现出了一定程度的幽默感），我们稍微放慢了一点速度。但我偏向虎山行，没有就此停下，而是继续进行更深一层的访问。奇迹般地，这轮采访又坚持了一个小时，而且佩奇也丝毫没有摆出摇滚大牌的架子。能感觉到他很高兴能好好地谈一谈他的音乐——不止是齐柏林飞艇，还有他和科沃戴尔超过一年的合作。

这也就是我写《光与影：吉米·佩奇谈话录》的目的。其实这本书是我们初次会面后极为自然的衍生品。我认为吉米·佩奇是上个世纪最重要、最受欢迎的吉他手之一。我想也没想就把他和那些艺术奠基人，如马迪·沃特斯（Muddy Waters）、迈尔斯·戴维斯（Miles Davis）和查克·贝里（Chuck Berry）等在艺术和商业成功之间架起桥梁的梦想家排在一起。他的音乐经受住了时间的考验，而且仍在持续激励着那些在齐柏林飞艇解散后出生的年轻乐迷们。他的话和故事都很有历史意义。

我尽力诱使这位以擅长保护隐私而闻名于世的大师尽量多谈些他那绵延多年、丰富跌宕的事业经历。感谢我在《吉他世界》的职务，使我在过去的20年间有不少机会能和吉米聊聊天。虽然我觉得我们算不上朋友，但至少我们的关系是很友好的，我们在彼此的专业性之上建立起了相互尊敬的桥梁。

“专业性”是指，他随和亲切、举止礼貌、对我尊重——只要我不故意触碰禁忌。他希望我能把自己的功课做好，只讨论客观事实。[1] 为了在最大程度上保证这一点，我们的话题都只集中在音乐上。只要我遵守这些规则（当然不能明说），他便会和蔼可亲，且很真诚地接受采访。

让他推测他人对他音乐的态度的开放性问题，或者试图让他对其

1　意思是不允许作者与他讨论八卦、绯闻、流言。

他音乐人做出消极的评价的问题，都是他所讨厌的。只要你问了其中一种，就会让原本进行得十分顺利的访问唐突地停下来，并且难以重新开始。作为一个作家，这些限制虽然会给我带来束缚，但是面对音乐这片肥沃的土壤，这算不上什么大问题。

说到禁忌话题，绕不开的便是佩奇对神秘学的狂热兴趣（这也是人们一听说我能和他见面就立刻问我的问题）。与大众的想象截然相反，他从来没有隐藏自己对魔法（magick，英国神秘学家阿雷斯特·克劳利（Aleister Crowley）为将魔法与魔术区分开而选取的拼法）和玄学的痴迷，这种痴迷也表现在了他的音乐里。但他发现很难深入地谈论这个话题，因为无论他说什么，最后都会被人故意曲解或者断章取义得耸人听闻——他觉得这样不仅侮辱了对他而言重要的东西，也会显得他是个神经病。这么想也没错。

不过让我觉得不可思议的是，他在这方面的学问，分明是他的艺术作品中重要的组成部分。所以我希望在必要的时候，他能多谈论一些他的兴趣爱好。搞不好这些信息还能让那些喜爱魔法仪式、玄学和占星术的人茅塞顿开呢。

除了魔法，《光与影：吉米·佩奇谈话录》还有一个重要的内容。这不是一本传统意义上全盘揭秘型的传记，而是（至少我希望是）一本清晰的、由摇滚天才自己讲述的音乐人生，而它能给予读者些许启发。在音乐纪录片《吉他英雄》（*It Might Get Loud*）中，吉米简单地提到了对他而言“光与影”是什么：

> 力量十足的……雷声；让你陶醉的声音。吉他之所以如此让我着迷，是因为它有其他物体没有的特性。每个人弹吉他都具有自己的风格，这和他们的个性也有很大的关系。

就把这本书想作是建筑在此观念的基础之上，一次倾听艺术大师讲解他的音乐的难得机会吧。

你会发现佩奇虽然是这本书的主角，但他绝不是这本书里唯一的声音。本书中涉及的其他人，在佩奇的经历和音乐方面，作为旁观者提供了一些很有价值的观点。而且他们的话也可以为佩奇的叙述增添有趣的细节。比如，我之所以把约翰·瓦尔瓦托（John Varvato）关于佩奇对时尚的影响的看法也写了进来，是因为我觉得他有资格谈论这个话题，而这也是佩奇给世人留下的重要元素之一。

我想这些材料中所呈现的，即是一个复杂的男人身上如吉米所言的那种被称为“光与影”的东西。

布莱德·托林斯基

目　录

CONTENTS

1

我们的每场演出上几乎都有人打架

吉米·佩奇在吉他世界中探索，成为当地的传奇人物，进入艺术学校，并且为布鲁斯在英国的发展出了一份力。

这是一个古老的传说，与许多神话故事如出一辙。一个出身贫寒的年轻人，偶然发现了一件神秘的法宝：一旦掌控了这件宝物，人生轨迹便能就此改变。于是这个男孩踏上了漫长的征途，一路上他经受住了神对他的技能、力量与勇气的考验，证明了自己的价值。最后他释放了法宝的能量，给他本人带来荣誉的同时，也对后世产生了巨大的影响。齐柏林飞艇的创始人、摇滚界最伟大的吉他传奇人物之一——吉米·佩奇的故事就是这样展开的。

1944年1月9日，星期天，詹姆斯和派翠西亚之子詹姆斯·派特里克·佩奇出生在伦敦的豪恩斯洛区。他们一家子在那儿住了十几年，直到希思罗机场的噪音促使他们搬到了萨里郡埃普索姆镇安静的郊区。或者用吉米冷淡的话来描述就是："飞机来了，我家走了。"而这就是故事真正的开端。

"搬去埃普索姆的时候，发生了一件奇怪的事，那屋里居然有一

佩奇和他的第一把电吉他，1958 年（©托尼·比松）

把吉他。”佩奇在 2004 年接受英国记者查尔斯·沙·莫里（Charles Shaar Murray）的采访时说，“我也不知道是以前住在那儿的人忘了带走，还是它（属于）以前那家人的朋友——好像没人知道这把吉他是哪儿来的。”

吉米对那把被人遗弃的神秘吉他的探索也许是出于神明的眷顾。然而无需争议的是，一个在之后会被无数人奉为王者的人，将佩奇的命运与那把天赐的吉他联系在了一起：猫王的那首《宝贝我们过家家》（*Baby Let's Play House*），加入了吉他手斯科蒂·摩尔（Scotty Moore）充满着混响和滑音的山区乡村摇滚乐段，成了吉米认真对待音乐的起因之一。“我听了那张唱片，很希望自己也能成为其中一员。”他解释说，“我产生了一种萌动。”

13 岁的时候，佩奇开始跟同学学习如何给吉他调音，也跟当地的吉他手学着弹一些基础的和弦，但在这之后他基本全靠自学。他通过听英国早期爵士乐如罗尼·多内甘（Lonnie Donegan）的专辑和美国早期摇滚乐手如猫王、艾迪·柯克伦（Eddie Cochran）和吉恩·文森特（Gene Vincent）的专辑来学着弹曲子。

被儿子的热忱所感动，吉米的父亲给他买了一把日落色的原声 Hofner President F 孔吉他，这把吉他的样子和他心目中的英雄摩尔还有查克·贝里所使用的 Gibson 吉他很相似。大约一年以后，佩奇的吉他水平已经足以在 BBC 的“靠自己”（All Your Own）节目上弹奏两首歌了，那是一档由胡·威尔顿（Huw Wheldon）主持的青少年才艺类节目。1958 年的表演录像显示早熟的吉米自信地弹奏着时髦歌曲《妈妈不让我们在这儿弹噪音爵士》（*Mama Don't Allow No Skiffle Around Here*）和莱德贝利[1]（Leadbelly）的《棉花田》（*Cotton Fields*）。

1　莱德贝利，美国民谣的开创者，以沙哑的演唱和粗犷的演奏著称，1949 年于潦倒中身故。

没过多久吉米买下了他的第一把电吉他，那是有着3个拾音器的1958年版Resonet Grazioso Futurama，它的圆滑曲线和摇滚明星巴迪·霍利[1]（Buddy Holly）钟爱的Fender Stratocaster吉他有些相似。吉米一直通过和一些埃普索姆当地的乐队合奏来磨炼自己的技巧，到了1960年，他得到了音乐经纪人克里斯·提德玛什（Chris Tidmarsh）的注意。克里斯随即把他招进了一支名叫“莱德·E·刘易斯与红帽子”（Red E. Lewis and the Red Caps）的乐队，这名字正是在向吉米的偶像“吉恩·文森特和蓝帽子乐队”（Gene Vincent and the Blue Caps）致敬。

佩奇现在仍记得早期的那些演出——虽然有趣，但混乱不堪。“那时候我还在上学，所以我们只能在周末演出。”他说，“但那确实是让人大开眼界的经历。每逢我们演出都有人打架。那打架和咱们现在看到的不一样，不会有人被枪击、被刀刺甚至被杀。那时候的打架比较像是一种暴力的游戏。基本上就是谁先倒在地板上，谁就输了，就这样。我也是在那时候学会了一项特殊技能——无论周围环境如何，我都能低着头弹自己的吉他。”

就在吉米加入红帽子几个月后，后来改名为尼尔·克里斯汀（Neil Christian）的提德玛什，炒掉了莱德·E·刘易斯并接替了乐队主唱一职。他把乐队名改为“尼尔·克里斯汀与十字军”，雄心勃勃地开始了巡演。他们把全英国上下的俱乐部都巡演了个遍。

这支乐队之所以这么受欢迎，有很大一部分原因在于天才少年佩奇，他能用自己新买的那把橙色Gretsch Chet Atkins Country Gentleman[2]惟妙惟肖地翻弹时下最流行的音乐。无论是查克·贝里和小理查德[3]（Little Richard）那充满力量的摇滚和节奏布鲁斯，还是像

---

1 巴迪·霍利，摇滚乐最早的“青春偶像”，22岁时死于飞机失事。

2 传奇乡村吉他大师查特·阿特金斯（Chet Atkins）的纪念琴款。

3 小理查德，20世纪50年代最受欢迎的摇滚人物。

桑托和约翰尼[1]（Santo & Johnny）的《梦游》（*Sleep Walk*）那样的器乐，或是当下排行榜前 20 名的任何曲子，吉米都能弹，而且弹得很棒。

虽然演出让人兴奋，但住宿的条件、演出的频率和条件艰苦的巡演路途，对于生理和心理都是一种折磨。在之后的两年中，巡演途中的尼尔·克里斯汀与十字军经常不得不在他们的货车后座或刚演出过的俱乐部凑合一晚上。甚至有时得枕着自己的乐器在地板上过夜。

1962 年的一个晚上，佩奇在演出结束之后倒下了。他被确诊为单核白血球增多症[2]，那之后不久，他就退出了乐队。

吉米走上演艺圈的道路着实一波三折，但毋庸置疑的是，18 岁那年他就成了一名优秀的吉他手，有着远超他年龄的成熟。他名声大噪，以至于当他还在十字军时，就被邀请与当时在英格兰很有声望的两位摇滚音乐家，即曾为全英最红乐队阴影（The Shadows）效力的贝斯手杰特·哈里斯（Jet Harris）和鼓手托尼·米含（Tony Meehan），一起在 1962 年参与了一次伴奏录音。当时他们录的歌是《钻石》（*Diamonds*），这是一首由杰瑞·罗顿（Jerry Lordan）创作的沉静纯音乐，引起巨大轰动，登上了 1963 年初英国排行榜榜首。也正是在那个时期，英国布鲁斯口琴大师西里尔·戴维斯（Cyril Davies）邀请佩奇加入他自己的一支极具影响力的节奏布鲁斯全明星乐队。但在有了十字军乐队的经历之后，吉米对于成为巡演音乐人一事变得谨慎起来。

在治疗期间，佩奇开始考虑自己的前途。他爱弹吉他，但是他在尼尔·克里斯汀乐队的经历，让他开始重新思考是否应该把音乐作为

1　桑托和约翰尼，来自布鲁克林的意裔美籍双人组。

2　一种病毒性感染疾病，主要影响呼吸系统、肝脏及淋巴系统，一般一个月内会痊愈。

自己的事业。在空闲的时候，他也画了不少画，所以他最终决定到萨里郡萨顿市的艺术学院念一个文凭先修班。在那之后的一年半里，吉米一直勤奋地投身学业，纵使也花着几乎同样的工夫继续刻苦练习吉他。

佩奇开始经常时不时在晚上去那些规模虽小发展却快的英国布鲁斯俱乐部逛逛，并且像在伦敦的华盖俱乐部[1]（Marquee Club）和里士满的龙虾王俱乐部（Crawdaddy Club）时一样上去弹两段。当时英国布鲁斯正在萌芽时期，但他早已精通这种来自美洲的音乐。他对布鲁斯的兴趣源于他热爱的乡村摇滚，而当地的节奏布鲁斯爱好者和唱片收藏家也助长了他对布鲁斯的热情。

在学会吉恩·文森特的吉他手克里夫·盖洛普（Cliff Gallup）和瑞奇·尼尔森（Ricky Nelson）的吉他手詹姆斯·波顿（James Burton）的作品之后，佩奇更开始忘情地研究休伯特·萨姆林（Hubert Sumlin）、埃尔默·詹姆斯（Elmore James）和孟菲斯瘦子（Memphis Slim）的吉他手马特·“吉他”·墨菲（Matt “Guitar” Murphy）等布鲁斯吉他手的独奏和旋律风格。在十字军时，吉米曾尝试过将布鲁斯与乐队的代表作品结合起来，但这种音乐似乎和在主流舞厅跳舞的人——也就是他们的大部分观众——有些格格不入。

然而时代在变化，大概一两年之后，英国的音乐爱好者们对美洲黑人音乐产生了强烈的兴趣。在英格兰北部，披头士弹奏的源自摩城的舞曲风节奏布鲁斯获得了极大的成功。而在南部，有一小部分专业音乐家开始学习并演奏由切斯唱片[2]（Chess Records）或者其他芝加哥当地厂牌发行的早期电声布鲁斯乐曲。1962 年，口琴演奏家西里尔·戴维斯和吉他手阿历克斯·科纳（Alexis Korner）的乐队“布鲁斯社团”（Blues Incorporated）开始固定于每周四在华盖俱乐部演

1　音乐界的传奇地标建筑，见证了数代摇滚音乐人的崛起。

2　促成黑人布鲁斯崛起的传奇音乐厂牌，后因“不列颠入侵”而没落。

出。演出逐渐成了热爱马迪·沃特斯、嚎狼（Howlin' Wolf）和其他芝加哥布鲁斯大师的音乐的嬉皮士和乐手们的聚会。没过多久，吉米便受邀带领一支乐队在华盖的幕间休息时间演出。

正是在那段日子里，佩奇意识到了自己是多么热爱吉他。而正当他仔细思考自己的未来时，似乎是命中注定的，许多人纷纷邀请他参加伴奏录音。很快他开始觉得，如果做个录音室吉他手，不用巡演还能赚到钱，似乎是个不错的选择。

对　话

你在电吉他还属于新鲜事物的时候就开始玩这种乐器了，是什么促使你选择了电吉他呢？

和当时的很多年轻人一样，我喜欢吉他主导的乡村摇滚，比如猫王和吉恩·文森特的。现在让我惊讶的是，我发现它们的吉他部分其实是很受压制的，但当时的我如此全神贯注于吉他声，以至于它在我听来好像特别响亮——特别突出。那时候我听着自己弹奏的音乐，就仿佛在脑海中穿越回了录音棚的扬声器前，进入了自己的世界。我会假装自己正和艺术家们或者录音师们坐在录音棚里，探讨着我们刚录下的音乐。虽然应该是心理因素在起作用，但我觉得我还是能辨别出这次录的和那次录的有什么不同，以及究竟用了什么效果。特殊的回声和混响使得音乐听起来惊天动地。现在当我重新听到那些唱片时，才发现那些效果其实都藏在背景里，但当时我们是如此努力，如此渴望。我们所有人——埃里克·克拉普顿（Eric Clapton）、杰夫·贝克还有那些与我们同时代的乐手们——一路都是这么过来的。早期的摇滚和布鲁斯专辑让我们痴迷。

你是什么时候开始对布鲁斯感兴趣的？

其实我很快就发现猫王的歌里我最爱的几首，比如《猎狗》（*Hound Dog*）和《奶牛布鲁斯》（*Milk Cow Blues*），都是由布鲁斯演奏家作曲并录制的。我们开始研究阿瑟·克鲁达[1]（Arthur

1　阿瑟·克鲁达，美国著名黑人三角洲音乐作曲家、歌手、吉他手。

Crudup）之类的人的作品，猫王的热门曲子《那挺好》（*That's All Right*）就是他写的。就这样，我开始逐渐了解更广阔的音乐天地。你会发现音乐蓝图就像一张挂毯一样铺开在你面前。

我开始通过我那位喜欢收藏专辑的朋友来了解阿瑟·克鲁达的音乐源头。我朋友收藏了不少布鲁斯专辑，他也很慷慨地借给我听。那时候还没什么人在收音机或者俱乐部里放布鲁斯，所以这还是一种地下音乐，专辑不好找。

其实我被摇滚乐和布鲁斯吸引并不奇怪。我是个吉他手，而这两种音乐都是以吉他为中心的。如果你是那个时代的吉他手，你最大的愿望便是还原查克·贝里以及来自芝加哥的所有布鲁斯音乐。

其实布鲁斯音乐和性、魔鬼脱不开关系，也难怪年轻人容易被它吸引。

当我第一次听到那些歌的时候，它们确实让我背上都起了鸡皮疙瘩，真的。好在那时候有些人也喜爱摇滚、布鲁斯和节奏布鲁斯，他们收藏着一些珍贵的专辑。很快交换专辑的网络就建立起来了。他们借给你专辑，你就能研究里面的独奏了。虽然我们都没钱去买那些罕见的进口专辑，但音乐却一点点累积起来。那是一个非常重要的时期。

除了唱片收藏家之外，还有谁算得上是把布鲁斯带到英格兰的英雄人物？

这个嘛，你可以说是阿历克斯·科纳和西里尔·戴维斯，他们的乐队叫作“布鲁斯社团”。阿历克斯弹奏原声吉他，西里尔则是了不起的口琴演奏家，而在60年代早期，他们每周四都会在华盖俱乐部举行布鲁斯合奏。这在当时的伦敦绝无仅有。滚石出名前也在华盖演出过，克拉普顿曾经是那里的听众，而我有时会参加幕间合奏。

马迪·沃特斯和桑尼男孩威廉姆森（Sonny Boy Williamson）那样的布鲁斯艺术家第一次踏上英格兰的土地，也是因为阿历克斯，这真是难以置信。

华盖俱乐部大吗?

我想大概能容纳几百人吧。不怕跟你说，这对当时的我来说已经是很大的场子了!（笑）对我来说那就是非常大型的演出。

我记得有一天晚上马修·墨菲[1]（Matthew Murphy）到华盖来演出，当时整个地方都挤满了，因为我们都喜欢他的歌。我们兴奋地等着他来点摇滚，结果他看了看我们说:“好啦，兄弟们，我就想弹点爵士。”搞得大家都很有怨言。挺有意思的。

那时候的你在弹什么类型的音乐呢?

我当时就想弹得跟马修·墨菲一样呀!（笑）我还能弹一些弗莱迪·金（Freddie King）的曲子。

罗伯特·约翰逊[2]（Robert Johnson）的《三角洲布鲁斯歌手之王》（*King of the Delta Blues Singers*）的发行，是不是英国1961年的一个重大事件?

确实很重要，但这个消息过了一段时间才在圈子里传开。真的，不骗你，我们真有小道消息网。我们都是靠小道消息才听说弗莱迪和阿尔伯特·金（Albert King）、罗伯特·约翰逊还有其他的乡村布鲁斯音乐人的。

你是怎么看待与你同时代的那些演奏布鲁斯的白人的? 你喜欢滚石、动物[3]（The Animals）还有早期的新兵吗? 还是觉得他们试着

---

1 马修·墨菲，生于1929年的著名布鲁斯吉他手，曾在“嚎狼”等乐队弹奏。

2 罗伯特·约翰逊，著名布鲁斯歌手。

3 动物，活跃于60年代，“不列颠入侵”的重要乐队之一。

弹奏黑人的布鲁斯有点装呢？

那时候没有同行相轻一说，我们都在试着创造自己的布鲁斯。我从录音师格林·约翰斯（Glyn Johns）那儿听说了滚石，当时我还是个录音室乐手。他对他们大为赞赏。后来我终于有机会去看他们的演出，确实让我印象深刻。他们的确有着正宗的马迪·沃特斯的味道。尤其是布莱恩·琼斯（Brian Jones），弹得真的很出彩。

英国布鲁斯发展史的里程碑是桑尼男孩威廉姆森开始和埃里克·克拉普顿还有新兵一起录歌。克拉普顿——那时候还是乐队的一员——曾经说那对他而言也是一种学习，但他并不看好这次合作的成果。那么，你觉得他们的合作如何呢？

当我第一次听到它的时候，我觉得那非常令人兴奋。我是说，没人指望新兵能听着像芝加哥的切斯唱片旗下的乐队一样，但我认为他们的作品值得嘉奖。他们对布鲁斯有着自己的理解和表达，这没什么错。那时候确实有太多这样的事情了，每个人都想推动音乐的前进。

所以你看到英国又向布鲁斯迈进了一步。

可以这么说吧。

可以说齐柏林飞艇以布鲁斯为基础，创造了一些现代——甚至未来主义的东西吗？

当然可以，我们的旋律确实充满魔力，不是吗？这些因素将我们的音乐带到了一种新的境界。这使得罗伯特·普朗特（Robert Plant）和我都能真正地施展自己的能量。但并不是只有我们——你不能忘了奶油和吉米·亨德里克斯，他们也在开发新的领域。亨德里克斯把布鲁斯带到了一个崭新的、无人能及的境界，不是吗？

我觉得可以把你们分为两个阵营。一部分人单纯地想完全掌握芝加哥布鲁斯的外在声音和内在灵魂。也有些人试着开辟新的领域。我觉得你和杰夫·贝克都属于第二种人。你们会被当作异端吗？

杰夫和我有着更广阔的音乐视野，但我不觉得这是和传统布鲁斯演奏家的竞争。我很欣赏克拉普顿他们所做的一切，还有其他的一些音乐人也同样优秀。但就个人来说，我不认为英国布鲁斯音乐人里还有比原始阵容的“弗利伍德·麦克”（Fleetwood Mac）——也就是杰瑞米·斯宾塞（Jeremy Spencer）和彼得·格林（Peter Green）——更有代表性的。

在你成为新兵的一员并出名之前，你有过一段有趣的音乐生涯。你曾经是尼尔·克里斯汀与十字军的一员，还当过优秀的录音乐手和制作人。你能给我们说说在60年代早期当个吉他手大概是什么感觉吗？

和尼尔组乐队时我还只是个毛头小子。我们什么都能弹一点，真的——查克·贝里，一点查特·阿特金斯，还有不少那时候的流行音乐。真的，那时候我用的是橙色的Gretsch。

我们口碑不赖，但是巡演真的很艰苦，想坚持下来挺不容易的。比如，我记得有一次我们要开车到利物浦的俱乐部去演出，结果车抛锚了，所以我们只能搭便车去。我们到那儿的时候已经太晚了，只演出了5分钟。而且因为我们是搭便车去的，因此只带了吉他，不得不借用其他人的音箱，效果一团糟。由于没钱，我们只能在俱乐部的某间小屋里凑合一晚上，睡在桌子、椅子和破急救用柜中间，屋里面冷极了。

后来因为巡演条件恶劣，我的传染性单核白血球增多症不断复发，导致没过多久我就开始想，去他的吧，我不干了。

那你后来是怎么回到音乐领域的？

其实我从来没有离开过。比如，有时候我会在周日晚上和杰夫或者其他乐手一起在我父母的房子里合奏。后来在 1962 年，阿历克斯·科纳和西里尔·戴维斯开始每周四在华盖俱乐部演出。几乎所有乐手都会聚集在那里，毕竟那是整个城市最有趣的地方。我也开始时不时地加入舞台上的他们，后来我就是在那儿遇见了克拉普顿和滚石的成员。那时候我们中还没有一个人是出名的。

那段时间我意识到，我依然对音乐充满了热情。随着在华盖的演出越来越受欢迎，我离成为录音乐师也越来越近了。

2

我想弹得石破天惊

吉米成了英国最忙碌的录音室吉他手之一，最后毅然决然地抛下这份事业加入了新兵乐队。

佩奇在1963年开始了录音室吉他手的职业生涯，但直到之后他被邀请参与约翰·卡特（John Carter）——长年与名为卡特·刘易斯与南方人（Carter-Lewis and the Southerners）的录音团队合作的歌手——的录音时，他才感到动力十足。卡特的《你的妈妈出城了》（*Your Momma's Out of Town*）中的吉他部分正是吉米弹奏的，这首歌虽然人气一般，但也足够令他成为录音室乐手中的一颗新星。

传奇制作人谢尔·塔尔米（Shel Talmy）对这个熟练掌握摇滚和布鲁斯的年轻吉他手印象深刻，于是他请佩奇为奇想乐队（The Kinks）1964年的首张专辑和谁人乐队（The Who）的里程碑单曲《我解释不了》（*I Can't Explain*）伴奏。这些不过是冰山一角。在那个年代，成百上千的歌曲中都铭刻着吉米的贡献，包括汤姆·琼斯[1]（Tom Jones）轰动一时的《没有什么不寻常》（*It's Not Unusual*）、

1 汤姆·琼斯，威尔士歌手，唱片总销量过亿。

佩奇以及卡特·刘易斯与南方人乐队，1963 年（© 盖蒂图片社）

雪莉·贝西（Shirley Bassey）戏剧性十足的《金手指》（*Gold finger*），还有"他们"乐队引人注目的车库摇滚布鲁斯经典《宝贝求你别走》（*Baby Please Don't Go*）。他很受欢迎。据说在英国60年代音乐作品中有60%的歌曲里都能找到他的吉他声。

彼时吉米主要使用的是那把黑色的Les Paul定制款，也就是他还在尼尔·克里斯汀乐队时买的那把。这把吉他上的三个Fretless Wonder双线圈拾音器[1]能为佩奇提供狂野灵活的音调，这样一来无论他要弹什么风格，这把琴都能胜任。而在原声吉他方面，他使用的是1937版Cromwell爵士吉他。那段时间他用的吉他音箱是Burns，虽然2009年时他回忆说他偶尔也用Fender。

那时候市场上才刚出现效果器，但是佩奇——作为一个如今已在伦敦音乐圈中有号召力的人——十分乐意尝试新的科技。例如，当时还不出名的效果器发明家罗杰·梅耶（Roger Mayer）开发出第一款真正能用的法兹效果器时，佩奇就意识到这东西潜能无限，并且立刻投入了使用。

"1964年我发明的第一个法兹效果器正是吉米在P.J.普罗比的专辑里用到的那个。"梅耶对记者米克·泰勒说，"当时他差不多一天录两三首歌，所以到最后不少歌里都用到了一些我的效果器。"梅耶继续开发了整个革命性的法兹效果器系列，杰夫·贝克、漂亮东西（Pretty Things）的迪克·泰勒（Dick Taylor）都使用过，而吉米·亨德里克斯也在《紫色迷雾》（*Purple Haze*）中使用了梅耶的失真效果器。

在作为录音室吉他手工作了两年之后，吉米已经达到了巅峰。纵使身负重大压力，他还是在短得令人难以置信的时间内熟练掌握了各种风格、流派的独奏和旋律。这位年轻的音乐家还通过观察英格兰最

1 由于Les Paul重量过大、把位过高，Gibson公司于1961年推出了SG吉他，人称"Fretless Wonder"。

优秀的制作人工作来学习如何制作伴奏录音。很快，他开始构建自己的录音、混音、管理以及摇滚专辑的制作理论。

但佩奇的音乐学习并未止步于此。即便在录音室之外，他也时刻关注新的音乐趋势。他是英国音乐家中最早买西塔琴的人之一——比披头士的乔治·哈里森[1]（George Harrison）早了好几年——并且从传奇音乐人拉维·香卡（Ravi Shankar）那里学会了如何调音。尚处萌芽时期的英国传统民谣也逐渐渗透到了伦敦咖啡馆里，他和这种音乐也有着紧密联系。诸如戴维·格拉汉姆（Davey Graham）和约翰·伦伯恩（John Renbourn）这类原声吉他大师，特别是伯特·詹茨（Bert Jansch），都对佩奇产生了深远的影响——他们展现给佩奇的开放调弦和指弹技巧，日后都被他加入了飞艇的经典歌曲如《黑山一侧》（*Black Mountain Side*）和《布隆-耶-奥》（*Bron-Yr-Aur*）里面。

那段时间佩奇学到的所有东西，后来都被证明非常有用，但同时他也发现，他对录音棚的新鲜感正逐渐消退。随着时光飞逝，他越来越精通自己的乐器。所以佩奇开始更多地参与到广告歌曲而非摇滚中。但是也有让人兴奋的经历，比如有次他曾协助滚石乐队的布莱恩·琼斯录制了德国导演沃尔克·施隆多夫[2]（Volker Schlöndorff）的电影《谋杀与杀人》（*A Degree of Murder*）的原声——里面包含很多让人心烦意乱的背景声。彼时占主导地位的是毫无教益的娱乐而非流行音乐，而佩奇的录音室吉他手事业，也逐渐变得像在无窗囚室里的无期徒刑。

1965 年，大约是他对录音工作彻底失望的前一年，佩奇接到了新兵乐队的经理希奥尔希奥·戈梅斯基（Giorgio Gomelsky）的邀请，请他来代替正准备离开自己一手创办的布鲁斯摇滚团体的埃里

---

1 乔治·哈里森，以热衷印度文化闻名。

2 沃尔克·施隆多夫，德国著名导演，代表作有《铁皮鼓》等。

克·克拉普顿。新兵才刚刚推出了大受欢迎的《为了你的爱》（*For Your Love*）。然而佩奇个性谨慎，不想冒犯他的朋友克拉普顿，于是他推荐了他的童年好友杰夫·贝克。

虽然他对把这项肥差让给贝克一事毫不后悔，但也已经对自己的“幕后英雄”角色感到厌倦了。他开始采取一些低调——也不算太低调——的办法来让自己从录音室里解脱出来。1965 年早期，他通过丰塔纳（Fontana）厂牌发行了一首风格十分热烈的个人单曲，名为《她才满足》（*She Just Satisfies*），他在其中包揽了除打鼓之外的所有弹唱部分。这首歌的特点是在坚实的吉他连复段的基础上，加入了富有冲击力的主唱和口琴。

那之后不久，佩奇接到了另一封邀请函。滚石的经理安德鲁·鲁格·奥德汉姆（Andrew Loog Oldham）和他的搭档托尼·考尔德（Tony Calder）询问他是否愿意成为他们旗下的独立厂牌“即刻”（Immediate）的一员——该厂牌运作得十分成功，60 年代许多杰出人物如“小脸”（Small Faces）、“好人”（The Nice）和“弗利伍德·麦克”都是从这里开始的。佩奇还为德国民谣女歌手妮可制作了一支单曲，她正是那位之后到纽约和地下丝绒合作的女歌手。

另外，1965 年佩奇为约翰·马约尔（John Mayall）与前新兵成员埃里克·克拉普顿合作的“布鲁斯突破者”（Bluesbreakers）制作了不少开创性的专辑。在他为“即刻”录制的作品中，《我是你的巫医》（*I'm Your Witchdoctor*）和《电话布鲁斯》（*Telephone Blues*）最为经典。佩奇为克拉普顿强劲的吉他声所折服，所以他下决心要将所有细节都囊括在录音带里。

佩奇回忆说：“埃里克当时用的是 Les Paul 和 Jim Marshall 的新款吉他音箱，配合得非常完美。不过那次录音很有趣，因为埃里克用反馈来延长一些音符，而工程师则表示从未听说过哪个吉他手用这个的，所以他一直在下调音量，他难以想象有人居然故意用吉他发出这样的声音。”

伴奏录音是十分重要的，它意味着现代吉他声音的诞生。而当克拉普顿弹奏的时候，正是佩奇确保了他的每一个音符都被适当地记录了下来。

对　话

当你开始做伴奏乐手时，录音室的工作环境是什么样的呢？

我那时候还很年轻——大部分从事伴奏录音的人年纪都比我大一倍——但是他们需要一个年轻人来弹奏摇滚风格的歌。不过很快我就什么都弹了，包括民谣专辑里的原声吉他和爵士伴奏里的节奏吉他。现在回想自己当年做的事，还挺后怕的，好在我挺过来了。我咬紧牙关迎难而上。那是一段很有收获的学徒期。

你怀念在乐队演奏的日子吗？

一开始不会，因为当时我觉得当一个录音室音乐人很酷。我刚开始弹伴奏时，都不知道怎么看乐谱，但是由于工作越来越复杂，最后我不得不学会了读谱。我最早弹伴奏时，制作人会说："哦，你怎么想就怎么弹吧，怎样都好。"但是很快就没这么好的事了。伴奏弹得越多，他们对你的要求就越具体，需要你把谱上的东西按原样弹出来。最后我对这件事厌倦了。

在你做伴奏乐手期间，并没有局限于演奏。你是不是还帮杰夫和离开新兵之后的克拉普顿做了一些录音工作？

是的，那个时候我是"即刻"唱片的工作人员，而且我请杰夫参与了一些伴奏录音。埃里克那次的情况也差不多。当时"即刻"唱片找到我来制作一些比较有特点的英国布鲁斯，即《不列颠选集》（*An Anthology of British*）的第一部和第二部。我们和埃里克录了 4 首歌，那时候埃里克刚刚开始和约翰·马约尔合作，包括《电话布鲁斯》，我觉得这是他最棒的独奏之一。

新兵在埃里克离开后邀请你加入他们？

对，其实他们邀请了我两次。在埃里克离开之前他们就找过我一次，因为当时他们的经理希奥尔希奥·戈梅斯基希望多些商业元素，但埃里克只想做最纯粹的音乐，所以希奥尔希奥想逼他离开。在埃里克真的离开之后他们又找了我一次，但我还是很担心自己可能会在巡演途中生病，而且我也不确定埃里克会怎么想，毕竟我们是很好的朋友。所以我推荐了杰夫·贝克，我相信他的才华足以将新兵推上一个新高度。他为新兵的专辑提供的想象力真是难以置信。

不幸的是，在那之后不久，我开始逐渐对伴奏录音失去兴趣。所以当杰夫找我去加入新兵时，我可以说是求之不得。不过我依然不后悔做了这么多录音室的工作，这可是很好的培训。

在 1963、1964 年你试着在录音中使用了回音、失真和反馈。然而没多少人知道那是你的功劳，毕竟，作为录音伴奏，你都是在幕后工作。对于当年使用吉他效果器的这些尝试，你还能记起什么特别的事情来吗？

转折点是当罗杰·梅耶开始制作失真效果器的时候。我记得 60 年代早期，一次演出时，罗杰过来对我说他在英国海军总部的实验部门工作，他可以做出任何我想要的电子小玩意。我建议他应该试试提升投机者乐队（Ventures）应用于《2 000 磅重的蜜蜂》（*The 2 000 Pound Bee*）中的失真效果器的性能。于是回去之后他就制作出了第一个法兹效果器。它真的很棒，因为它是唯一一个可以生成延长音的效果器。在那之后他就红遍英国音乐圈了。他为杰夫和“漂亮东西”的吉他手制作过效果器，后来还和吉米·亨德里克斯合作过。

从 1966 年早期披头士和新兵的专辑到 1969 年早期飞艇的首张专辑，似乎展现出了录音技术上的巨大突破。60 年代早期的专辑大多缺乏回声探测。

我不完全同意。在太阳（Sun）工作室[1]录制的录音各方面都是很不错的，不过你说的大概是更早期的英国专辑吧。但你也要知道，60 年代早期的很多乐队都不得不和那些不懂摇滚乐的制作人和工程师合作。录音质量也是在那些对摇滚乐有共鸣的工程师如格林·约翰斯和艾迪·克拉默（Eddie Kramer）参与到这个行业中后，才有所改善。拿飞艇第一张专辑举例，它之所以音效突出，可能是因为作为一个经验丰富的录音室乐手，我知道要怎么才能制作出让我满意的声音。这对我们而言是很大的优势。录音技术的提高还体现于引入了八音轨（卷对卷）机器。这为之后的改进提供了很大的空间。

你对录音制作的贡献是十分有意义的。飞艇首张专辑就为深度和力度设置了一个新标准，你在声音录制的过程中显然也起了不可或缺的作用。

其实关键就在于麦克风摆放的位置——把麦克风放得离乐器远一些，给乐器发出的声音一个呼吸的空间。在我做录音室乐手时，曾和一个叫作鲍比·格拉汉姆（Bobby Graham）的优秀鼓手合作过。你应该看看他是怎么布置他的录音室的——他把麦克风直接放在套鼓的前面，然而即便他打鼓非常用力，我们录到的声音依然很小。原因很快就被发现了。鼓是原声乐器，而原声的东西需要呼吸的空间，就这么简单。所以飞艇录音——特别是录约翰·邦汉姆（John Bonham）的鼓音——的时候，我就把麦克风放远了一些，这样可以录到周围的声音。我并不是第一个发现这点的，但这项发现确实给录音带来了很

1　位于孟菲斯的传奇唱片公司，前身是录音室，一手捧红了猫王、B. B. 金等歌手。

大的帮助。

巧合的是，你移动麦克风的举动使得音乐风格重新回到了山姆·菲利普[1]**（Sam Phillips）时代，他在太阳唱片时也是用周围的麦克风来捕捉声音，从而使这种声音成了太阳录音室的特色。**

没错。你想录到足够大的声音，就必须有足够的空间。这也是为什么乡村摇滚听起来这么有特色。

你听过或者合作过的鼓手里，谁是最棒的？

虽然答案很明显，但我还是得再强调一遍，是约翰·邦汉姆。我不知道你有没有听过一个叫《踩脚声》（*Trampled Under Foot*）的自制合辑，他在其中尝试了很多节奏，而且他的高架镲动来动去的。他的独创力首屈一指。爵士鼓的重点，也恰恰在独创力。他令其他人都黯然失色。

你制作了杰夫·贝克 1967 年里程碑式的纯音乐《贝克的波莱罗》（Beck's Bolero），杰夫弹吉他，基斯·沐恩（Keith Moon）打鼓，约翰·保罗·琼斯（John Paul Jones）弹贝斯，尼基·霍普金斯（Nicky Hopkins）弹钢琴。

没错，我在里面用 Fender 的 12 弦电吉他弹节奏吉他。我不得不承认那次经历很让人难忘。沐恩把一个 250 美元的麦克风砸得粉碎，因为录音的时候他不小心用鼓棒打到了麦克风。在《贝克的波莱罗》中间，你能听见他的尖叫，并且砸中麦克风，然后你就只能听见镲片的声音了，而歌曲还在继续着。挺有意思的。

---

1 山姆·菲利普，在摇滚乐早期时代起到重要作用的商人、DJ、录音师，一手创办了声名大噪的太阳唱片。

在你组建齐柏林飞艇之前，你是新兵的主音吉他手，而在那之前你是英国首屈一指的伴奏录音吉他手，也是一颗制作界新星。你认为这些经历对你之后在齐柏林飞艇的作品有什么影响？

那些经历都是无价之宝，我从中学到了很多。我学会了如何读谱，还学会了弹很多你想都想不到的东西，比如电影配乐和广告歌曲。我还弹了点爵士，尽管这从来不是我的长处。但我却不得不给塔比·海耶斯（Tubby Hayes）这类人当即兴伴奏——他可是英格兰最有名的爵士萨克斯演奏家之一啊！我还弹过一些伯特·巴卡拉克（Burt Bacharach）的流行歌曲，这让我更深入了解了和弦。做一个录音乐手，其实不太适合我——这不是真正的摇滚。我想弹得石破天惊！

插　　曲

与吉米·佩奇和杰夫·贝克的对话

吉米·佩奇和杰夫·贝克在青少年时期就经常一起合奏并且交流乐句。作为年轻人，他们改变着摇滚乐的形貌。几十年后，他们的影响范围依然在持续扩大。

吉米·佩奇、杰夫·贝克和埃里克·克拉普顿——大概是摇滚史上三个最重要的电吉他手——都是在伦敦西南部的小镇里长大的，他们的故乡之间的距离不过相差几英里。就好像威利·梅斯（Willie Mays）、米基·曼托（Mickey Mantle）和汉克·阿隆（Hank Aaron）属于同一个少年棒球联合会。

“可能那片水土养人吧。”贝克开玩笑说。

“很有趣，不是吗？”佩奇说，“大概方圆多少，12 英里？最让我吃惊的还是我们的成长经历如此相似。我们都是怪人——在全校 400 名学生中唯一弹奏电吉他的人。”

“不过最终我们还是相遇了，因为我们都开始听说附近还有一两个人也在弹奇怪的吉他。”贝克说，“你知道，就好像希望之光从另一个小镇照射过来。”

事实就是如此，而且杰夫的姐姐也起到了一定的作用。正是她在 60 年代早期向贝克介绍了佩奇。“当时她在读一个艺术学校，她告诉我学校里有一个男生也和我一样弹‘很奇怪的吉他’。”贝克回忆说，

“我就问：‘什么样奇怪的吉他？’她说：‘哦，我也说不清楚，就是那种形状很奇怪的吉他。’就是那样，我坐上一辆公车去了吉米的家。我想那时候我们都是十六七岁吧。”

不出所料，两位吉他手的友谊就此开始。两个渴望新知识、新资讯的人，经常在吉米家花上几个小时合奏，交换刚从50年代摇滚或布鲁斯吉他英雄那里新学到的乐句。从那时起，吉米和杰夫的人生道路交织在了一起。

即便是在摇滚圈打拼了40多年后，贝克和佩奇依然是很亲密的朋友；如果没有他们，整个吉他界都会不一样吧。我们现在认为理所当然的事——失真、反馈、强力和弦、合奏、和声、异域调音或滑棒，都是由贝克和佩奇开创的。就和查克·贝里、猫王和披头士一样，他们两个也是为摇滚乐塑型的人。

你认为你们为何进步得如此迅速？是因为你们互相督促吗？

杰夫·贝克：对啊，那时候知道吉米住得这么近，我可激动了。那时候的我们真的很需要一个同伴来讨论自己的想法。

不过我们俩能有所进步，我姐姐也起了很大的作用，因为她总是带一些专辑回家。她比我大4岁，所以她有一定的积蓄，而且能出国为我买一些新的乡村摇滚专辑。那个时候要学习音乐的话就必须得跟着专辑练，毕竟那时候你是没法在英国电台听见摇滚乐的。我是说，你可能偶尔能听见吉恩·文森特的*Be-Bop-a-Lula*或者小理查德的《路西尔》（*Lucille*），但那往往是一些点歌台播放的，你必须在收音机前不离不弃等几个小时，期望他们能放一些有趣的东西。

吉米·佩奇：有段时间英国电台根本不放摇滚乐，摇滚乐似乎就是脏话的代名词，所以那时候我们不得不试着通过德国电台的频率收听美国军中广播。

杰夫·贝克和佩奇（© 罗斯·哈尔芬）

你还记得你们以前交流过什么特别的乐句吗？

贝克： 我们会弹一些瑞奇·尼尔森的歌，比如《我的宝贝》（*My Babe*）和《晚了》（*It's Late*），因为他的吉他手詹姆斯·波顿十分优秀。其他还有很多。我记得吉米有一个双轨录音机，那东西很好用，他曾经把随机器附送的麦克风放在沙发的垫子下，然后我敲垫子，这样一来就好像有了低音鼓一样。

你们早期都用什么吉他？

佩奇： 那时候我用的是 Gretsch Country Gentleman。

贝克： 我一开始用几把不同的吉他，其中还有一把是我自己做的。我有一把 Japanese Guyatone、一把 Burns，后来终于有了一把 Fender Telecaster。

那么音箱呢?

贝克:我有一个音箱,还有一个组合音响,是我自己做的。那音响很大,样子也很可笑,而且那声音能把我家屋顶掀了。我爸妈真倒霉啊!我在里面放了一个小喇叭,但是发出的声音响彻云霄。

你是从哪里学到如何制作音箱的?

贝克:你去电子商品店买一个带电子管的底座,选几个扩音器,然后你就能在那旁边造一个组合音响了。我在我常去的电子商品店买了些扩音器,然后我问店员要如何制造更多的高音。结果店主说:"什么意思?这些高音足够你用的了,你只要把低音都拿掉就行了。"然后我一想,他说的有道理,只要把低音去掉不就得了?

他还帮我订购了一个叫作 Axiom 300s 的扬声器,它的高音能穿透你的耳膜。我就是个热爱高音的怪胎,而我妈总是被我惹怒,因为她的耳朵——怎么说呢——受不了那个音量。

说到音量,你用的是多少瓦特呢?

贝克:差不多 10 吧,或者 7?我也记不得了。

那就能让你父母暴跳如雷了?

贝克:别提了,即便是 10 瓦的音箱,如果你在一个小房间里使用,而且还把音量调大,也足以震聋你的耳朵了。

佩奇:我记得我当时把我父母的收音机当音箱用。我想那大概是我第一次插电吧。我发现我爸妈的收音机后面居然有一个插入孔,当我的吉他声从收音机喇叭里传出来的时候,我都震惊得不行了。

贝克:没错!你会想象你是在电台演奏。那简直是全世界最酷的事情了。你能把你自己的独奏插到一张专辑里去!虽然平衡不太好,但对我而言这已经是一个魔法道具了。

那你买的第一个音箱是什么呢？

贝克：我其实好长一段时间都买不起真正的音箱。我记得我当时试着攒了一笔钱，然后和朋友去了伦敦，他是个为吉他痴迷的人，而我俩一起把吉他店的店员惹恼了。我们看了各式各样的吉他，比如Fender Bandmaster什么的，我当时想，我的天啊，我必须得买一把这个。可是我们没有足够的钱。所以我们只能把吉他插上，然后一直弹到店员把我们赶走为止。但那之后的6个月我们依然放不下那个音箱，因为那声音实在太棒了。

杰夫，你接替克拉普顿在新兵的位置时有过犹豫吗？

贝克：一刻都没犹豫。我当时在一个很不错的叫作三叉戟（Tridents）的乐队当吉他手，他们都为新兵所倾倒。我其实从来没听过新兵的歌，但我的队员们都整天埃里克·克拉普顿长埃里克·克拉普顿短的。我跟你说实话，他们对其他吉他手的崇拜让我感到厌烦。我当时就觉得："别老提什么埃里克·克拉普顿了，好吗？——毕竟我才是你们的吉他手！"

然后有一天，我们在一家小店里，那儿的小收音机正在放新兵版本的《早上好，小姑娘》（*Good Morning Little School Girl*），埃里克弹的吉他。当时我说："哦，不错，挺好听的！"但我那时候没觉得特别令人印象深刻。

后来我鼓起了一点勇气，然后，我就成了传说中的新兵的一员了。在华盖俱乐部面对着埃里克的观众群我有一点紧张，但我也知道这是我到现在为止能参与的最好的演出。于是我就大胆去做了。幸运的是我过了很难忘的一夜。我把我会的把戏都用上了，也得到了观众的喝彩。

在那之后，最大的考验是在里士满的俱乐部演出，因为那是真正的布鲁斯迷去的地方。那个场地满场怪味、气氛狂野，观众真的会站在别人的肩膀上看演出。那是我第一次感觉到自己像是砧板上的鱼肉。但我是个自大的人。我心里说："好啦，你们这些混蛋，尝尝这个的滋味吧！"

你狂野的吉他风格和埃里克相去甚远，新兵一开始就接受你的风格了吗？

贝克：对，他们很棒。不过可能也是因为他们的《为了你的爱》刚刚大获成功，而这让他们脱离了地下摇滚圈。如果他们没有获得成功，他们可能需要指望我来制造一些新的刺激元素，这会成为一种负担。

很快，我们开始到处巡演，因为专辑大受欢迎，尽管专辑录制的时候我根本还不是这个乐队的一员。我们像火箭一样起飞，我觉得这无与伦比。我是说，我觉得我拥有世上最棒的工作。新兵在我加入前就有了自己的名声，我则是沾了光。我都不用为了配合乐队形象去买新服装，我只要穿埃里克以前的衣服就好，我穿他的号挺合身。

话虽如此，但是新兵的其他成员能接受你特别的风格吗？

贝克：这个嘛，在下一首单曲里，他们让我在B面尽情发挥了。我弹了《钢制布鲁斯》(*Steeled Blues*)，还有所有和布鲁斯相关的歌。但是后来他们开始让我变得更粗暴些，比如，"你能把你的看家本领都拿出来试试吗？"于是我就把我在三叉戟学到的小把戏和技术都用上了——回声、失真、敲音箱、反馈之类的。

你在新兵的第一首大受欢迎的歌是《深刻的心》(Heart Full of Soul)。这首歌因为两个原因与众不同：首先，这是第一首融入独特

的东部风味连复段的摇滚歌曲；其次，这是第一首用上失真法兹效果器的单曲，比滚石的《我很满足》和披头士的《收税员》（Taxman）领先了好几个月。

贝克：没错，当时新兵刚完成了那首热门的《为了你的爱》，那首歌加入了古钢琴的元素，所以他们也想试试其他乐器。于是他们雇了一位科班出身的印度音乐人为《深刻的心》演奏西塔琴和塔布拉手鼓。不过问题在于，他们不懂 4/4 拍。他们的部分结束之后，我的脑海里闪过一段连复段，我便立刻用上了 G 调八度音阶，之后再加上轻微走调的滑音。我用的是超过西塔琴两倍的音量。这时我突然想到用法兹效果器发出一些模糊的声音。

吉米当时就在录音室，我借了他的罗杰·梅耶法兹效果器来实现这个想法。之后我又录了其他的部分。我用的是 Sola Sound Tone Bender，这也是最早贩售的法兹效果器之一。

吉米，你最喜欢杰夫·贝克的哪次演出？

佩奇：我还记得那次杰夫来我家，当时他还在新兵，他为我演奏了《事物的形状》（*Shapes of Things*）。那真是太让人难忘了——那么奇怪，又那么前卫。而且好像无论他弹什么，我都是这么觉得的。

杰夫，你最喜欢吉米·佩奇的哪场演出呢？

贝克：老天，这要从何说起呢？当人们用各种华丽的词汇赞美齐柏林飞艇的时候，我心里也挺骄傲的，毕竟我熟知他们的起点在哪里。他的成就远不止在于表面上他所完成的这些事。我个人比较喜欢《克什米尔》（*Kashmir*），但是无论什么时候我从收音机中听见吉米的演奏，我能想起的都是我们一起度过的美好时光和我们一起弹奏过的那些音乐。

那么埃里克·克拉普顿呢？

贝克：他是代表人物，不是吗？他是个家喻户晓的电吉他手，似乎每个人都在谈论他。

佩奇：他绝对是个天才。他和新兵的那首《我没能俘获你》（*I Ain't Got You*）真的是——实在是太棒了。而他现在依然是业界大腕。他依然在施展他的才华。

贝克：埃里克有很多想法，吉他技艺又如此精湛。他的歌都带着他鲜明的特征。

3

我充分利用了它们

吉米加入新兵乐队，学着如何做一个摇滚明星，为齐柏林飞艇乐队打下了基础。

当佩奇在录音室里不知疲倦地成长时，以基斯·里尔夫（Keith Relf）为主唱、口琴，保罗·山姆威尔-史密斯（Paul Samwell-Smith）为贝斯手，吉姆·麦卡迪（Jim McCarty）为鼓手，克里斯·德雷加（Chris Dreja）为节奏吉他，贝克为主音吉他的新兵，逐渐因为《深刻的心》和《事物的形状》等歌曲而大受欢迎，这几首歌无论在创新还是商业方面都获得了成功。不幸的是，新兵也为这一连串的高人气单曲付出了代价：乐队不得不忍受过程痛苦的全美巡演和粗暴草率的录音。

贝斯手山姆威尔-史密斯希望通过获得更多的掌控权来改善状况。他和新兵的副经理西蒙·纳皮-贝尔（Simon Napier-Bell）组成了联盟，试图执掌乐队专辑的制作权。这位贝斯手表现得很好，乐队最棒的作品中有几首就是他制作的，但是尽管艺术上的影响力在增加，山姆威尔-史密斯依然对乐队现状非常不满。当他在 1966 年中期离开新兵的时候，杰夫·贝克马上推荐了吉米·佩奇来填补空缺。

新兵乐队：（左起）吉姆·麦卡迪、克里斯·德雷加、基斯·里尔夫、佩奇以及杰夫·贝克，1966 年（© 博斯特尔公司，2012 年，杰瑞德·麦考维茨/mankowitz. com）

“吉米不是个贝斯手。”贝克说，“但是当时我只能用这个办法，推荐他来顶替贝斯手，让他先加入这个团队，这样也能保证这个乐队继续生存下去。后来——我想大概是一周之内吧——我们提出进行一场吉他比试，然后我们把德雷加换成了贝斯手，由吉米来弹吉他。”

彼时，佩奇对加入新兵的欲望较之一年前要高上许多。虽然当录音乐手肯定有利可图，但佩奇也不得不为这个工作的缺陷付出代价。而且，他也已经做好了从幕后的阴影中走出来，向世界展示他的本事的准备。

吉米和杰夫一起参与的第一首新兵的歌是1966年9月的《十年前的意外事件》(*Happenings Ten Years Time Ago*),这首成功跻身于最伟大摇滚歌曲行列的歌,拥有精致的吉他、管弦乐编排以及噩梦般的迷幻效果。从中我们可以一瞥未来的音乐走向。

“很明显,和吉米组成一支双吉他乐队是个明智的选择。”贝克说,“但也不是没有潜在风险,因为我们之中迟早会有人在风格上被束缚。”

然而结果是,事情根本就没来得及发展到那一步。1966年10月,在疲惫至极的美国巡演过去两天后,贝克走下了新兵的巡演巴士,把乐队的重任交给了吉米一个人。好在佩奇担负起了这个责任,不仅忍受住了巡演的艰辛,还成功引领了剩下的三位新兵成员组成了力量十足的四人组。

在那之后的一年,新兵成了佩奇的实验室。他制作出了许多将来会被齐柏林飞艇使用的素材,他那花哨高调的形象更是成了摇滚吉他手的一种新表演风格。他几乎在一夜之间完成了从无名的录音室乐手到华丽的摇滚明星的转变:吉米开始穿“摇摆伦敦”的嬉皮士设计师专门为他定制的艳丽服饰。为了配合新形象,他把自己那把黑色Les Paul换成了贝克给他的Fender Telecaster,并亲手在吉他上涂上了色彩明亮若万花筒的图案。

新形象确立了,确实很酷,但依然还有一些问题没解决。贝克和山姆威尔-史密斯离开了,经纪人纳皮-贝尔也跳槽了,他在1967年1月把自己的管理权转让给了彼得·格兰特(Peter Grant)——这是一个身高6英尺半的魁梧男子。格兰特曾经和制作人米基·莫斯特(Mickey Most)在一个名为RAK运营及生产(RAK Management and Production)的组织合作过。

当时的安排是,格兰特和莫斯特会承担新兵和已经单飞的杰夫·贝克的制作工作。吉米·佩奇在当录音乐手时曾和莫斯特合作过,他深知莫斯特不适合新兵。莫斯特是一个老派的“畅销单曲”制作人，他的长项是三分钟流行单曲，尽管很适合做“赫尔曼的隐士”（Herman's Hermits）这类流水线青少年偶像团体，但对于一个尚处摸索时期、有实验性质的吉他摇滚团体而言，他绝不是一个理想的制作人。但在那个时候，新兵也没有选择的余地。

不出所料，莫斯特复兴日益衰落的乐队事业的计划，与佩奇的期望背道而驰。佩奇预见到，待到60年代晚期，音乐的天下将由电吉他主导。

1967年2月，乐队与莫斯特一起走进伦敦的德·雷恩·里录音棚，录制新单曲《小游戏》（*Little Games*）。为了维持莫斯特的制作风格，这首歌是由他人创作的——菲尔·维恩曼（Phil Wainman）和哈罗德·斯皮罗（Harold Spiro），以及其他一些由制作人亲自挑选的人。

《小游戏》是一首带有迷幻泛音的轻流行，它成了新兵新专辑的标题和主打歌。录音过程非常匆忙——据说制作这张专辑只花了三天——至于结果，也是毁誉参半。受欢迎的几首歌都是吉米创作的。《向我微笑》（*Smile on Me*）是专辑里的第一首布鲁斯歌曲，由吉米、里尔夫、麦卡迪和德雷加联合创作，他们自夸说这首歌不输给吉他手休伯特·萨姆林与杰出的“嚎狼”的作品。值得一提的是这首歌的两段吉他solo，它们的节奏既重型又混乱，因为佩奇使用了前所未有的激烈手法。

原声吉他器乐《白色夏日》（*White Summer*）则是《小游戏》中的另一首杰作。这首歌也算是齐柏林飞艇音乐元素的一个轮廓分明的前身，尤其像第一张专辑里的经典《黑山一侧》。《白色夏日》反映了佩奇对发展印度传统音乐和民谣吉他开式调音手法的兴趣，这在之后齐柏林飞艇时期和他单飞时期都为他所用。

但即便有着令人崇敬的曲目，诸如《白色夏日》和《微光》

（*Glimpses*）——一首由佩奇那行云流水般的细致和弦、有韵味的西塔琴和前卫的具象音乐组成的歌曲——《小游戏》依旧被莫斯特滑稽的流行单曲所玷污。比如《小丑说：呵呵》（*Ha Ha Said the Clown*）和《十个印第安小人》（*Ten Little Indians*）。

“米基总是会试着让我们去录那些糟糕的歌。”佩奇说，“他会说：‘哎呀，就试一试嘛！如果这首歌不行的话，我们不会发行的。’但是，当然了，最后总是会被发行出来！”

虽然在录音棚里莫斯特总想把新兵重铸成一支流行乐队，但在巡演途中——也就是吉米统领新兵的时候——吉米会采用一种完全不同的行动方针，推动乐队迈向他的目标：精锐的实验性乐队。措施包括《想想看》（*Think About It*）中由强硬连复段主导的B面歌曲，以及温柔的《甜心约瑟芬》（*Sweet Josephine*）。

发行于1967年的数张摇滚史上的里程碑专辑，证明了佩奇的想法跟上了时代潮流。比如，年初发行的奶油的首张专辑《新鲜奶油》（*Fresh Cream*）、年底发行的《迪斯累利齿轮》（*Disraeli Gears*），以及5月发行的吉米·亨德里克斯的处女作《你见识过吗》（*Are You Experienced*），都巩固了新加入了电声的乐队形式和崭新的、重型连复段的摇滚风格。

1967年至1968年初，在美国及世界其他地方的巡演中，吉米·佩奇推动新兵走向重型。至于《小游戏》，尽管他们曾在无数个舞台上深情吟唱，它还是滑出了排行榜。从新兵的演出录音带中可以听出，《动力火车》（*Train Kept A-Rollin'*）的连复段如锤声般紧凑有力，而《我很困惑》（*I'm Confused*）中则加入了佩奇新发明的手法——用小提琴弓刮吉他弦，从而创造了一种崭新而怪异的音乐氛围，亦将音乐带入了变幻莫测的全新维度。

尽管可能性不大，佩奇在努力工作的同时也在冷静思考，希望新兵能重振雄风——毕竟这是他放弃录音室吉他手事业所选择的道路，他会忠于乐队直至它解散。在《小游戏》遭遇商业失败后，乐队于解散前又发行了三首新单曲。1968 年 9 月，新兵在英国小镇卢顿的一个技术学院内进行了它的最后一场演出。

然而，这次失败并没有让佩奇绝望。在新兵岁月中，他和彼得·格兰特走得很近。有一天下午，当他和格兰特一起被堵在路上时，佩奇对经理说，他想组一支新乐队，而且这一次，他希望能由他自己来制作乐队的音乐。

而格兰特表示全力支持。

对　话

你最后是怎么加入新兵的呢?

他们其实邀请过我好几次。杰夫·贝克和我也常常开玩笑似的说起，如果有一天我们两个能在一个乐队弹吉他就好了。

至于最后我怎么会加入，其实是个有趣的故事。我去剑桥大学看新兵的演出，他们要在某个要求学生着正装的活动中登台，现场熙熙攘攘。主唱基斯·里尔夫喝得太醉了，整个人都变得很糟糕。他真的抛开了一切条条框框，进行了一场华丽的摇滚演出。他撞翻了一堆东西，还向观众大声骂着脏话。我挺享受的，但是乐队的贝斯手保罗·山姆威尔-史密斯则完全被基斯和巡演途中他那严重程度与日俱增的古怪行为彻底激怒了，于是他决定那天晚上就离开乐队。

但是在那之后乐队还有不少演出要进行，所以他们有些苦恼怎么才能在这么短的时间内找到顶替保罗的人，于是我就毛遂自荐了。当时我已经厌倦了录音棚的工作，我想现在终于有机会和杰夫在一个乐队弹吉他了。顶替贝斯高手保罗·山姆威尔-史密斯其实挺让人害怕的，因为他技艺非凡，不过我还是做到了。

抛下录音工作加入这个不稳定的团体，你会不会多少有点紧张呢?

我其实一开始不太清楚里尔夫和山姆威尔-史密斯之间的紧张关系。毕竟那不是我和杰夫会谈论的闲话。我以为那只是一场很烂的演出罢了。

新兵乐队令埃里克和杰夫作为吉他大师名声大噪，想到自己终于可以在台前闪耀，是否也是促使你加入乐队的一部分原因呢？

我其实没那么想。毕竟我觉得，我在录音棚和十字军乐队的经历已经足以证明我是个优秀的吉他手了。当时让我感到兴奋的是我和杰夫终于有机会尝试组一支有两个吉他手的乐队了。我们早就聊过合奏和分配，那样的摇滚乐就像是那个年代大乐队的铜管乐和萨克斯组合一样。那时候没有那样的东西。我们自己做得最好的版本就是《十年前的意外事件》。

回想起来，这个点子非常不错，但是乐队管理制度却不太行。我受雇于人，且新近才加入，所以实在没有什么话语权。吉姆·麦卡迪曾经说我抛下录音室的工作、跑来做现场乐队实在是太有毛病了，哪怕是打鼓他也愿意去做录音乐手！我觉得这话说得有点过，不过他也许是对的——因为，大家都认为我是全英格兰最好的吉他手之一，但我却放弃录音事业来弹贝斯！

但不可否认，这个差事并不像听起来那么简单。我是来填补山姆威尔-史密斯的空缺的，而他是那个时候全世界音乐圈公认的最佳贝斯手之一。此外，新兵之所以这么优秀，很大程度上要归功于节奏部分。听听《五个活生生的新兵》（*Five Live Yardbirds*），你就能明白保罗和吉姆的部分其实相当复杂。正是他们制造了人们所说的狂欢宴会般的感觉，乐队会慢慢地制造气氛，直至演奏到巅峰，音乐声如同要爆炸一般响亮。

新兵开辟了力度十足的科技音乐，同时也是现代合奏乐队的先锋。

还要算上迷幻音乐。

你觉得埃里克·克拉普顿版本的新兵如何?

我觉得他们很优秀，我在华盖看过他们的几次演出。埃里克在的时候有一件事情被忽视了，那就是他们对翻弹布鲁斯歌曲的选择有着很好的品味。彼时，翻唱滚石不大明智。可他们在自己的领域打下了坚实的基础。例如，乐队改编的《我没能俘获你》就很棒。埃里克的独奏实在是经典。

那你觉得贝克版本的新兵又如何呢?

我觉得杰夫时代有点像是在坚持寻找新境界。即便他们弹流行音乐的时候也是这样。他们总能找到新的方式来表达。

所以当你加入这支乐队的时候你们的想法终于实现了。

没错，两把主音吉他。杰夫是主要的主音吉他手，我则弹连复段和声，在合适的时候加入独奏。如果这可行的话，我们肯定开创了电吉他的新境界。我确信当时没人在做类似的事。

杰夫离开的时候你失望吗?

嗯，我是挺失望的。我当然很失望。但我不确定该不该掺和这件事，因为我不确定那会不会显得我太多事了。我希望杰夫留在乐队里，但其他人不这么想。

准备《小游戏》是在你加入乐队多久之后的事情?

这个嘛，很明显新兵只剩下 4 个人，而我得担起电吉他的重任。杰夫离开后，他们的经理西蒙·纳皮-贝尔想把自己在新兵的决策权都卖掉。历史时刻到来了，他和彼得·格兰特说好由格兰特来管理杰夫·贝克和新兵，而格兰特决定两个团队都由他的老搭档米基·莫斯特来负责制作。彼得和米基共用一间办公室，而且他们是面对面坐的。就那样，你知道吗？——一分钟前我们还在美国巡演，突然间我们的经理就决定不干了。我倒不是说他把新兵给卖了，但莫名其妙地，这事就这么发生了。杰夫要单飞出个人专辑，而我们要尽自己的全力坚持下去。

于是回到最初的问题，我已经为《小游戏》做好了充足的准备，因为我在做录音乐师的时候就一直在作曲。例如《十年前的意外事件》，就基本上是由我创作的。但最大的问题是如何把这些元素和新兵融合到一起。

问题的焦点之一在于米基·莫斯特。他很适合制作流行单曲。他的主要目标是推出热门金曲并打榜。新兵后来也是这么发展的。他对制作专辑和混音立体声都毫无兴趣。

所以当他专注于单曲时，我们主要关心的是如何让专辑反映出我们的思想。我知道，鉴于杰夫的离开，我必须加倍努力，毕竟大家都知道新兵的主打向来是吉他，我可不想丢掉自己的名声。纵使我们不得不弹奏别人写的东西，我也非常希望能用上一些我的创作——只要能混合一些我的作品进去，专辑也会变得出挑。但唯一能加入我的作品的地方，就只有单曲的B面，或是专辑里。

从某种角度来说，米基对制作专辑没兴趣，也是一件好事，这么一来我们多少有一些自由的空间。但缺点在于，如果要录在专辑里，录制几乎必须一遍过。所以我们必须动作快。

我们刚才说的都是一些米基·莫斯特不怎么引人注目的曲目，比如《小丑说：呵呵》，但是《小游戏》这首歌也没那么烂嘛。

没错，可也算不上好。如果你喜欢新兵，尤其是对他们的布鲁斯感兴趣，《小游戏》算得上是一种延伸。不过必须说清楚，我是支持它的。

当时的情况对于整个乐队来说不怎么舒坦。当米基给我们像《十个印第安小人》之类的歌曲时，我们都说："这他妈的都是什么玩意儿?"我们的生活基本上快分裂了，因为我们同时向两个截然不同的方向发展，而人们却很买账。我尊重米基，但是我觉得推出《十个印第安小人》这样的歌是搬起石头砸自己的脚。新兵真的是一个很优秀的团队，而且我觉得我们做得很成功，但我们必须面对极大的阻力。

《微光》是那张专辑里非常有意思的一首歌。

没错，通过这首歌，我得以在舞台上使用提琴弓和录音效果。这个想法算是被我小时候买的一张专辑中的示范立体声启发的，那里面有很多音效，比如立体声的火车声。我成功地把一些磁带拼接到一起，比如斯塔滕岛的渡船进入码头的声音。于是我带着一盘满是这些奇怪声音的磁带，在我们演奏《微光》的同时放出来。

演出，其实就是一种声波攻击。很重型。我们在舞台上所做的就是声波攻击，既前卫，又强烈。我现在还有那盘录有这些音效的磁带呢!

你知道我们请了伊安·斯图尔特（Ian Stewart，传说中的滚石乐队巡演经理）在《小游戏》里弹钢琴吗?我请他加入我们。斯图尔特是一位技艺高超的演奏家，但是他很少有机会参与录音。我们邀请他来弹奏《喝浑水》(*Drinking Muddy Water*[1])，他说："每个人心中都有不同的版本。"然后立刻完美地把曲子弹了出来。

不过，给你描述一下当时我们的工作状态吧。比如我们要录专辑，而且在录第一首歌，当第一次录制结束时，就会有一个平静的声音说："下一首。"真的，你能想象吗?我们弹着布鲁斯，十分陶醉，

1 其中 Muddy Water 指的是马迪·沃特斯，这个名字有一语双关之意。

我们把斯图尔特找来一起录音，而那些人能说的就只有一句“下一首”……这真让人害怕。[1] 我记得，我不得不把主音吉他重新加到原带上，因为吉他在单声道和立体声的渐弱有些不同。

关于米基，说句良心话，他就是这么成功的，他确实很成功。新兵并不是公司里最棒的团队。别误会，我不是对他所做的事情有偏见，但是对我们这些想突出重围创新的音乐人来说，想适应这套确实太有挑战性了。

和鼓手吉姆·麦卡迪合作有什么感觉？他参与写了很多歌，那对于鼓手来说可不常见。

是啊，我很喜欢和吉姆合作。说实话，我喜欢和他们所有人合作。我是直到加入新兵才知道是他在写歌词——我一直以为是基斯。吉姆确实写了很多歌词，比如《锅匠，裁缝》(*Tinker, Tailor*)，我写了一点歌词和和弦，他帮忙写了一大段。

《锅匠，裁缝》中响亮的吉他和延缓的和弦，几乎算得上是《歌声依旧》的前身吧。

嗯，可以这么说，不过我其实还有两三个小样版本，每个版本的吉他技法都不太一样。有意思的是，我给米基展示了最流行的那个版本。而我现在却抱怨说弹流行歌曲是搬起石头砸自己的脚，但我想我之所以能在这般逆境中想出引人瞩目的办法，可能就是多年录音工作所培养的本能吧。

我们来谈谈演出吧。我听了一些现场的录音，我发现你们在舞台上比在录音室里重型、有力得多。

---

1 意思是制作方、唱片公司的工作人员对布鲁斯毫无热情、只想挣钱，录音时死气沉沉，创造力濒临枯竭。

和新兵一起演出很有意思。我们第一次演出是在美国俄亥俄州代顿的一家百货商店！自那以后我们进步了不少。有一次我和杰夫一起弹吉他，我开始抒发我个人的情绪。在杰夫离开之后，我留在了乐队里并不断进步。新兵有些歌需要冗长的即兴创作，比如《我是一个男人》（*I'm a Man*）和《大烟囱闪电》（*Smokestack Lightning*），我不仅充分利用了这些机会，更想到了很多新的手法。新兵解散之后，我就组建了齐柏林飞艇，当时我的创意多得能写一本书。而且这些都是我自己想出来的，所以让我用在自己的乐队里也不为过吧。所以这两种经验——录音室的工作和在新兵的经历——都十分重要。它们都为齐柏林飞艇做了充足的准备。录音室的工作给了我训练的机会，也丰富了我对各种音乐风格的知识，而新兵给了我时间和机会去发展我的想法。

新兵解散的时候你是什么感觉？

当基斯和吉姆说他们要离开时，我很失望，因为我知道我们当时在研究的音乐真的非常棒。这不像是埃里克时期的新兵，也不是杰夫时期的新兵，因为每个人的个性都不同。

我们的演出效果都不错，反响也都很好。我们越来越专业，尽管身处地下，但我们做得很好。观众数量也明显增加——在我看来我们演奏的东西确实符合时代的潮流。我感到我们可以再出一张优秀的专辑。我对我们很有信心，但是我觉得由米基·莫斯特来制作对乐队的发展没有什么帮助。我不知道接下来会如何发展。但是，我隐约感到，他们可能受够了。他们大概觉得早期的新兵更为吸引人。

插　　曲

克里斯·德雷加眼中的新兵

他是世界上为数不多的曾与埃里克·克拉普顿、杰夫·贝克和吉米·佩奇在一个乐队里演出的吉他手。5年的时间里，克里斯·德雷加是新兵的主心骨之一，他见证了一切的起伏。

新兵的节奏吉他手、有时候也是贝斯手的克里斯·德雷加总是很高兴地描述自己为一个“窥视者”，这听起来似乎不无道理。在乐队时，德雷加始终站在阴影里，看着、弹着他那艰涩、杂乱且不连贯的和弦，而队友埃里克·克拉普顿、杰夫·贝克和吉米·佩奇则沐浴在聚光灯下。

德雷加亲历了新兵的大部分历史。他全程目睹了乐队以令人惊讶的速度发展、将演出场地从又小又挤的俱乐部换到越来越大的场馆。他眼睁睁地看着自己的音乐伙伴来来去去甚至自我毁灭。而当他的乐队生涯结束之后，他也见证了吉米·佩奇是如何在最坏的情况下做出了最大的努力并创造了齐柏林飞艇的未来的。以下是他的观察报告。

克里斯·德雷加：在60年代早期，英格兰正处在一个灰暗年代。当时人们正在努力摆脱第二次世界大战的阴影，然后接下来就是生育高峰，我们就是那新一代没有经历战争岁月的小孩。我们不像我们的父母那样对世界充满恐惧，而我们也想从头开始建立自己的文化。不可否认的是，当时对时尚、设计、音乐、摄影和建筑圈来说，这是一段独特的时光。我不觉得自己怀旧，但是历史证明，那段时期的艺术创作影响深远直至今日。

那时候有多种因素影响着大家的生活态度，尤其是60年代英国的艺术学校鼓励大家以不同的角度看世界。正是这些崇尚自由主义的学院吸引了大批时尚、反政府的年轻人，比如基斯·里尔夫、吉米·佩奇、埃里克·克拉普顿，还有像约翰·列侬和彼得·汤显德那样的人。那个年代不见得需要你在艺术上做多少，但它会使你做出很多思考。我们在学校里学到的东西，让我们极大地感受到了自由，而且你越是年轻，越无所畏惧。

当我们的乐队起步时，我们一切都按着自己的想法来做——为什么不呢？为什么不用失真呢？为什么不推弦呢？为什么不把吉他塞到垃圾桶里呢？为什么我们的曲子不能听着像格里高利圣咏呢？为什么我们不能弹奏得更响更快呢？事实是，我们没觉得这能持续多久，所以我们便豁出去了。

60年代初期的英国音乐氛围可不怎么样。当时都是些量产的流行明星，拙劣地模仿着猫王。那些歌都有着构造良好的中八分音符和矫饰的合唱，但是都毫无感情。而当我们之中的一部分人发现了从美国传来的布鲁斯时，关键时刻到来了。一切都变了。

当我第一次听到吉米·里德（Jimmy Reed）和嚎狼的时候，心情几个星期都无法平复。我甚至没法好好睡觉。我还大胆地想，为什么我们不试试弹这个呢？那时候真是胆大包天啊。

因为很多布鲁斯音乐家都来自萨里郡附近，比如佩奇、克拉普顿、贝克还有滚石乐队成员——我们都开玩笑说那儿有个萨里三角洲。特别有意思的是，萨里郡是个英国中产阶级聚集的文雅地段。这和密西西比差得太远了。

新兵乐队在丹麦，1967 年（© 乔真·安吉尔）

我当时和托普·托珀姆（Top Topham）在读艺术学校，他是新兵最初的主音吉他手。托珀姆的父亲是国家商船队的人，所以他从美国带回了很多布鲁斯专辑。终于，我们试着弹奏这种让我们兴奋的音乐了。没多久我们便吸引到了一些志趣相投的音乐人。托普和我开始同鼓手吉姆·麦卡迪合作，最终结识了一个叫“大都市布鲁斯”——还是其他什么破名字——的乐队的主唱基斯·里尔夫和贝斯手保罗·山姆威尔-史密斯。

他们缺鼓手而我们缺主唱，所以我们就合成了一支队伍。合并后不久，托普离开了乐队，而我们拉来顶替他的便是埃里克·克拉普顿。新兵很快吸引了不少年轻人。几周之后，我们从暖场乐队变成了压轴乐队。当时好俱乐部层出不穷，比如龙虾王和爵士节拍（Ricky-Tick），很明显他们发现节奏布鲁斯有利可图。甚至当时还是爵士酒吧的华盖，也开始请我们去演出。

那时我们会在场景俱乐部、51 工作室、鳗鱼派之岛（Eel Pie Island）这些地方驻唱，它们都是一口气冒出来的。我们最重要的演出机会，就是披头士邀请我们加入他们在汉默史密斯音乐厅的一系列圣诞演出。他们在那个时期所做的东西，在我看来就像音乐杂耍，音乐中带着喜剧小品的韵味。

比如，有个播出了许多年的著名儿童电视节目“神秘博士”，里面有一个叫作耶提斯的毛发茂盛的外星机器人，而披头士就会真的穿得跟耶提斯一样。简直没法相信——所以说真的很像音乐小品。不过，他们让我们一起演出，当然也就给了我们更多的机会去接触更多的观众。

我们大概有 15 分钟的演出时间，我们要弹一些类似《我希望你会》（*I Wish You Would*）或者《早上好，小姑娘》之类的布鲁斯歌曲，这些都是我们的歌。在现场你可以非常清晰地听到我们的演奏，因为姑娘们的欢呼声比披头士演出那会儿小多了。当披头士上场的时候，场面就变得很疯狂了。姑娘们会向他们扔东西，而且不止是扔软的东西。有一次约翰·列侬演出完走过来，手里拿着一块包裹好的煤块——它刚才在舞台上打中了他。他说：“哦，克里斯，我是绝对不会再走出去了。”那些女孩们还扔过硬币——当时有些面值的硬币还是很大的——那些旧时的英镑。老天，那东西可沉了。他们的职业可真是危险，而且根本没法听见他们的音乐，因为女孩们的尖叫声从头到尾盖过了他们的演奏。

人们总说：“哇，你们有这些惊人的吉他手！”但是他们忘了我们只是处在萌芽期，组队的时候还都只是毛头小伙。埃里克曾经要花好几天来学习一个连复段，或者学习如何推弦，或者练习背着吉他弹奏的站姿。而历史时刻即将到来——彼时我们刚刚结束和披头士的演出，埃里克的琴声是如此穿透人心，使他成了我们的秘密武器，乔治·哈里森也是一个很优秀的吉他手，但他当时还在弹北方默西之声。

说到布鲁斯，有件事总让我忍俊不禁。在英国，有一个叫“国家爵士联盟”的中介，经常请一些诸如马迪·沃特斯和桑尼男孩威廉姆森的黑人音乐家，以文化交流为目的进行演出，联盟也会雇一些本地乐队来帮他们伴奏。

我们和桑尼男孩一起演奏过几次，那个时候他恐怕有50岁了，着实是个相貌凶恶的混蛋。他挺阴险的。个头很高，而且有个蒜头鼻，但他的演奏实在惊人！他曾经在嘴里放了一个半音阶口琴，演奏时把它整个吞进去。简直不可思议！他的表演技巧就更不用说了。但是他总是醉醺醺的，我觉得基斯·里尔夫就是从他身上学到了酗酒这个习惯的——包里永远放一瓶威士忌。当桑尼男孩喝醉时，他那典型的和白人一起演奏的黑人音乐家毛病就犯了——他会把周围的东西随意摆放，只为了捉弄我们。但我不得不说，我们很少被他弄得措手不及。但他确实尽了他最大的努力来摆脱我们。

几年后，“The Band”[1] 的罗比·罗伯特森（Robbie Robertson）告诉我们，桑尼男孩从英国回美国之后，对罗比说：“我在那边和一个英国乐队合作来着，他们是特别想弹布鲁斯，但是弹得实在糟透了！”

在那段经历之后，我们才知道自己根本算不上内行。我们热爱布鲁斯，但是我们决定要去其他音乐领域探探险——这一步很重要，不然我们可能也没法坚持这么久。也正是那时，有出版商拿着《为了你的爱》的小样找上了门。

我们录了一些还不错的小样，但是这些歌曲没上过任何国家排行榜。我们知道《为了你的爱》很动听，而且它的编排也很有创意。我们加入了邦哥小对鼓、立式贝斯，还请了布莱恩·奥赫尔（Brian

1　曾为鲍勃·迪伦伴奏的乐队，名字就叫 The Band。

Auger）弹哈蒙德电子琴，还有其他一些东西。我还清楚地记得那次录音——简直就是魔法，空气中都充满电气之音。但是那个时候保罗和埃里克因为对乐队的掌控权而闹了不和——那不是埃里克想走的道路，他还想继续弹布鲁斯，他没法演奏《为了你的爱》这样的音乐，所以他退出了，留下我们几个。我们变成了一个没有主音吉他的乐队，但《为了你的爱》却像冲向月球的火箭一样冲上了排行榜。当时我们很着急，毕竟那时候周围根本没什么吉他手——没有有能力弹奏动人音符的高手。

当时我们能想到的唯一一个人就是吉米·佩奇。我们知道他在做录音室吉他手，而且已经小有名气了，听说他技艺高超、多才多艺，专业水准高得难以置信，所以他是最佳选择。但是，也很显然，他十分享受录音工作。这又有什么奇怪呢？他在那里学到了这么多东西。他在和录音界最著名的人合作，包括像格林·约翰斯和米基·莫斯特那样的制作人，还有大吉姆·苏利文（Big Jim Sullivan）那个级别的录音室乐手。个个都是英雄人物。

当吉米拒绝我们的邀请时，我们真的很慌张，但是我们不怪他。他还在提升自己。这就是为什么这家伙后来成了一个天才制作人。他是个修士，他从那些工作人员身上学到了知识，然后打破常规。同时做乐手和技术人员，这可是一条很长的学习曲线啊。

但幸运的是，他向我们推荐了杰夫·贝克，他当时在一个叫作三叉戟的乐队做吉他手。我们在鳗鱼派之岛看过他们的演出，贝克相当出色。

杰夫是个安静的人。他通过吉他来表达自己的内心，那才是他说话的方式。加入一个已经成立几年的乐队对他而言可能多少有些不易。而且你也知道，乐队是很奇怪的一种组合。乐队成员之间的关系似乎比婚姻关系还亲密。我们有着自己的语言、自己的幽默感——很多都是埃里克发明的，可以这么说。杰夫看起来就和我们很不一样，他看上去有些粗鲁——他还是个机械爱好者。我记得他告诉我说，有一次一个人激怒了他，他就把油漆剥离剂倒了那人一车。我讽刺地想："是啊，这可正是我们乐队需要的精神。"杰夫并不是很适应社会，但是他的音乐确实惊人。

所以杰夫加入的时候，就享受了现成的《为了你的爱》在排行榜上上升的待遇。很快我们就开始巡演，开始上电视节目，而且因为我熟知如何给干净整洁的埃里克买衣服，把杰夫改头换面的任务就交到了我手上。我带他去了卡纳比大街，给他换了个发型，然后我们给他买了几件不错的衬衫什么的。

我们从一开始就很清楚杰夫是个天才。他和传统的埃里克不一样，他是个实验者。如果你想要警车的汽笛声，杰夫都能制造出来。他能制造出一切声音。咯咯叫的鸡、西塔琴。什么都行！

《工程师罗杰》（*Roger the Engineer*）这首歌，我们写了曲子，把背景音轨录好了，然后让杰夫来加入主音。他总是能想办法发出各种各样有趣的声音。我们一直都对他有信心。我记得有一次读到杰夫的一个采访，他说新兵有时候会给他很多压力，因为新兵需要他来想出这些创意。当然了，我们没想到这会让他焦虑。录制著名的《深刻的心》时，我们邀请了塔布拉和西塔琴演奏家来弹连复段，但是效果一般，因为他们总是搞不对节拍。于是杰夫拿着一个法兹效果器走过来说："那么，为什么我们不用这个呢？"他当然成功了。

他是个创造环境音效的天才。我觉得我们没把他的优秀当回事，因为他好像本来就应该这么优秀。

我们的主唱基斯·里尔夫很擅长原创。我觉得他写的歌很深入人心。而且他的口琴技巧也一枝独秀——那时候根本没人像他那样吹口琴，没人。没人能像他那样和吉他手配合。我觉得基斯在《深刻的心》和《为了你的爱》中的演唱也非同凡响。好吧，你是能找到更强的主唱，比如罗伯特·普朗特，但是基斯确实是一个真正的手艺人、原创歌手。

不幸的是，他是个有自我毁灭倾向的酒鬼。我觉得他八成不能善终。他的肺部状况很糟糕，当埃里克还在乐队里的时候他就差点失去了一个肺。你能想象吗，一个吹口琴的乐队主唱，只有一个肺？更糟糕的是，我们那个时候没有好的音箱。虽然 Vox 给我们提供了一些吉他音箱，但谁都听得出来效果实在一般。对于一个歌手——一个吹口琴的歌手来说，这真是个噩梦。

吉他手有他们的吉他音箱，而那些早期的 Vox 音箱的声音真的很大。杰夫多少有点自负，并且他喜欢弹得很响，他也需要弹得响亮，这样他才能展示音效。这种情况对于主唱而言可以说是完蛋了。我知道这对基斯来说很艰难。他确实有点垂头丧气。基斯时不时会失声。

他很清楚自己的形象，不过作为一个往裤裆里填东西的人，他真算不上性感。没过多久，贝克那样的吉他手就盖过了他的风头，让他黯然失色。

保罗·山姆威尔-史密斯是个和基斯还有杰夫完全相反的人——他有点古板，而且很不摇滚。我知道他对巡演感到非常厌倦。他觉得那很不文明，在那个年代，巡演之途确实很不文明。当时做推广的人，尤其是在美国做推广的人，往往都是黑手党。我记得有一次在长岛的香草软糖俱乐部演出时，我们被一个 8 英尺高、满脸是伤、好像叫维尼的大汉[1]威胁过。

新兵无论在什么环境中都能自得其乐。兄弟，我们在一些很糟糕的状况下演出过。有一次在威尔士，我们在一个超大号厕所一样的地

---

1 指的是某个推广人。

方演出，当时的推广人说：“你们10点开始演出，无论发生什么事情，我们不叫你们停，你们就不准停。”我们当时想：“能发生什么事啊?”那地方连人都没有——真的一个都没有！差不多11点的时候，有几个姑娘进来了。她们都已经头脑混乱、步履蹒跚，还在墙边呕吐。然后11点半的时候，酒吧都关了，进来几个男人，他们很快就打了起来。有一个男人拿着椅子去抡另一个人的脸，那人就站在埃里克前面。血溅满了埃里克刚买的那把白色Telecaster。那时候我们弹着查克·贝里的曲子，我们互相鼓励着：“不管怎么样，坚持弹下去……看在老天的份上，接着弹下去啊！”

警察终于来劝架了。很明显，在这个小镇，每周五晚上都会发生这样的事情。煤矿业中互相竞争的两个团体聚在这里，然后狠狠地和对方打一架。当然了，也不是每场演出都这样，但是凡是你能想象到的演出，新兵都经历过。从大学到体育场到剧院到电影院，再到能容纳一百来人的私人会所。

保罗对这些场景感到很不快，所以后来他离开了。保罗有点势利，他喜欢有档次的地方。所以当我们在剑桥大学五月舞会演出的时候，他感到很惬意，毕竟那里很有声望，也很适合上流社会。他们很有钱，只会雇一些著名的艺术家。那个活动人山人海，而且他们对艺术家很慷慨，为我们提供了很多酒和食物。基斯当时已经在酒坛子里陷得很深了，我觉得他可能很不喜欢在一群呆板的英国人面前演出。我是说，这帮人根本连跳舞都不会——他们就像机器人一样，挺好笑的。

基斯喝得烂醉如泥。他在后台就和冬青乐队（Hollies）的格拉汉姆·纳什（Graham Nash）一起喝得烂醉，他们也是来这儿演出的。他们1点开始喝，5点才停下。他干了些什么呢？他把他右手的手指都弄断了。他喝得太多了，完全不知道发生了什么。所以演出的时候我们不得不把他绑在了麦克风前。而那一场他唱得跟屎一样。

哎，那可真是朋克啊。是真正意义上的朋克。而且正是那一场，杰夫带吉米来看了演出。吉米倒是觉得这很精彩。他说这是他看过的最棒的演出。

虽然吉米很喜欢那场演出，保罗却对它厌恶得不行。所以我们又回到原地：保罗离开了，我们又要再找一位乐队成员了。这时候我们再一次向吉米抛出了橄榄枝，而这一次的时机终于完美了。从某种角度来说，他加入我们也不奇怪。新兵是吉他手们都梦寐以求的乐队。那时候没有其他的英国乐队了，真的，没有能让你伸展羽翼的乐队。吉米对于做录音室音乐人已经感到厌倦了，所以这一次他同意了，尽管他是暂时来弹贝斯的。这次，他很高兴能回到现场演出的团队中。他很聪明，他看得出来，未来是属于现场演出而不是录音室的，而那时候新兵可以在世界各地演出。

所以，没错，我们找了吉米，很明显我们现在是拥有两位顶级主音吉他手的梦幻团队。我们就像是英国版本的“奥曼兄弟”（Allman Brothers）……虽然那时候还没有奥曼兄弟。但是我觉得好景长不了。吉米很专业，但是他也很自负。而我们已经有一个自负的杰夫了，一个沐浴在自己的聚光灯下的杰夫。那么谁能带走他的聚光灯呢？只有一个人能做到，那就是吉米。

但是当他们一起弹吉他时，似乎一切都对上了。你能感觉到他们弹我最喜欢的单曲《十年前的意外事件》时候产生的化学反应。就像是一出完美的两分半钟的摇滚歌剧一般。

最终，我想杰夫还是对于要分享聚光灯一事感到有些泄气。他觉得和我分享一个舞台没什么，因为我不会威胁到他的人气。我是为衬托他而存在的，你知道，有我给你弹节奏吉他的话，一定能显得你的演奏更好听。但是当吉米带着他的才华和能量加入我们时，杰夫觉得自己的地位受到了威胁。吉米确实带来了不同的能量。

我认为杰夫的离开有很多原因。他肯定多少认为其他优秀吉他手的加入威胁了他的地位，而且他对巡演条件也很不满。我们的经理西蒙·纳皮-贝尔，让我们用老旧的灰狗巴士进行可怕的 Dick Clark 巡演，这简直要了我们的命。那次巡演进行到一半时，事情发生了。杰夫在巡演途中勃然大怒，在更衣室里当着我的面摔烂了一把吉他，然后踏上了回洛杉矶的归途。突然间我们又变成四个人了。作为一个专业人士，吉米说："我们是签了合同的，必须继续演出。"他承担了吉他的部分，抓住了这次机会。

这对我而言是乐队最棒的时期之一。早期确实很让人兴奋，但是去美国的大概第 7 次巡演实在太痛苦了。然后当吉米加入，我成了贝斯手后，一切又变得有趣了。不幸的是，吉姆和基斯则走上了另一条路。他们沉浸在毒品里，有时候连人影都见不着。

当乐队又变成四人时，我们自动分成了两个阵营：吉姆·麦卡迪和基斯，巡演时他们共用一辆 Mini Cooper；而我和吉米用的则是我的车。吉米不会开车，所以都是我开，但没关系，我喜欢开车。我的车是 Mini Cooper S，车很轻，但引擎却很强。车是破，不过开起来真带劲！有时候演出结束得很晚，那时还很少有高速公路，我们得开好几里乡村小路。吉米肯定不知道我差点把他弄死。我从来没跟他提过这事——有一次我开到时速八九十英里，正要在一个村庄转弯，突然发现路当中居然站了一头驴。他睡着了。我差那么一点点就撞上那头驴了。我们要是死在那儿，可真就成了传奇了。还有，他经常在演出结束后就睡着了，所以开车的时候我总是故意突然转弯，然后看他的脑袋撞来撞去，直到他被我弄醒为止。

不幸的是，《小游戏》——那张我们和吉米一起做的专辑——对我们的制作人米基·莫斯特而言是一张废品，这张专辑也没能呈现我们在演出时所表达的情绪。米基是一个畅销金曲制作人，他真的不理解我们。他的抽屉里满是小样，但是没有一个适合我们，也许除了《小游戏》。

米基确实很成功，但是他希望我们 10 点就录完背景音轨，12 点吃午饭，5 点前把主唱的音轨录完，然后大家回家吃晚饭。他只在乎单曲，对专辑毫无兴趣。他说："你们怎么录专辑我不在乎，只要你们在规定时间内搞定就行。"然后，又一次，我们有了秘密武器：吉米的专业技术。所以那张专辑基本上都是我们自己写、自己录的，用的也是我的钱，这张专辑是米基·莫斯特时代出版的最好的东西。有时粗糙，有时过响，但它确实是超越时代的作品。这是一张过于超前于时代却能在小圈子里引发大狂热的专辑，就像《十年前的意外事件》，得花一些时间才能让它深入人心。

你能看出吉米那个时候有多聪明。他在新兵时就已经明白，时代在变，单曲已经要过时了。他知道专辑越来越重要，而且他专注于将整个乐队的声音都收录到专辑里。他在齐柏林飞艇里实现了这一点，他证明了他是对的。

虽说我不觉得遗憾，但我还是觉得如果新兵能继续下去就好了。这样我就能以新兵成员的身份和吉米一起经历那些改变。我觉得我们四个人的合作很不错。我们在成长、壮大，越来越有创意。吉米把这些带进了乐队。但是那个时候乐队里有两个人觉得受够了。他们想演奏我们口中的"水上音乐"，或者说新纪元音乐。我对这种音乐没什么感觉，但是他们喜欢。所以在最后一次巡演的时候，他们通过代理人告诉我们不想再一起巡演了、谢谢大家。

吉米很失望，但是他离开的时候带着整整 18 个月来积累的想法和创意。而我也因为巡演非常疲惫。我加入乐队的时候才 15 岁，离开的时候是 21 岁。我只想和新兵演出，而我还有另一项爱好——摄影。我不知道未来会怎样，但是每天早上醒来，想到要依赖一个酒鬼和毒虫来继续工作，就让我感到十分厌倦。我没法再这样过日子了。我想自己把握命运，而摄影似乎符合我的想法。

我知道吉米想继续下去，新兵在斯堪的纳维亚还有没完成的演出。很明显，新兵已经不存在了，但是吉米想再凑一个乐队去完成演出。我和彼得还有吉米一起去伯明翰找罗伯特·普朗特。他当时在和伟大的约翰·邦汉姆一起演出。我们都说，吉米，那个鼓手肯定符合你的标准啊。但有趣的是，那时候没人对罗伯特·普朗特有把握，因为那时候他基本就是个喜欢尖叫的歌手。

约翰·保罗·琼斯是一个很棒的贝斯手，他贝斯的声音真是太独特了。他那时候用的是早期的 Ampeg 和 Fender 的爵士贝斯，然而我们只用过 Rivoli，声音很沉。但他的贝斯发出的声音很清晰、很完美，他绝对是齐柏林飞艇贝斯手的不二人选。所以那天结束之时，吉米就已经组建了完美的组合，而且有了新兵的经历之后，他脑子里有无数的创意可以用。他们第一次试音是弹奏《动力火车》或者别的什么，如果你听到那样的音乐，你就能感受到那种默契。所以我退出了。那时候觉得很轻松。我没钱，我才 21 岁，我记得我银行卡里还有 300 块钱的样子。很疯狂吧，是不是？但是这不重要。我会摄影，而且我能靠这个活下去。

没过多久我就去纽约工作了。不过我记得我只被一个邮递员认出来过。我的工作室在第五大道，华盛顿广场附近。有一天这个邮递员走进来，我们拍照的时候他也在工作室里，他说：“你是不是新兵的克里斯·德雷加？”我现在的圈子里没人知道我曾经是个音乐人，我从来没提过。

解散后我多少有点受挫。我甚至好几年都听不了音乐。我去了纽约，同时，吉米组起了齐柏林飞艇，而且大红大紫。吉米让我帮他们的第一张专辑拍封底。他们付了我 21 几尼，吉米和我关系很好，所以他也信任我来拍专辑封面。当然了，因为我能让他显得更出色。

有一天，当时我和妻子住在布鲁克林，彼得·格兰特打电话给我，他说齐柏林飞艇在麦迪逊广场花园演出，问我是否想过去看看。我觉得能再见到大家会很有意思，所以我们在混凝土停车场楼下碰头，然后他们把我带去了更衣室。他们每个人都很优秀，对我态度也很好——没有一点自负，而且对我很尊敬。我记得吉米转过来对我说："我们要出去演出了，克里斯，加入我们吧。坐在哪儿都行。"我走了出去，那段时间他们喜欢以《爱满载》（*Whole Lotta Love*）开场。我记得在后台都能感觉到水泥在摇晃——那些混凝土。我感受到的是从未感受过的摇滚现场，一切都那么巨大，我简直没法相信。我的魂魄全被吸走了，以至于甚至记不得演出有多疯狂。

当我离开新兵的时候，我们最大的观众群也就差不多五千人。霎时间，这儿却有着两万五甚至三万名观众。看来中间这段时间我真是活得像个与世隔绝的和尚一样啊，太难以置信了。

4

我希望能在艺术上拥有更强的控制力

佩奇离开新兵乐队，组建齐柏林飞艇并发行了两张专辑。

早在1968年的夏天，吉米回了家，修缮了他位于泰晤士河上的维多利亚船屋，亦为下一次搬家做好了准备——新兵解散了，解散就解散吧。那是60年代末，是流行音乐史上最令人兴奋的时期之一，其他各种文化也在突飞猛进地发展。那个时期充满机遇，而佩奇也很肯定自己想要的是什么。

新兵曾多次去美国巡演，这也使得吉米能充分跟上美国市场的发展步伐。“60年代晚期，美国FM电台形式很自由，什么类型的专辑都播。包括新兵、奶油和交通（Traffic）这样的实验乐队。我知道我能在音乐史上留下浓墨重彩的一笔。”吉米回忆说。

为了实现这个梦想，吉米为他的理想乐队设计了蓝图。这个预想中的组合应该“包含布鲁斯、硬摇滚和原声音乐，然后以令人难忘的重型和弦结束”。

幸运的是，他很快找到了能帮他实现这个野心勃勃的音乐梦想的人。约翰·保罗·琼斯，英国最棒的录音贝斯手、键盘手、编曲人，和吉米一样对录音工作感到厌烦，并自荐加入吉米的新乐队。了解了琼斯的多才多艺之后，吉米立刻把这位擅长多种乐器的演奏家纳入了名单。

主唱罗伯特·普朗特是佩奇的朋友——由优秀歌手泰利·雷德（Terry Reid）推荐。这位雄狮般的普朗特，无论从哪个角度看都是一位合格的主唱，而且他那猛烈、中性的嗓音，既适合香艳的布鲁斯又适合精致的歌谣。

不过他最大的收获恐怕还是鼓手约翰·邦汉姆，邦汉姆在之前的乐队里和普朗特合作过。佩奇一直想要一个力量十足的鼓手，而邦汉姆用佩奇自己的话来说是“完完全全超出了我的想象，他是个超人”。

第一次排练是在伦敦杰拉德大街的一个地下室里，那儿现在已经成了华人街。从那次排练就能很明显地看出这个乐队一定能走下去——排练室简直要爆炸了。佩奇记得，四位音乐人都为能如此完美地合作新兵的名曲《动力火车》而雀跃不已。至于乐队为何定名为齐柏林飞艇，有好多说法，流传最广的一种是谁人乐队的鼓手基斯·沐恩在佩奇制作《贝克的波莱罗》录音时说出过这个短语，当时佩奇、沐恩、杰夫·贝克、约翰·保罗·琼斯和钢琴演奏家尼基·霍普金斯都在。

“基斯在整个录音过程中都很疯狂，他说我们应该组一个永久的乐队，叫齐柏林飞艇，”佩奇说，“说这个似乎是为了把某个不好笑的笑话扭转过来。不过我倒是记住了这个名字，因为觉得挺有趣，而且我也喜欢这种‘轻重合一’的感觉。”[1]

梦之队已经组成了。佩奇对前景抱有自信，准备自己来制作专辑，并且把作品卖给出价最高的厂牌。1968 年 11 月，齐柏林飞艇在伦敦的奥林匹克录音棚集合，由佩奇担当制作人。排练了几周后，他

1　齐柏林飞艇，即 Led Zeppelin，其中 Led 是“铅”即 Lead 的变体，佩奇因担心人们将之读成 Leed 而改写成了 Led；Zeppelin 则是指齐柏林硬式飞艇。所以 Led Zeppelin 的意思是“铅飞行船”，有种“轻重合一”的意味。

们在斯堪的纳维亚进行了一次短程巡演，而他们那具有突破意义的首张专辑仅仅花了 30 小时和 1 700 英镑。

但即便是这样紧凑的安排，这支乐队，就如佩奇预想的一样，仍制造了许多“光与影”。从令人意乱情迷的《意乱情迷》（*Dazed and Confused*）到抒情民谣《宝贝我将要离开你》（*Baby I'm Gonna Leave You*），到流行曲调的《沟通中断》（*Communication Breakdown*），飞艇的能力、才艺和想象力公认是优秀的。不出所料，佩奇极富创造力的吉他演奏是齐柏林飞艇的核心。多年来在俱乐部的演奏、与英国最棒的音乐家的合作，以及在新兵开发出的属于自己的独特声音，这些经历终于见了成效，以多样且复杂的方式呈现了出来。从各个方面来看，齐柏林飞艇的首张专辑充分证明了吉米的摇滚天赋：他可以是迷幻的（《多少次》，*How Many More Times*），可以是布鲁斯式的（《你让我摇摆》，*You Shook Me*），也可以像民谣吉他手一样弹奏原声（《黑山一侧》），他是个真正具有革命意义的天才。

在专辑中最杰出的《意乱情迷》中，一个著名的处理是，佩奇在弹奏 Telecaster 的同时，用提琴弓制造了一种惊人的效果，即使到了今天这声音还能让听众吓一跳。这是吉米在新兵时就开发出来的。层次分明的编曲使得乐队的每个成员都有足够的时间通过音箱来展示自己独特的能力。约翰·保罗·琼斯的贝斯隆隆作响，萦绕心头。邦汉姆的鼓声如同一连串迷你火山的爆发，而罗伯特·普朗特的咆哮和呻吟，仿佛同时挣扎于痛苦的折磨与火热的性爱中。

最大的奇迹则是佩奇的吉他。他在录音中主要使用了 Telecaster 和 Vox 音箱，以 Sola Sound Tone Bender 作为失真，还有哇音踏板和提琴弓。他的吉他听起来有如一支有着超凡脱俗的架构和可怕声波的管弦乐队，现场版中则有着声名大噪的每首超过 20 分钟的即兴创作。这样的作曲风格日后成了吉米的特色。

毫无疑问，齐柏林飞艇的处女大碟证明了佩奇是优秀的制作人。

他那不可思议的表演、豪华的编曲和耀眼的效果，如《你让我摇摆》中的反向回声混响，说明吉米知道如何展现出乐队最棒的一面、如何在短时间内达成目标。

专辑完成后，佩奇请新兵的前经纪人彼得·格兰特把齐柏林飞艇带去了金库。以新兵和吉他手协会为诱饵，以冷酷无情著称的格兰特和大西洋唱片（Atlantic Records）签订了为期 5 年的合同。在这份里程碑般的合同当中，乐队被授予了完全的创作控制权——他们可以独立完成专辑，厂牌不得干涉。另外，乐队也可以自己决定专辑封面、广告、公共关系，或者任何与他们形象有关的事务。

1969 年 1 月 12 日，齐柏林飞艇的同名专辑发行了。它在美国专辑排行榜上排名第 99 位，最高排名则是第 10 位——但它在排行榜上连续待了 73 周。这个成绩于新乐队来说确实是非同凡响；尤为值得一提的是，是乐迷的口口相传、地下电台的推荐和令人欲罢不能的现场演出令他们流行了起来。从一开始，他们的歌曲就没有一首能进入排行榜前 20 名，也一直不受乐评界的待见，这些对一夜成名的乐队来说太奢侈了。

最后事实证明，佩奇有关“美国 FM 电台能促进乐队排名上升”的设想是正确的。

在第一张专辑大获全胜之后，齐柏林飞艇面临了一个算不上是困境的困境——是继续巡演推广首张专辑呢，还是回到录音棚里，趁热打铁地做出第二张专辑？对于吉米·佩奇和经纪人彼得·格兰特来说，答案简单粗暴：双管齐下，同时完成！

边巡演边录制第二张专辑，这个决定多少有些不同寻常，但是其实没有听起来这么鲁莽。齐柏林飞艇不想结束巡演，因为不可思议、力度十足的演出正在把第一张专辑送上正轨。

乐队出道时正值嬉皮运动的巅峰，演唱会里充斥着混乱、放纵却没什么舞台表演经验的乐队。与之完全相反，齐柏林飞艇从一开始就吸引了人们的注意，因为他们能做真正的完整演出；他们希望给观众带来听觉和视觉的享受，他们想弹得更好。当时，很多艺人漫天要价——弹得怎么样又是另外一回事——而佩奇与他的狂热拥趸们，则极度专注于表演。

“齐柏林飞艇刚出道时，我就觉得他们与众不同。”谁人乐队的主唱罗杰·达特依（Roger Daltrey）对《经典摇滚》（*Classic Rock*）杂志说，“他们邀请我们去马里兰看演出。我站在台侧看他们布置舞台，觉得他们简直太聪明了。整个乐队都让我印象深刻。我们和他们是认识的，我很早之前就认识吉米了。那时候他还在做录音室吉他手，谁人的第一首单曲中的吉他是他弹的。他们像奶油，但是更重型。奶油的杰克·布鲁斯（Jack Bruce）是一个爵士布鲁斯歌手，但罗伯特·普朗特知道怎么唱好摇滚、摇滚观众。”

“我们在早期曾和亨德里克斯、奶油一起演出，以那种三人乐队、一个主唱的形式。我们在这方面做得挺好，但飞艇把它带到了更高的层次、赋予了更多的力量。突然间，一种新形式的音乐诞生了。当时乐界已经有些疲软，即便亨德里克斯都略有不景气，开始向爵士乐转型。但是飞艇却把摇滚创新了。”

在巡演途中写歌、录制专辑是很不容易的，但是佩奇和乐队都决心把这件事做好。他们满怀野心、踌躇满志，立志让第二张专辑更成功。“有太多乐队在完成第一张专辑后就懈怠了，于是第二张专辑就会变得令人失望，”佩奇对飞艇传记作者里奇·约克（Ritchie Yorke）说，“可是我希望每张专辑都能比上一张强——就这么简单。”

乐队前进了不止一步。佩奇和公司竭尽全力地完成这张专辑，即便他们的巡演计划已经排得满满当当。但是在1969年，他们在伦敦、纽约、孟菲斯、洛杉矶、温哥华等世界各地的录音棚里录制出的《齐柏林飞艇Ⅱ》（*Led Zeppelin Ⅱ*），听起来有些与时代脱节。事实上，那正是佩奇想要的——一张从第一张专辑里总结出来的好创意的合集，用足够多的实验来证明乐队成长的决心。比如爵士风味的《是什么以及永远不会成为什么》(*What Is and What Should Never Be*)和激烈若性高潮的《爱满载》。

佩奇在 A&M 录音室为《爱满载》进行原带配音，洛杉矶，1969 年(© 查克·博伊德)

与第一张专辑一样，飞艇的新作与新发明擦出了火花，产生了诸多重大改变。1969 年早期巡演中，吉米把他 1958 年的 Telecaster 换成了 1959 年的日落色 Les Paul Standard，这是他从詹姆斯帮乐队（James Gang）吉他手、未来老鹰乐队（Eagles）吉他手乔·沃尔什（Joe Walsh）那里买的。

60 年代晚期，沃尔什在俄亥俄州肯特州立大学念书，同时在克利夫兰地区的很多乐队中当吉他手。沃尔什在吉米还在新兵时就认识他了，1969 年初，詹姆斯帮为飞艇开场，他们再次碰面。

“我一直都觉得吉米很有意思，同时也是十分优秀的吉他手。”沃尔什说，“我第一次遇见他的时候，他还在弹他的 Dragon Telecaster，但是他跟我说他想再买一把更厉害的琴。而我那时候刚好有两把 Les Paul，所以我把我不那么喜欢的一把给了他！那把吉他很与众不同，因为琴颈太粗了，我不太喜欢，所以我用砂纸把它磨细了，并且找维吉尔·雷（Virgil Lay）改造了一下，他是俄亥俄州亚克朗市著名的雷吉他店的主人。”

“我算不上现在的人说的那种吉他收藏家，但是我喜欢在小乐器店或者当铺里淘宝，找找很酷的吉他和音箱，看看能不能把它们修好。那会儿 Les Paul 不是很贵，但是确实不好找。埃里克·克拉普顿在《布鲁斯破坏者与埃里克·克拉普顿》（*Blues Breakers with Eric Clapton*）中用的是 Les Paul，他太有影响力了，导致在那之后似乎大家都想要 Les Paul 了，于是 Les Paul 吉他就渐渐从市场上消失了。”

“这就是我想要的吉他。”佩奇说，“乔·沃尔什对我说，我应该买这把吉他。他是对的。这把吉他后来成了我的妻子和情人……而且还不用付赡养费！”佩奇也换了音箱，用上了新的 100 瓦特 Marshall。他 1998 年解释说：“它是当时最可靠的音箱。声音很棒，巡演时也靠得住。我总是搞不定音箱——比如巡演时保险丝断了之类的。”

新吉他和新音箱的组合，创造出了更响亮、更狂野的声音——如强有力的、以连复段为主的《负心人》（*Heartbreaker*）。这首歌由极美、极快且极复杂的吉他独奏的华彩乐段组成，最终成了佩奇演唱会的重头戏。

《柠檬之歌》（*Lemon Song*）在 5 月录制于好莱坞，正处第二轮美国巡演之中。这首歌也相当杰出，特别是那听起来巨大而清晰的声音，其实是在 16 平方米的小录音室里现场录制的。“里奇·瓦伦斯（Ritchie Valens）和鲍比·富勒（Bobby Fuller）也在那个房间录过音，那里都是木墙，布景也很复杂。”佩奇说，“房间很小，但是乐队的力量全都释放出来了。”

“我在飞艇的第一张专辑发行之后、第二张专辑发行之前的夏天看过他们的演出。”吻乐队（Kiss）的吉他手保罗·斯坦利（Paul Stanley）说，“他们是迄今为止我见过的最令人惊讶的乐队之一。我的朋友和我在演出结束之后面面相觑，然后说：‘咱们还是什么也别说了吧，语言根本无法描述这场演出的精彩。’他们堪称各种摇滚元素的集合——性感、粗鲁、危险。”

就像前一张专辑一样，《齐柏林飞艇Ⅱ》立即引发了轰动。最终它把披头士的《修道院之路》[1]（*Abbey Road*）赶下了美国排行榜榜首，并且成功占领榜首多达 7 周，直至被西蒙和加芬科尔[2]（Simon and Garfunkel）的经典《忧愁河上的金桥》（*Bridge Over Troubled Water*）赶超。

人们总说飞艇的前两张专辑为重金属下了定义。事实上，这两张专辑的意义远不止于此。它们开创了一整个音乐时代，特别是对 hip-hop 和现代摇滚、流行音乐而言，这两张专辑的影响力越来越强。

在飞艇时代之前，鼓只是配角。在 60 年代的很多专辑里，底鼓——如果没有用一整套鼓的话——录出来的效果只能说是“听得

1　披头士乐队最重要、商业成绩最突出的专辑之一，四人过马路的封面被广泛效仿。

2　著名民谣组合，代表作如《毕业生》的插曲《寂静之声》、《斯卡布罗集市》等。

见”。对此比较完备的解释是：有些是因为录音技术的限制，有些是因为录音的不完善，但是绝大多数是因为没人想改变状况。为了追求飞艇影响力的最大化，佩奇则尝试以新的方法来录制鼓的声音。

结果令人印象深刻。如今的佩奇表示，他作为制作人、录音工程师的最大成就，就是完整地录下了约翰·“邦佐”·邦汉姆的鼓声。

《齐柏林飞艇Ⅱ》里的鼓声确实有着震撼性的能量。《爱满载》里捕捉到了爆炸般的效果，而《负心人》里的低音鼓声听起来简直像一群马在发狂。在《齐柏林飞艇Ⅱ》里邦汉姆改变了鼓手只能是节拍器的旧观念，他的鼓声在每首歌中都和主唱、吉他一样重要。仿佛是为了强调这一点，佩奇让邦汉姆的鼓声在《大白鲸》（*Moby Dick*）中占据了主导。

《齐柏林飞艇Ⅱ》发行后，乐队彻底打消了回到流行音乐圈的念头。佩奇和邦汉姆打开了潘多拉的魔盒——飞艇前两张专辑带来的冲击太大了，鼓的重要性不断增大，声波所能触及的空间不断增大。不同凡响的鼓声，把这股强大的流行力量持续带入了80年代，从小兽孩[1]（Beastie Boys）炫酷而诱惑的hip-hop到金属乐队（Metallica）的激流金属（Thrash Metal），几乎所有同时代的录音艺术家都欠佩奇首创的鼓录音技术一个人情。

1 著名白人说唱乐队。

对　话

打从一开始你就能将齐柏林飞艇极端有力的现场效果完全录制到专辑里。你的秘诀是什么？

很有趣吧，是不是？一般大家都觉得我们是把强有力的录音转化为现场演出，但是在那个时代，情况刚好是相反的。我认为其中一个关键点在于我把邦汉姆的鼓的原声很适当地录了下来。鼓的声音必须录得清晰，因为它是乐队的支柱。所以我为麦克风的摆放下足了功夫。但是，你也知道，当你拥有约翰·邦汉姆这样的鼓手时，这必定是一场不败之战。

所以要录制有力度的音乐，本质上，是要录下每个乐器自然的声音。

没错。如果乐器的声音被完好地录下来的话，就根本没必要用均衡器。只要利用麦克风以及麦克风的摆放位置就可以做到。乐器的声音彼此融入，氛围自然就有了。一旦你想把每种声音都分得清清楚楚，氛围也就消失了。那种光环和融合感就没有了。而且一旦光环不见了，你就不得不加入人工混响，那声音和原声比不了。

这对布鲁斯来说尤其正确。布鲁斯不是用脑子来弹的。以前总有人说，音乐家想召唤布鲁斯的灵魂。但是如果没有足够的空间的话，又怎么可能呢？空间对于一起弹奏的音乐家来说是最基本的。

这大概就是50年代的音乐和70年代以后的音乐的区别——突然

间所有音轨都必须变得清清爽爽。一旦你把每种声音分开，整个氛围就消失了。

除了早期你那强力的音乐之外，你在商业方面的手法也很独特。第一张专辑是你自己制作的，你的目的是不是把厂牌对专辑的影响降到最低、把乐队的控制力最大化呢？

没错。我希望把乐队对音乐的控制力最大化，因为我知道乐队该怎么走。事实上，在加入大西洋唱片之前，我自己负担了第一张专辑的全部录制费用。这事情可不常见，你事先做好一张专辑，然后拿着已经完成的磁带到了大西洋唱片。还有一个优点是，如我所希望的那样，录制的花费降到了最低。我们的第一张专辑是30个小时录完的。这是真的。我知道，因为是我花的钱。（笑）但其实这不难，因为我们排练得很熟练，而且刚结束了斯堪的纳维亚巡演，无论从哪个方面来说，我都很清楚我们要的是什么。我知道吉他应该怎么弹，声音应该如何录制——我知道一切。

前两张专辑里的立体声混音很新潮。这是你在进录音棚之前就计划好的吗？

那倒没有。当然了，在原带配音完成之后，我当时就有了加上立体声的想法，用在哪儿我也心里有数了。比如，在《多少次》里，你能注意到有几处吉他声在这边，而回声在另一边。那些就是我的主意。其实第一张专辑里我们遇到的问题是主唱音轨的漏音。罗伯特的嗓音力度十足，结果，与其他音轨混了起来。但奇怪的是，这种漏音听起来仿佛是我们故意做的一样。我很擅长把做坏的东西救回来。

比如，《庆祝日》（*Celebration*，收录于专辑《齐柏林飞艇Ⅲ》）的节奏音轨，曾经有一段被一个工程师不小心抹掉了。我当时不记得我们在录什么了，但是我在用耳机听，结果什么也没听见。我开始大吼："这他妈的是怎么了？"结果我注意到录音灯依旧亮着，这一段本来应该是鼓。工程师不小心把邦佐的那一段给盖过去了！所以你们会听见在《朋友们》（*Friends*）后、《庆祝日》前的那段合成人声，直到节奏音轨跟上来。那就是我们用来补鼓轨的部分的。这就是救火了。

对制造巨大声响充满创意，并且坚持下去，也便是摇滚乐了。这是艺术学校对你的想法造成的影响吗？

那是肯定的。我发现我喜欢的那些抽象画家，都是很优秀的工程制图员。他们都花了不少时间当学徒，学习最基本、经典的构图和绘图，在那之后才开始画自己的东西。

这对我产生了影响，因为我意识到我在音乐方面也在沿着类似的道路前行。早期的乐队演出、当录音室乐手、制作乐曲、上艺术学校，回想起来，这个过程就是我的学徒期。我在学习的过程中，也夯实了基础，更是积累了许多想法，虽然我并没有真正地在学音乐。后来我加入了新兵，突然之间——嘭！——我学到的一切落实了，我准备好了，可以去做那些有趣的事情了。我极度渴望这种新的满怀信心的感觉。

你经常以"光与影"形容你的音乐，这个词往往被用来形容画或摄影，倒是很少用在摇滚乐上。

还有"结构"，形容建筑学的也不能少啊。

《好光景坏光景》（Good Times Bad Times）拉开了专辑《齐柏林飞艇》的序幕。你还记得录制这首歌时的事情吗？

关于这首歌最棒的一点，当然了，就是邦佐那惊人的底鼓。一旦你知道他没有用双底鼓，你就明白他是个超人了。只有一个底鼓！那时候人们才意识到他有多么伟大!

独奏时你用什么来过载 Leslie(一种管风琴常用的旋转式扬声器)?

(仔细回想)你要知道……我不记得《好光景坏光景》里用的是什么了。不过说来也怪,我倒是记得在《多少次》里是用什么来过载 Leslie 的。听起来都不太像 Leslie 了,因为我没用旋转式扬声器。让人惊讶的是,这种声音十分低沉。吉他声音冲出来,穿过音箱。这是一项十分成功的实验。

你是怎么想到在《你让我摇摆》最后加入反向回声的?

当我还在新兵的时候,我们的制作人米基·莫斯特会让我们录一些很糟的歌。有一次,我们要录《十个印第安小人》——一首非常蠢的歌,还要和一些很糟的铜管乐器合奏。事实上,这整首歌听起来都让人恶心。不过我还是不甘心地想要努把力,于是我想到了一个主意。我说:“要不,把带子反过来,把铜管乐器的回声放到空的音轨里。然后再把带子倒回来,那样回音就成了反着的。”成果很有意思——这让这首歌听起来像是倒带一样。

之后,当我们录制《你让我摇摆》的时候,我告诉我们的工程师格林·约翰斯,我想在结尾用反向回声。他说:“吉米,这不可能。”我说:“这可能。我已经做过了。”之后我们开始争论,最后我说:“告诉你,我是制作人。我说了算,你照做就是了。”所以最后他不情愿地照我说的做了,而且当我们结束之后,他死活不愿意把调节器按钮往上推,不想让我们听成果。最后我不得不大吼:“他妈的把音量调大!”结果呢,你瞧,这效果多完美。当格林听到这成果后,他显得很不甘。他就是没办法接受有人知道的比他还多——尤其那人还是一个乐手。

有趣的是,后来格林参与制作了滚石的专辑,结果呢?反向回声!而且我很清楚他肯定说这个主意是他想出来的。

当人们讨论早期的飞艇时，总是会关注乐队重型的一面。但其实你的秘密武器是你的歌曲极其抓人。《好光景坏光景》便是首经典意义上的流行乐。做录音伴奏和早期在新兵的经历是否磨炼了你写歌的能力？

我觉得应该是。即便是在最糟糕的伴奏录音过程中，我也能学到东西——相信我，我弹过很烂的东西。

你的朋友会嘲笑你弹广告歌谣么？

我从来没跟他们说过我在干什么。偷偷告诉你，我有不少见不得人的秘密！

《多少次》是怎么一步步形成的？

那首歌有着激进现实主义的感觉，不是吗？那是我在新兵的时候的很多创意的合集，其他类似的还有《意乱情迷》。它是在录音室里现场弹下来的。

据说《多少次》是约翰·邦汉姆写的。他起到了什么作用？

主要是改写起源于布鲁斯的连复段。我尝试为每个乐队成员都分配些许任务（罗伯特·普朗特没加入《齐柏林飞艇》的歌曲创作，因为当时他还背着和CBS的合同）。那很公平，大家都加入了创作。

你还在那首歌里用上了提琴弓。

对，和我说的一样。我们用上了激进现实主义。我觉得我在这首歌里用琴弓用得很不错，不过后来用得越来越好了。比如，我觉得在现场专辑《歌声依旧》里的弓用得就很不错。当我听到回放时自己都有些惊讶。老天，这才叫创新！

你是怎么想到要在电吉他上用上提琴弓的?

当我还在做录音乐手时，经常参与弦乐部分。在大部分时候，弦乐乐手都不喜欢交际，除了那天那个问我想不想用琴弓弹吉他的家伙。我说这估计行不通，因为吉他没有小提琴或者大提琴的弓形结构。但是他非让我试试看，并且把他的弓递给了我。结果发出的吱吱声激起了我的兴趣。我其实又过了很久才开始认真研究这个，但是确实是那个人启发了我。

你用琴弓拉的吉他在《意乱情迷》里被回声加强了不少。

其实是混响。我们当时用的是 EMT 板式混响。

那多少有点让人惊讶，因为有些地方听着像是录制好的回声。事实上，《齐柏林飞艇》是我听过的第一张有回声和延时如此绵长的专辑。

我记不清了，没法告诉你具体是哪首歌用了，但是我们确实是用了 EMT 板式混响之后才用的延时——机器延时。当时用弹簧混响的时间是有限的。

第一张专辑里另一个比较有趣的方面是你使用了原声吉他，这把你和克拉普顿、亨德里克斯之类的其他吉他英雄区分开来。

我们的原声歌曲无论在专辑里还是现场中都很有力度。节奏感强的歌曲反而不如柔和的音乐感染力强。说起来也好笑，大家都对《齐柏林飞艇Ⅲ》里的原声音乐大惊小怪，其实第一张专辑里面就有啊。第一张专辑里有两首民谣风的歌曲——《宝贝我将要离开你》和《黑山一侧》，但是乐评人根本就没注意到。挺奇怪的。我想他们可能都只关注第二张专辑吧，那张专辑能量更强。但即便是第二张专辑里也有安静的歌曲啊，比如《继续漫步》（*Ramble On*）

和《谢谢你》(*Thank You*)。

我们表演的《宝贝我将要离开你》展现了我们是可以多么老派的一支乐队。当时可没有多少硬摇滚乐队有胆子翻弹琼·贝兹[1](Joan Baez)的歌!

你对英国传统民谣《黑山一侧》的改编也很有意思。那是一首由安妮·布里格斯(Anne Briggs)和伯特·詹茨等宗教复兴运动创始人录制的歌曲。但是你看到了它成为摇滚乐的潜力。

作为一个音乐家,我的作品为我说话。除了摇滚乐和布鲁斯之外,我还听民谣、古典乐和印度音乐,这也是我和当时其他吉他手不同的地方。

《黑山一侧》、《白色夏日》、《朋友们》和《克什米尔》这些歌里的印度、中东元素是怎么形成的?

我一直都被东方音乐吸引着。60年代晚期,在结束新兵的巡演之后,我去了印度,就因为我想亲耳近距离听听那儿的音乐。

这么说吧:我在乔治·哈里森之前就有西塔琴了。我倒不是说我弹得比他好,我觉得他弹得非常好。披头士的《拥有你,失去你》(*Within You, Without You*)十分有味道。他花了很长时间和拉维·香卡学习西塔琴,这能从作品里听出来。但是我很早的时候就去看过拉维的演出。那是老早老早以前的事情了,现场根本没有年轻人,只有一些岁数很大的、来自印度大使馆的人。我认识的一个姑娘也是他的朋友,她带我去见他,演出结束后介绍我们互相认识。我告诉他我有一把西塔琴,但是我不会调音。他对我态度很好,还在纸上写下了如何调音。

---

1 琼·贝兹,活跃于20世纪60年代的著名民谣歌手、民权运动的积极参与者。

但我的技术到底是怎么来的，也实在很难说，因为这算是很多碎片的集锦。有时候我也会告诉别人，这源自我的CIA组合——凯尔特（Celtic）、印第安（Indian）和阿拉伯（Arabic）音乐。

你在录制《齐柏林飞艇I》时就已经录好《宝贝回家》（Baby Come On Home）了，但是这首歌直到1993年的《二号盒装》（Boxed Set 2）才被发行。

我不觉得我们做得足够好了——背景和声不太理想。而且当时我们都觉得其他的歌曲更好。就那么简单，真的。但别误会，这首歌很棒，普朗特唱得十分完美。只不过我们把标准设得很高罢了。

大西洋唱片收到你们第一张专辑的时候是什么反应？

他们很想签下我们。我之前和他们的一个制作人合作过，1964年的时候我去过他们在美国的办事处，见到了（大西洋唱片的行政人员兼制作人）杰瑞·韦克斯勒（Jerry Wexler）、雷柏（Leiber）还有斯托勒（Stoller）等人。他们挺时髦的，对我在新兵的工作很熟悉，所以对齐柏林飞艇也有兴趣。而且我和他们说得很清楚，比起他们的子厂牌阿特科（Atco），我更想被大西洋唱片厂牌签下来，虽然阿特科旗下有桑尼和雪儿[1]（Sonny & Cher）、奶油等乐队，但是我不想和他们扎堆——我更想和相对正统、经典的形象联系起来。回到你的问题：他们的反应很积极——我是说，至少他们签下我们了，不是吗？而当我们给他们第二张专辑时，他们更是狂喜了。

我最近在看你们乐队的一些老照片，我发现在第一张专辑前后，你用了一堆各种品牌的音箱和吉他。在你开始用人们熟悉的Marshall

---

1 桑尼和雪儿，20世纪六七十年代红极一时的流行乐二人组。

已经不够用了？

不是，如果你听了第一张专辑的话就知道 Tele 足够好了。完全可以胜任。

那为什么你不再用 Tele 了呢？

当乔·沃尔什想把他那把 Les Paul 卖给我的时候，我说："我觉得 Telecaster 挺好的。"但是我弹了 Les Paul 之后，我就坠入爱河了。倒不是说 Tele 不容易使用，但 Les Paul 弹奏起来真是太舒服了。而且用来做巡演吉他似乎也非常合适。

你参与了制作，那么你的工程师们在第一、二张专辑上做了什么呢？

格林·约翰斯是第一张专辑的录音师，他还打算混个制作人的头衔。我说："没门儿。是我组的乐队、我组织的录音，我的吉他有独特的声音。我可以告诉你，你想当制作人？门儿都没有。"后来我们找了乔治·施卡茨（George Chkiantz）和艾迪·克拉默来制作第二张专辑，再后来我们找了安迪·约翰斯（Andy Johns）。我有意识地换录音师，因为我不想让观众认为是他们造就了我们的音乐。我想让大家知道，那都是我的本事。

那么艾迪·克拉默对《齐柏林飞艇Ⅱ》有什么影响吗？

是的，他肯定有，但是别问我影响了什么。我记不起来了。等一下，我想起一个例子。我告诉他我想要在《爱满载》中间加点东西，而他帮我达成了这个目标。我们的录音带上已经有很多声音了，包括泰勒明电子琴（一种电子乐器，可以发出汽笛般的高音），还有和反向回声一起的声音，但是他在低频率振动方面的知识，对最终完成效果颇有帮助。如果他不知道如何做，我可能就得试着做别的效果了。

所以从这种角度来说，他确实帮了大忙。艾迪一直都非常非常优秀。我和他相处得很好，而且我不得不说，每次我回顾以前的作品时，都会感到他的成果确实惊人，简直太棒了！

《齐柏林飞艇Ⅱ》是在很多地方录制完成的。

最早是在我本格伯恩的家里排练，《爱满载》和《是什么以及永远不会成为什么》是在伦敦奥林匹克一号工作室和施卡茨一起制作的，他是基础音轨和部分吉他原带的工程师。那些录音为之后在美国各式各样的录音室里完成的其他音轨建立了基础。我们一路从西海岸录制到东海岸。一部分兴奋感源于我们一路上的巡演。我们最后的混音是和艾迪·克拉默一起在纽约的 A&R 工作室完成的。

你认为你自己作为制作人或者工程师的最大成就是什么？

我之前也说过的，利用环境音效来录音——之前没人有过这样的想法。我一直在探索和拓展这种方法，直到后来我们还把麦克风放到走廊上，我们就是这么录制《当大堤决口》（*When the Levee Breaks*，收录于《齐柏林飞艇Ⅳ》）的声音的。那样的录制仅仅是利用周围环境的音效来录下最完美的鼓声。所以对我来说，找到能理解我的理论的工程师很重要。经过一段时间后，我就不必再多费口舌与人争执，因为他们都知道我很清楚自己在说什么。

说到艾迪·克拉默，你有没有和吉米·亨德里克斯一起演奏过？他当时和艾迪走得很近。

没有。我也从来没看过他的演出。在 60 年代晚期，我直接和新兵开始了巡演，之后又和飞艇开始录音，这让我十分忙碌。对于一支乐队来说，头两年很关键，必须不停地工作——如果你想制造影响力的话。这也是没办法的事。我们也一样。事实上，我们几乎是一刻不停地工作了三年。不管怎么说，每次我巡演回来时，亨德里克斯都会在某地演出，而我则总是说服自己："我实在是太累了，下次再去看他演出好了。"于是我就错过了一次又一次，当然了，最后也没有等到那个"下次"。没能亲眼看到他的演出，我真的对自己非常非常生气。我真的很想去现场看他的演出。

作为一个制作人，你觉得他的录音如何？

我觉得他们的作品很优秀，真的，吉米的鼓手米奇·米歇尔（Mitch Mitchell）也是一个充满灵感的人。他打鼓的方式真是空前绝后。他打的鼓让人难以置信！

虽然你和吉米弹奏的风格不同，但你们在试着突破视觉感官这一方面很相似。

这个嘛，其实有很多人都在为此努力。比如披头士。这可是一支在短短几年内就从《拜托你了，邮递员先生》（*Please Mr. Postman*）到《我是海象》（*I Am the Walrus*）的乐队啊。

同时代的其他音乐人当中，你觉得还有谁有前瞻的眼光？

西德·巴雷特（Syd Barrett）早期在"平克·弗洛伊德"（Pink Floyd）的写作充满灵感。在平克·弗洛伊德的第一张专辑之前，没有像巴雷特那样的音乐。专辑里充满了新鲜的想法和积极的陈述。你能感受到他们的天赋，他的离开真是太可惜了。他和吉米·亨德里克斯的目光都很长远。

你为什么觉得现在的录音不如六七十年代有力度？

这个嘛，那时候没有鼓机。所以什么演奏都得亲力亲为，当时的渐强都很自然，用环境录音法能录到很棒的声音。但是比较独特的录音机摆放位置啦、平移录音机啦，这些手法也能制造出比较独特的听觉效果。我最喜欢的混音是在《当大堤决口》的结尾，一切声音都开始转来转去，只有主音是静止的。

我告诉你一件关于这首歌的趣事。混音是安迪·约翰斯和我一起做的。而我们完成之后，格林——也就是安迪的哥哥——走了进来。我们兴奋得要命，跟他说："你得听听这个。"格林听完说："哼。你们肯定剪辑不好的。这不行。"然后他就出去了。你又错了一次啊，格林。

在前两张专辑里，你从经典布鲁斯歌曲中借鉴了一些东西。你想过这会在之后给你带来麻烦吗？

你是说因为抄袭被起诉吗？（1987 年，布鲁斯作曲家、贝斯手威利·迪克逊（Willie Dixon），发现《爱满载》与他的《你需要爱》（*You Need Love*）有相似之处，于是以剽窃罪起诉了齐柏林飞艇。这起案件最后达成了庭外和解。）这个嘛，虽然事实如此，但我总是会为我所用的桥段带来新的东西。我保证每次都会带来一些变化。事实上，大部分经我改编的曲子，你根本听不出原来到底是什么样子。当然，不是每一首都变化很大——但至少大部分是。所以说，大多数形成对比之处是歌词。罗伯特应该好好改改歌词才对，但他总是不改——结果我们就被人起诉了。他们没办法从音乐上找漏洞，只能在歌词上挑毛病。

当然了，不得不说，我们确实是过于冒险和随便了。但没关系，我们也付出代价了！说来也怪，有那么一次我们想按照规矩做事来着，结果却害了自己。当时我们在海德利庄园（Headley Grange）录制《肉体涂鸦》（*Physical Graffiti*），伊安·斯图尔特（滚石的非官方键盘手）来和我们一起演奏。结果那次合奏促成了《和斯图一起跳布吉舞》（*Boogie with Stu*）——这首歌是从里奇·瓦伦斯的《啊哦！

我的头》(*Ooh! My Head*)变化而来的，当然那首歌也是据小理查德的《啊哦！我的灵魂》(*Ooh! My Soul*)改编的。我们想把版权费付给小理查德的妈妈，因为我们听说她从没收到过她儿子的版税，而且罗伯特的歌词也多少参照了原曲。结果呢？他们却试图以那首歌起诉我们！我们不得不说“有多远滚多远”！简直不敢相信。

所以，不管怎么说，就算是抄袭，也都是罗伯特的错。(笑)但是说正经的，布鲁斯乐手其实都时不时地互相借鉴，爵士也是一样，所以我们也是一样。

你经常说民谣和乡村摇滚以前总是影响着你，那么你最喜欢的布鲁斯专辑和吉他手又有哪些呢？

那就多得数不清了。奥蒂斯·拉什[1](Otis Rush)是个重要人物——《如此多的路》(*So Many Roads*)让我浑身起鸡皮疙瘩。那时候，有一些专辑能让所有人都陶醉其中。特别是有一张，我记得叫作《美国民谣布鲁斯节》(*American Folk Blues Festival*)，里面有巴迪·盖伊(Buddy Guy)的演奏——他让所有人都目瞪口呆。当然了，之后还有 B. B. 金的《雷加尔现场》(*Live at the Regal*)。第一次听到弗莱迪·金、埃尔默·詹姆斯的作品时，我都不得不佩服得五体投地。

差不多就是这些了，还有一个很重要的人物——休伯特·萨姆林。我特别喜欢休伯特·萨姆林。他的演奏是对嚎狼的补充。他总能在对的时机弹对的东西。堪称完美！(嚎狼的《屠宰间》(*Killing Floor*)和《多少年了》(*How Many More Years*)是《柠檬之歌》和《多少次》的灵感来源。)

---

1 奥蒂斯·拉什，对后世有巨大影响的蓝调吉他手。

接着说《齐柏林飞艇Ⅱ》，是什么让你决定在《负心人》中间来一段无伴奏的独奏呢？

我就是喜欢那样。我总是想做些与众不同的事情，或者说做些别人意想不到的事情。不过关于那段独奏，有趣的是那是在我们录完《负心人》之后才录的——是我事后才想到的。它们是在不同的录音室里完成的，然后才被插入这首歌中间。也许你会发现，吉他的声音听起来是不一样的。

我确实发现吉他的音调好像调高了些。

音调调高了吗？我还真不知道！（笑）

那是你事先写好的独奏片段吗？

不是，算是即兴完成的。我记得那大概是我第一次用 Marshall 音箱吧。

你是如何制作《爱满载》里的声音的？若想复制那样的声音，难度大得难以置信。

我说过，在录制鼓的声音的时候，应该把麦克风放得远一点，其实录制吉他的时候也一样。距离造就了深度，也就能给你更饱满的吉他声。第一张专辑所用的音箱都是 Vox Super Beatle，就那个音箱，加上一把 Telecaster、一个哇音踏板和一个高音踏板，你就能制造出多种多样的声音了。我在独奏时用了一个哇音踏板，在《沟通中断》里也是一样。这样便能制造出那种沙哑、刺耳、能穿破一切的声音了。

乐队在 1969 年到 1971 年间为 BBC 电台录制了不少东西，而且在 1997 年 11 月，你还发行了那些歌曲。当你拿出这些尘封多年的作品时，你觉得在那些歌里最让你惊讶的地方是什么？

站在历史观点上来说，它们的优秀在于真实地表现了当时的情况：乐队在百忙之中挤时间录歌的实录。这些年我听过这些录音好几次，所以它们对我来说不算完全陌生。但我觉得最让人兴奋的是给了我对比一首歌不同版本的机会。像《沟通中断》就出现了 3 次，听着每次演出的巧妙变化很有意思。就好像在读一本日记一样。这不是齐柏林飞艇最棒的作品，但也不是最糟的。这只是那个晚上我们演出的作品罢了。当然了，也是非常棒的就对了。

BBC 的录音形象地表现了我们是一支非常老派的乐队。齐柏林飞艇的每次演出都和前一次有所不同。《你让我摇摆》的两次演出就是很好的例子。为专辑拉开序幕的那个版本，无论从哪个角度来看都挺完美的，但是它比不上几个月后的那个版本。罗伯特和我之间的化学反应在飞速地进行着。这些录音能够展现出乐队细微的变化——我们逐渐融为一体，关系越来越紧密，也越来越默契。

可以把我们的 BBC 录音和披头士的比一比。我跟你打赌，如果他们有两三个版本的《爱我吧》[1]（*Love Me Do*）或者别的什么歌，不同的版本听起来会是完全一样的。这就是我们和同时代其他乐队的不同：齐柏林飞艇始终在推动音乐的前进。

你剪辑过一些演出。那都包括了哪些工作呢？给我举个例子吧。

其实没什么要做的。我碰见过的最大的问题在于要删减 96 分钟的在巴黎剧院的演出，必须缩减到 80 分钟，也就是一张 CD 能容纳的长度。其实大部分剪辑都用在了一首特别的歌里——混合版的《爱满载》，演出的时候这首歌持续了 20 多分钟。歌单里包括《让那男孩快乐摇摆》（*Let That Boy Boogie Woogie*）、《走向灭亡》（*Fixin' to*

1　披头士的第一首单曲。

Die)、《妈妈那没什么》（*That's Alright Mama*）和《混乱布鲁斯》（*Mess o' Blues*），这些我都留下来了。而其他的，比如《蜜蜂》（*Honey Bee*）、《柠檬之歌》还有《不管结果怎么样》（*For What It's Worth*）都被我剪掉了。

我们用 Pro Tools 软件做剪辑真是挺方便的——我可以把素材挪来挪去，但是不会影响到律动。例如，我有不少独奏都被剪接过，但是你肯定不会发现！我就喜欢做这样的事情。我喜欢别人给我一个无法解决的问题，然后我找到办法来解决它。

有没有在录音里留下什么瑕疵呢？

在第二版的《你让我摇摆》里头，有一件趣事。刚开始时，吉他声音非常响亮，你能听出来工程师被吓了一跳，然后把吉他的声音调低了。我们把这段保留下来了，因为这是一个非常真实的片段。不过——以防有人认为这是我的错——别怪我，可不是我录的音啊！（笑）

但是要知道，在当时，这样的小错误并不要紧。我们从来没想过有一天会有一种叫作 CD 的东西，而且 25 年后依然有人对我们当时的录音感兴趣。那时候这只是单纯为了广播而已，顶多也就再拿出来重播一次吧。

我注意到有些歌曲的曲子部分非常简单——可能也就在你的独奏后面加了一些节奏吉他，或者像是《沟通中断》里那样，多加了一些背景和声。这是你故意的，还是说这些不过是惯例而已？

我觉得当时 BBC 只是想要最好的演出。他们知道乐队总是想在自己原来作品的基础上重新创作，所以在原带上加音轨也是很正常的事情。至少得加一个配音吧，所以我们也就加了一个。

BBC 的母带是什么样子的？

这故事挺传奇的。当我们想到要发行的时候，我们请 BBC 发来了当时的复刻带。他们给乔恩·阿斯特里（Jon Astley）——当时帮我们进行重新灌录的技师——寄了一份数字式录音带。因为他们没把原始的母带给我们，所以我们猜他们可能已经把母带转成数字格式后给洗除重录了。于是我们就打算用这份数字式录音带来重新灌录。

但有趣的是，当我问 BBC 要带子时，我明确说了要盒式卡带，我以为那会是从数字式录音带复制而来的。然而，当我们开始重新灌录时，乔恩给我听了一下数字式录音带，我一听就想，我的天啊，这声音简直太糟糕了。也许多少有点心理作用吧，但是我觉得盒式卡带听起来反而比数字式录音带强多了。

所以我把盒式卡带拿出来，听了一下，觉得这的确比数字式的好听。我猜盒式卡带可能是由其他格式转换而来的——也许是原始的 1/4 英尺母带。所以，跟随我的预感，我们最终真的在他们的地下室找到了母带。当时真是一通好找，不过也是值得的。

我还以为 BBC 会定期洗除录音带的内容来录别的内容呢。

我本来也是这么以为的。其实，我们的录音没有被洗掉，我还有点惊讶呢。你也知道的，他们没把摇滚当回事。

齐柏林飞艇的 BBC 录音现场也是摇滚史上被盗录最严重的作品。这就好似硬摇滚版的鲍勃·迪伦的《地下室卡带》[1]（Basement Tapes）。换句话说：如果一个人是飞艇的狂热粉丝，那么他肯定听过或者自己就有盗录版。你对这些盗录持什么态度呢？

得看情况。如果是有人在演出现场拿着麦克风录的话，倒是没什

1　鲍勃·迪伦的代表作之一。

么。毕竟他们花钱买了票，所以也是公平的。但是如果是从录音棚里偷的——比如录制了一半的素材、排练录音之类的——就是另一回事了。我坚决反对这些东西。这就是偷窃。就好像有人偷了你的日记然后拿出来出版一样。

至于 BBC 录音，我倒是不介意它们被大量盗录，无论人们拥有什么版本，肯定都不会是我们自己拥有的那种原版。另外，也不是所有人都会买盗录版，而且那些买盗录版的我们的粉丝也会愿意买正版的——这样就能知道我做了哪些改动了。我不能输。我肯定不会输给盗录的人的！（笑）

乐队经常上电台演出，这在美国算是很常见的一种观念。你能给我说说 60 年代的英国电台大概是什么情况吗？

其实，50 年代的时候，美国这种在电台表演的传统就延伸到英国了。因为我知道猫王就曾经在电台演出过。但是这种传统不久后在美国就绝迹了，因为对于小电台来说，请人演出肯定比直接放音乐难多了。

但是在英国，电台没有消亡。BBC 这一行业巨头持续地制作广播剧、益智问答、谈话节目，还有古典音乐广播等。而摇滚崭露头角之后，也成了 BBC 的一部分。

与 BBC 的惯例保持一致，你们的录音都很短。是什么样的环境造就了你们 1969 年在“剧场”剧院和 1971 年在巴黎电影节那长达一小时或者一个半小时的演出呢？

当我开始参与录音时，给我们的时间都只能演奏两三首歌。我们开始抱怨——其他乐队也抱怨过——因为我们没法在这样短的时间内展现我们乐队的特色。我想他们可能最终还是把我们当回事了吧，因为他们允许我们试试和“演唱会”一样，让我们弹奏一小时左右。

我们的尝试很成功，所以此后这样的时长成了标准。那可是很重要的突破。而且我想，也算是从一个侧面展现了当时我们的影响力。

在 BBC 的演出里你们基本都弹奏了《沟通中断》，有什么特别的原因吗？

我想是因为当时我们觉得《沟通中断》和《意乱情迷》是最能代表我们乐队的。

据说你们在 BBC 现场录音中改编的三首歌——昏昏欲睡的约翰·艾斯特斯[1]（Sleepy John Estes）的《我爱的女孩》（*The Girl I Love*）、罗伯特·约翰逊的《河畔布鲁斯》（*Traveling Riverside Blues*）还有艾迪·柯克伦的《别的事》（*Something Else*）——都是即兴演奏的。考虑到你们可是在一个重要的电台演奏现场，就这样即兴演出还真是很大胆啊。

是啊，确实。幸运的是，像齐柏林飞艇这样的乐队，临时即兴并不是什么大问题。当时每个人都在巅峰状态——无论是个人，还是这个团体。所以通常的情况是，我说"我想到一个连复段"，然后我展现给每个人听，我们的灵感一触即发，罗伯特会临时编出一些歌词来唱，然后我们就录下来，就这么简单。

说到《河畔布鲁斯》，1971 年的两张 BBC 录音 CD 最惊人的不同之处在于，你们基本不再翻弹经典布鲁斯歌曲了。

这个嘛，我们开始写自己的布鲁斯歌曲了，不是吗？在第一张专辑发行后，我意识到我们应该开始做属于自己的东西。对于展现自己独特的东西，我有一种特别的紧迫感。

在早期，我会很乐意从奥蒂斯·拉什那里借鉴《我忘不了你》（*I*

1　约翰·艾斯特斯，出身田纳西州的著名早期布鲁斯乐手。

Can't Quit You）。这是一种荣幸。但是之后我开始意识到那不是我应该做的事。我应该开创属于自己的风格，所以我不再追随别人的音乐风格了。现在我想我成功了。

比如《出场》（*Presence*）中的《都是我的错》（*Nobody's Fault but Mine*）就是一个很好的例子。有一天罗伯特走进录音棚，建议我们翻唱这首歌。但是我最终的编曲和盲威利·约翰逊（Blind Willie Johnson）的原曲毫无关系。罗伯特本来想用原来的布鲁斯歌词，但因为整首歌都和原曲成了两码事，所以不得不改。事实上，我最近才发现《我爱的女孩》还多少和昏昏欲睡的约翰·艾斯特斯有点关系！

你认为 BBC 的演出帮助乐队在英国发展了吗？你们在英国的人气似乎不如在美国发展得迅速。

不是，这是个讹传。我们一开始在英国演出的时候，多少有点困难，因为那时候第一张专辑还没有发行，人们没听说过我们乐队。所以这很艰难——要这样起步确实不容易，就算你真的很有实力，在现场能让观众对你五体投地也是一样。但是我在新兵的名声依旧，人们也很想知道我现在在做些什么。所以只要他们来看我们演出，我们就会凭借口口相传变得越来越出名。如果你以演出上座率来评判乐队的流行程度的话，你可以发现我们在英国和美国的演出上座率都差不多。

我们去美国巡演的时候，人们已经对我们的专辑比较熟悉了，所以这样就比较容易发展。而且美国 FM 电台的支持也提供了很大的帮助。但是在这两个国家，齐柏林飞艇的出名主要都是靠人们口头传播，真的。我们就是以这种传统、老式的方法名声大噪的。（笑）

早期你在美国待了不少时间。你是不是觉得在美国发展比在英国容易一些？

新兵在美国很有人气。但首要的是，美国市场很有潜力。那里的观众群更广泛，所以能演出的地方自然也就更多，对于乐队来说，机会也更多。

我能想象，较之今日，60年代的巡演究竟有多么粗糙。

人们问我那时候巡演是不是很难，其实没有看上去那么艰难，因为我们习惯了。当时可没有巡演巴士，我们只能租车，然后坐普通的飞机。就这样，但是我们也习惯了。

如果你有幸能发行一张专辑，也就算是一只脚踏入这个行业了，对你来说最重要的事情就是曝光率。至于专辑就是巡演之间找时间做的东西。其实，你也知道的，《齐柏林飞艇Ⅱ》是在我们巡演途中在各式各样的录音棚里录制的，巡演结束之后我们才把这些歌曲集合起来。回想起来，我也不得不感叹那个时候我们精力多么充沛。

你们在BBC的录音中音轨非常清晰，这让我有点吃惊。你是用什么方法控制音量的呢？

答案就是，我会变化弹奏的力度——我不是一直都用力弹奏。我发现这个方法能让我在音调和力度上有所变化，特别是我在琴桥或者琴颈处弹奏的时候。这样一来你想让弹奏更有力度的部分就能凸显出来。如果你一直都十分有力地弹奏，那就无法凸显音调的不同了。

除了工作以外，飞艇的四名成员相处得如何呢？内部氛围真的有看上去那么和睦吗？

总的来说，齐柏林飞艇的氛围是积极向上的。我们都想把音乐做得更好。不过另一个决定大家能和睦相处的原因在于，只有我有最终决定权。我是制作人，我说了算，大家也没必要争个你死我活。

乐队的氛围是很专业的。我对录音一丝不苟，而大家也知道他们都占有适当的份额，所以一切都很和睦。

另一个关键在于，我们虽在同一个国家，但都住在不同的城市，所以一旦巡演结束，我们就很少见面了。我觉得这也起到了积极作用。我们的家庭生活也很重要。特别是在长时间的巡演过后，就应该分开，然后回到各自的私人生活当中去。这也让我们的生活和工作实现了平衡。我们的家庭帮助我们保持着良好的心态。

插　　曲

与约翰·保罗·琼斯的对话

贝斯手、键盘手约翰·保罗·琼斯回忆了他和吉米·佩奇的合作，以及他在齐柏林飞艇的岁月。

约翰·保罗·琼斯是齐柏林飞艇飓风的风眼，作为一个职业老手，他为乐队打下了坚实的基础。当吉米·佩奇和罗伯特·普朗特在舞台上大放异彩时，琼斯则习惯性地充当背景，心甘情愿地专心弹奏出摇滚史上最有力度的旋律之一。

“我以前很喜欢紧跟着约翰·邦汉姆的鼓声走——我把他当作我的录音背景。”琼斯说，“好的录音必须具备一个条件，那就是旋律部分都紧紧相依。在齐柏林飞艇的时候，我会仔细听底鼓，跟着它的节奏，小心翼翼地怕超过它或者削弱它的效果。我希望鼓和贝斯成为一个整体——这正是让乐队稳稳前行的基础。打好坚实的基础，才能让吉米和罗伯特有余力进行即兴创作和各种尝试。”

“罗伯特总是说，演出的时候我应该往前站站——从视觉角度来说，也能让聚光灯照到我之类的。”他笑着说，“我确实也试了啊。我一开始是站得挺靠前的，但是演出开始之后我就越来越往后挪。最终我还是会走到我最喜欢的位置上，也就是离底鼓越近越好的地方。”

琼斯，似乎是一个喜欢在幕后工作的人。1946 年出生的他，原名约翰·鲍德温（John Baldwin），他在 60 年代早期开始了自己作为贝斯手的职业生涯，与各种各样的英国乐队一起巡演过。和佩奇一样，琼斯之后也开始了录音工作，在 1962 年到 1968 年间，用他那 1961 年版的 Fender 爵士贝斯参与了上百首曲子的录音。

“我总是非常忙碌，因为我大概是英国为数不多的能驾驭摩城风格的贝斯手之一。”琼斯解释说。但是很快人们就能明显地看出，他的能力并不止于弹奏灵魂乐，还在青少年时期的琼斯就已十分抢手，他被邀请弹奏了从广告歌到“赫尔曼的隐士”的作品等许多歌。

除了贝斯，琼斯的编曲才能也逐渐展露出来。他写过不少具有迷幻色彩的歌，比如多诺万的《柔美之黄》(*Mellow Yellow*) 和滚石的《她是一道彩虹》(*She's a Rainbow*)。但是到了 1968 年，用他自己的话来说，他已经“被榨干了”。

他回忆说：“作为一个录音编曲师，确实得 24 小时不停地工作——前一晚把独立的部分架构起来，第二天把半成品拿出来，推敲出最后的成品。我一个月要编五六十首曲子，这让我有些接受不了。”

然后要说到吉米·佩奇。

佩奇在 60 年代早期就和琼斯合作过。他俩当时都是锋芒渐露的录音界奇才，但是吉米比琼斯早一年告别了录音室乐手工作的折磨，加入了新兵。新兵解散后，琼斯听小道消息说佩奇正准备组一个新乐队，立即不顾一切地抛下了录音室的工作，打电话给佩奇，问他们是否还缺贝斯手。佩奇几乎没有犹豫。正如他在 1969 年关于齐柏林飞艇的一则报道中回忆的：“我当时正和约翰一起制作多诺万的专辑《演奏手摇弦琴的男人》(*Hurdy Gurdy Man*)，参与了一些编曲。他问我是否愿意让他做齐柏林飞艇的贝斯手。我知道他是个能力超群的音乐家。他不需要到我这个乐队来谋生，他只是需要一个方式来发泄他的情绪，而我们可以一起做到这点。”

当你找对了位置，你的状态也就好了。

齐柏林飞艇乐队：（左起）约翰·邦汉姆、罗伯特·普朗特、佩奇、约翰·保罗·琼斯，1968 年（© 盖蒂图片社）

很显然齐柏林飞艇在踏入英国市场前先闯入了美国市场。为什么在美国发展更容易一些？

约翰·保罗·琼斯：我们最早是在美国开始巡演的——不间断地巡演。而且美国电台和英国电台不一样，让我们很快在美国红透半边天。FM 电台在美国刚刚走上正轨，他们一直都很支持我们。我们激昂的声音很快传到了每一个有 FM 电台信号的小棚、小屋，甚至养鸡场里。FM 电台现在是大家习以为常的东西，但在那时却是崭新的、令人兴奋的事物。

在加入飞艇之前，你作为录音乐师和编曲家的事业也是蒸蒸日上的。在早期的乐队生涯中，当你们为一次次巡演奔走的时候，你有

没有懊悔地想，我到底为什么做出了这样的选择？

没有，从来没有。因为编曲也一样很让人疲惫。而且新鲜感过去后，我发现编曲也不那么有趣了。我加入乐队是为了逃离那样的日子，以及一切和那种生活有关的东西。

与稳定的录音乐师一职相比，做一个经常要巡演的摇滚乐手是不是很颠簸？

这样的生活对我而言也不陌生。我在开始做录音乐师之前也加入过一个乐队，所以我很清楚巡演有多么艰苦。我之前的乐队是一支叫作“托尼·米含与杰特·哈里斯”的爵士乐队，但后来不知怎么的就成了英美摇滚的混合物，像德尔·香农（Del Shannon）和“四季”（Four Seasons）。长时间坐车、长时间在旅途中、和经纪公司交涉，这些我都经历过。这与和飞艇巡演时的情况没有多大不同。

但多少会有些不同吧。比如齐柏林飞艇的观众和德尔·香农的观众肯定不一样。

对。观众群完全不一样。和那些只会尖叫的少女不同，人们是真的对飞艇演奏的内容感兴趣，他们真的用心在听。

乐队声音这么大，他们想不听也难吧！

（笑）我们一开始并不是这么大声的。但是当时演出的地方也小，尤其是早期。之后，当我们开始在体育馆里演出时，我发现人们像是来参加一个大型活动，而不是来听乐队演奏的。随着场馆越来越大，乐队的音乐似乎也就变得越来越没劲了。

舞台越来越大，乐队成员之间的沟通也就越来越困难，更不用提和台下观众互动了。我记得我当时甚至觉得，我随便弹点什么都可以，根本就没人会注意到。我不是说我真的这么干了，这点得澄清一下，我只是说我有这种感觉。我们曾经在足球场里演出，背后是巨大的屏幕，所以对于大部分观众来说，我们就是远处的几个小点而已。大部分人都看不见我们，而且我想他们也听不见我们。但尽管如此，我们还是演出得十分卖力，我们一直都是这么专业。

“专业”算是描述这支乐队的一个关键词。你确实经历了长时间、高水准的创作与演奏训练。

我觉得最明显的一点是我们在制作专辑时没有受到约束。因为大西洋的人不能在我们录制的时候盯着我们，所以要偷懒也很容易。但我们从来没偷过懒。

你觉得你们的专业性，是你和吉米做录音乐手的副产物吗？

可能是吧，你不付出的话，也不可能有回报。

造就飞艇的混合型风格的因素很多。这是否也能算是录音乐师经历的产物之一？因为在录音室里，你们总是被要求弹奏各式各样风格的音乐。

我们确实给什么弹什么，从乡村音乐到雷鬼到中庸路线，有时甚至要在一天内弹多种风格。所以，没错，我们确实有能力做到这些。另外，顺便说一句，我们对音乐的品味很不一样，所以你应该很容易理解为什么我们的风格是一种折中主义。

我觉得现在很多乐队的问题就在于，所有乐队成员都只听同一种类型的音乐，这样会使得乐队非常单一。但是我们从不听同一种音乐。

从逻辑上来说，如果一个乐队的人喜欢的方向不一样的话，会容易起冲突吧？

不，其实不会。我们倒是觉得这是我们的财富。我总是说飞艇就是我们喜欢的音乐之间的交界处。邦佐喜欢灵魂乐和摩城民谣；我喜欢爵士和古典音乐；吉米喜欢山地摇滚、布鲁斯和民谣；而罗伯特则喜欢布鲁斯和猫王。我们的唱片收藏都没有重复的。乐队之外的人都无法理解我们。

但对我而言，我很清楚为什么这样能行得通。我们都喜欢音乐，也喜欢了解新的事物。我们每个人各自收藏的唱片，对于乐队其他人来说，都很有意思。我会去罗伯特或者吉米的家里听听布鲁斯，不然我完全不可能接触到这些音乐。例如，在加入齐柏林飞艇之前，我从来没听过罗伯特·约翰逊。

你不是一个布鲁斯爱好者，这点倒是挺让人惊讶的，毕竟早期的飞艇几乎都以布鲁斯为基础。

我很为爵士乐着迷，而爵士基本都是来自布鲁斯的，所以对我来说也很自然。

当飞艇开始即兴演奏时，从来不会让人觉得……

……多余？

没错，你们是从奶油和感恩而死（Grateful Dead）那里吸取了教训吗？他们总是因为过长的即兴被人诟病。

我唯一听过的60年代摇滚乐就是吉米·亨德里克斯的——其他时候我都只听爵士和灵魂乐。我从没听过奶油和感恩而死。所以我也不知道他们做过什么。我觉得乐队里其他人可能也没听过他们的曲子。也许吉米知道一些吧。我们只是依赖音乐直觉来制作我们的音乐，无论是即兴演奏、写歌还是别的什么。如果时间过长了，停下来不就得了吗？真是的！

吉米对于乐队的声音有自己的见解，而我当然也知道如何弹奏。我们自然有我们愿意跟从的规矩和方向，而且也知道如何实现。但奇怪的是，我们根本不用讨论我们的想法。当你听见音乐的时候，你就本能地知道应该做什么。

三小时的飞艇演出是传奇性的。它是怎么逐步形成的呢？

我们只是无法控制我们自己。你想让其他人对你所做的事情感兴趣，首先得自己充满兴趣才行。而我们也真的喜欢演奏。我们的歌曲都很规整，所以任何时候都能开始，尤其是那个晚上灵感迸发的话，当然啦，一般都是会灵感迸发的。

无论你信不信，我们本来是打算弹奏 45 分钟的，但我们可能会弹上一个半小时。但之后就会变成一个叫作“我们来随便弹大家都会的由 12 小节组成的歌曲吧”的游戏。我知道这听上去很像是胡闹，但我们很清楚随时都可以刹住车。我们知道如何才能让歌曲听上去更顺耳，毕竟我们都是经验丰富的音乐家。

还有一个秘诀是，我们是一支很团结的乐队。每个人都和其他人保持一致，演奏的时候也都注意听其他人的演奏。这就是关键。那种感觉从来都不是“我在干吗?”，而是“我们乐队在干吗?”。

飞艇是最早脱离随意、嬉皮装束并且采用富有魅力的形象的 60 年代乐队之一。

我记得我们刚出道那会儿，有不少嬉皮乐队，他们在舞台上来回踱步，在歌与歌的间隙面面相觑，好像在犹豫接下来应该做什么，在思考他们刚才用的是什么调……整个不在状态。我们不想那样。我们希望能震撼观众，带来一场精彩演出，其中也包括特定的穿着。我们希望在外表、声音和演奏方面都无懈可击。而在当时，没有多少人和我们一样，在表演各方面都下这么多功夫。

嬉皮士的特色主要是“既来之则安之，做你自己喜欢的事”，而我们之所以能完全点燃观众的热情是因为我们在各个方面都很完美。这还是因为我们的专业态度。人们为了看我们演出花了不少钱，所以你当然应该在视觉和听觉上面都下足功夫。你付出的努力观众是能体会到的。这不仅不会让人从你的音乐上分心，反而能为演出加分，何乐而不为呢?

乐队成员私下里相处得如何？ 乐队似乎是个不对外敞开的世界，这更增添了神秘感。

我们的关系很亲密，这培养出了一种团队主义精神。我们知道该做什么、该怎么做；除了那些之外，我们都懒得管。我们录制专辑的态度都一样。我们的经纪人彼得·格兰特在不让别人接近我们这点上做得很好，这让我们能专心工作。

其实没什么神秘感。我们之间的关系一直都很好。我们不巡演的时候也不见面，但每次见到彼此时我们都很高兴。我们从来没经历过其他乐队那样的争吵阶段。我们分享着专业的意见。我们总是如此可靠。飞艇取消演出的次数你一只手就数得过来。我们总是会完成该完成的事情。

5

让 60 年代见鬼去吧，我们将统治 70 年代

佩奇和主唱罗伯特·普朗特来到威尔士乡间，融合了民谣、布鲁斯和摇滚乐，并且录制了《齐柏林飞艇Ⅲ》。

当《齐柏林飞艇Ⅳ》、《肉体涂鸦》甚至于《齐柏林飞艇Ⅱ》吸引了绝大部分注意力时，有人可能会说飞艇发行于 1970 年 10 月 5 日的第三张专辑也一样重要。总因为“原声专辑”而惨遭忽略的《齐柏林飞艇Ⅲ》其实是被低估了：它以复杂的技巧融合了原本难以融合的民谣、布鲁斯和摇滚元素，堪称飞跃；此外，它还集合了前两张专辑的特色，形成了独特的“齐柏林飞艇风格”。《朋友们》、《移民之歌》（*Immigrant Song*）和《庆祝日》之类超凡脱俗的歌曲是如此新颖，以至于大众和乐评人得等到下一张专辑才能完全理解乐队的大胆作曲。

“齐柏林飞艇始终在成长，这一点毋庸置疑。”佩奇说，“我们和同时代的乐手不同。他们的风格日益局限，我们却在开疆拓土。而我本人，作为作曲家和乐手，也在逐渐成熟。越来越多的音乐风格令我激动，与如此优秀的团队合作也令我越来越大胆。其他人也是一样。

佩奇在他位于本格伯恩的泰晤士河船屋里，1970 年（©《每日镜报》）

因为我们四个人的音乐才能和创造力都无与伦比，所以我们能达成一切目标、击垮所有阻碍。”

《齐柏林飞艇 Ⅲ》的故事开始于 70 年代之初，乐队雄踞摇滚世界的激动人心的新时代即将来临。结束了第五轮美国巡演之后，佩奇、普朗特、琼斯和邦汉姆回到英国养精蓄锐。在不到一年半的时间里，齐柏林飞艇进行了将近 200 场大大小小的演出，录制了两张畅销专辑，而他们的演出价格也从一场 1 500 美元飙升到 10 万美元。他们的辛勤劳动和艰苦训练终于得到了回报，但也是时候再给他们的创造力充充电了。

普朗特说，1970 年春天的一次旅行令他和佩奇颇为受益。普朗特回忆道，在威尔士的寒武纪山上有一间名为布隆-耶-奥的 18 世纪小屋，他小时候曾经和家人一起去过，他想再去一次，并邀请了佩奇同行。于是两人携各自的家人，带上了吉他和一些必需品前往小屋度假。

佩奇当时是和夏洛特·马丁（Charlotte Martin）一起去的，她是一位美艳的法国模特，二人相遇在 1970 年佩奇 26 岁生日之时。谁人乐队的罗杰·达特依，在飞艇于伦敦皇家阿尔伯特音乐厅的演出结束后，介绍二人结识。马丁在接下来的日子里陪伴着佩奇，并在 1971 年 3 月 24 日为佩奇诞下女儿斯嘉丽·莉莉丝·爱雷达·佩奇（Scarlet Lilith Eleida Page）。（1 月的阿尔伯特音乐厅演出之所以引人瞩目的另一个原因在于：它被拍下来并最终于 2003 年作为《齐柏林飞艇 DVD》出版。具体内容可参见第 7 章。）

那间小屋里没通电，这使得他们这次创作的音乐必定是原声的，这对刚刚结束几个月的大功率电声演唱会的音乐家们而言，也不失为一种解脱。

“当罗伯特和我去布隆-耶-奥时，气氛和以往那种‘我们去威尔士写歌吧’完全不同。”佩奇说，“原本的计划只是去那儿享受一下乡村风光、放松一下。我们真正在那儿完成的歌曲只有《就是那条路》（*That's the Way*），但这次乡村之旅过后，通过旅行来激发灵感成了我们的习惯。”

如果说凶猛而充满男性荷尔蒙的《齐柏林飞艇Ⅱ》是为巡演途中的乐队描摹的鲜明形象，《齐柏林飞艇Ⅲ》则标志了乐队的崭新突破。如精致的《就是那条路》、受东印度风格影响的《朋友们》以及欢快、活泼的乡村歌曲《布隆-耶-奥爵士舞》（*Bron-Yr-Aur Stomp*），都加深了飞艇的深度，也为未来的专辑开辟了新道路。

《齐柏林飞艇Ⅲ》总被称为飞艇的原声专辑，但这是不准确的。每个优雅的“阴”背后都有放荡的“阳”。比如攻击性强的《移民之歌》、轰鸣若雷声的《寻欢作乐》（*Out on the Tiles*）和催眠曲般、节奏迟缓的《庆祝日》，都证明了佩奇十分了解如何驾驭摇滚乐中最具想象力和侵略性的连复段。

对　话

《齐柏林飞艇Ⅲ》的起点是哪里呢？

这张专辑里最先完成的歌是《移民之歌》和《朋友们》，这个开头还挺带劲。《移民之歌》有很棒的连复段，相信不用多说。而《朋友们》则比较有异国情调——有点南非和印度的风味。我记得当时弹的是C大调（吉他弦从低到高分别为C-A-C-G-C-E），但是在我写歌之前，我和我的前妻大吵了一架。我走到家里的阳台上，灵感突然就涌了上来，就这么简单。想想写出这首歌的理由，它居然叫作《朋友们》，还真有点讽刺啊。（笑）

从很多方面来说，这两首歌是第三张专辑的两个侧面——电声和原声。《自从我爱上你》（*Since I've Been Loving You*）当时也快完成了，不过还是个半成品。我们已经在演出时演奏过了，但还没有在录音室里录制。

《移民之歌》是由打桩般剧烈而直接的连复段构成的，但是歌曲里和弦微妙的变化使得它并不仅仅是一首普通的硬摇滚歌曲。例如，在这首歌的结尾，没有直接用G小调做重音，反而转位用了一个收敛的和弦，这使歌曲更有张力。你是怎么想到的？

那是人们永远搞不懂的块状和弦。它把这首歌的张力彻底带入了另一个境界……然后加入一些反向回声，这首歌就完美了。把这些元素组合在一起，音乐就有了深度。

不得不说，罗伯特的演唱也相当华丽。他那《巴厘岛》（*Bali Ha'i*，百老汇经典音乐剧《南太平洋》（*South Pacific*）插曲）般的旋律很有启发性，也很自然。我还记得制作《移民之歌》时，一切元素似乎都自然而然地聚到了一起。约翰·邦汉姆和我奏起连复段，用上了《隆隆声》（*Rumble*）一曲的和弦，然后罗伯特唱起他完美的旋律……

那么回到你的问题，那个不同寻常的 G 和弦是哪儿来的？其实一开始在写《移民之歌》时我并没有用这个和弦，但是当我们合作时，它就突然蹦出来了，就好像给机器加了一个强有力的刹车。你知道那些老式刹车，你得用力抓着它们，它们还会一下弹开，然后你再抓住——这就是我感受到的那个和弦的功效。

我觉得很少有“正统”摇滚乐手会想到这个。

确实没有。

他们的知识面还不够广……

……或者说他们没那个胆子加入这样一个和弦，就只会说：“哦，真的吗？那是个什么呀？”（笑）这不仅是胆子大的问题，这个和弦没有其他人能想到，这就更棒了。

一个秘密和弦！

是啊，没错！就看谁能发现它！

你刚才在谈《移民之歌》时提到了林克·雷[1]（Link Wray）的《隆隆声》，我从来没把这两首歌联系在一起过。

其实算不上有联系。我只是觉得在 F 小调八度音阶连复段之后用上那些撕扯的 E 以及 A 和弦的感觉，和林克在《隆隆声》里弹奏

---

1 林克·雷，自 20 世纪 50 年代活跃至今的美国著名音乐人。

的和弦的感觉有些相似。只是神似而已。

那么，写出了《朋友们》、《移民之歌》和《自从我爱上你》后，你在布隆-耶-奥这段时间又起了什么作用呢？

这个嘛，在齐柏林飞艇前两年，我们都马不停蹄地工作，而在那之前，我又在和新兵巡演。我前行的步伐十分惊人。当我回顾1969年的时候，我也觉得十分难以置信。

在1970年早期，在第5次美国巡演结束之后，我们好好休整了一下。其实都算不上休整——只不过是放了几天假。但感觉像是好好休息了一阵似的，可是仔细一想，不过是几个礼拜——其实根本没多少时间。然而罗伯特和我还是去了威尔士的布隆-耶-奥享受乡村风光。我们一直在城市里辗转，实在想逃离一段时间。

《齐柏林飞艇Ⅲ》里的原声元素，是受了那个时代其他民谣摇滚乐队的影响吗？比如“The Band”和“费尔波特协定”[1]（Fairport Convention）？

我们很喜欢那些乐队，但是我们并没有把太多注意力放在别人在做什么音乐上，我们也不关心我们是否适应潮流。我们只是站出来，摇滚起来，就这么简单。

我记得有一篇荒谬的文章，把我们和“克罗斯比、斯蒂尔斯和纳什”[2]（Crosby，Stills and Nash）对比，就因为第三张专辑里用了原声元素。我想，这可真是悲哀啊，前两张专辑里也一直都有原声吉他

---

1 费尔波特协定，成立于1967年的民谣摇滚乐队，被认为是英国民谣摇滚运动中最浓墨重彩的一笔。

2 克罗斯比、斯蒂尔斯和纳什，由三位著名民谣音乐人组成的超级团体，在20世纪60年代红极一时，曾被收入摇滚名人堂。

元素啊。一直都有，原声吉他一直都是一切的核心。我们一直都特意保留着它们。第三张专辑只不过是另一种演变。它和第二张专辑有所不同，就像第二张专辑也不同于第一张。

像你之前说的一样，你们占领了60年代。那么第三张专辑醇美的声音是否代表着你们想从疯狂的60年代走出来，稍微休息一下呢？

这个嘛，其实我没这么想。只是想着新的时代要来临了。我们的态度就是："让60年代见鬼去吧，我们将统治70年代！"这是我们的任务。

你认为最初对飞艇的消极评论是否可能是因为乐评人还在用60年代的眼光看待乐队，而你们早已准备好走向下一个年代——充满了70年代的元素？

对，我们很前卫，所以要理解我们在做什么并不容易。他们没法理解。他们很少能懂得现在正在发生什么。

回想起来，你的任务都完成了：齐柏林飞艇把现有的传统布鲁斯、民谣和摇滚结合起来，并向未来发展。《齐柏林飞艇Ⅲ》在这一方向上实现了实质性的飞跃。

好吧，好吧，可以这么说。第一张专辑里布鲁斯元素很多，但是我们还没有胆量弹奏独特、复杂的歌曲如《自从我爱上你》。这首歌是我们之间的能量擦出火花达到的新高度。

《自从我爱上你》以标准布鲁斯小调开头，自然而然又戏剧化地展现了C小调的每一个和弦。

是啊，结尾附近你会发现我用了一个C7而不是C小7和弦。

能解释一下这首歌是如何演变而来的吗？其实它在1970年早期的阿尔伯特厅演出时出现过，所以在《齐柏林飞艇Ⅲ》之前你就在写这首歌了，是吗？

没错，我们在阿尔伯特厅演出过，在《齐柏林飞艇DVD》里也可以听见。问题是当时键盘没有录进去，所以只有吉他、鼓、人声，这有点遗憾——不然这会是一个不错的版本。那早在我们制作第三张专辑之前。

这首歌是这张专辑里最不好录的一首。很难把那种力度和张力完全录下来，但是记录力度的升降又很重要。我们之前就试着录过，但效果不佳，所以我们只能录了别的歌。没必要在一首歌上浪费太多时间，大不了就不录了。但之后我们又试了一次，这次成功了。

它一开始很简单，和弦也都是不确定的。但是之后的展开越来越强。

用C小调弹布鲁斯其实是不必要的，也不容易，但是我们的方法足够独特。约翰·保罗·琼斯为和弦的变化加了分。当人们第一次听这张专辑时，根本搞不懂他们听见了什么。虽然现在他们明白了，但那个时候他们要明白其中的意义太难了。

有一些乐手和乐评人用很严格的标准来评判民谣和布鲁斯，而标准是乐手是否能重现早期的音乐。但是这种追求其实是无意义的。你永远没法复制马迪·沃特斯或者巴迪·盖伊的音乐，你还不如去试试别的。

没错。比如模仿弗利伍德·麦克和彼得·格林，或者像埃尔默·詹姆斯那样演奏。他们风头正劲，而彼得则在《别闹了》（*Stop Messing Around*）这样的歌曲上有着如此轻柔的手法，和B. B. 金的合作更是天衣无缝。

但是对于《自从我爱上你》而言，我们是在做一种前卫的音乐，将把音乐推向下一个时代。我们弹奏着布鲁斯的灵魂，以我们四位乐手的觉悟将布鲁斯推向新的维度。

对于民谣也是一样的。就好像是，“以前音乐是这样的，是时候改变了”。必须不停地前进、改变。一味地回顾过去是没有意义的。你必须前进。另一个因素在于，我的演奏技巧也在不断进步，乐队也在发展。我以前做录音室乐手甚至在新兵时都没有做过这种类型的音乐。我被乐队共同的能量启发了。我觉得即便想，也没有办法回头了。

过去一年半，你和乐队录制了2张专辑并且进行了巡演，工作量的增加是不是因为你已经清楚地知道了每个人的能力范围?

不是，只是感受到了这个集体的能量，并且知道该如何前进。

从某些角度来说飞艇确实让我想到了马迪·沃特斯和他的电子乐队……

我也希望如此……（笑）

马迪最初是一位原声乡村布鲁斯吉他手。但当他离开密西西比来到芝加哥后，他发现他的传统布鲁斯手法并不适合城市环境。所以他找到其他有个性的音乐人，用音箱来放大乐器的功率，把布鲁斯带入了新的境界。马迪找到了交响元素，他们把布鲁斯推向了新的未来。

当马迪用上电声并且创作出《闲站着哭》（*Standing Around Crying*）时，他震撼了全世界。他把音乐推向了新的境界。那正是我们所追求的。我说的是那种张力、那种氛围，就像能用刀斩断一般。马迪震撼了我，他的音乐让我汗毛倒竖。而且他的乐队里有那么多独特的乐手，他让他们也大放异彩。切斯唱片旗下的小瓦尔特[1]（Little Walter）的口琴，要不是亲眼看见的话真是无法相信。

你还记得《自从我爱上你》的传奇录制经历吗？那是你最棒的独奏之一。

我们在两个不同的地方尝试了两次录制。前奏发生了一些巧妙的变化——毕竟是在两个不同的录音棚——但是开头都是十分典型的。那些前奏音符是布鲁斯的传统开头，不是吗？但纵使如此，我觉得把音乐推进新境界比弹奏传统布鲁斯来讨好布鲁斯纯化论者更有意义。我对于单单证明自己能弹某种风格、音符接音符地弹奏毫无兴趣。我一直用摇滚的节奏和分节法来弹奏布鲁斯，所以无论我弹什么都会与众不同。我在不同的大道上探索。我想进入音乐的氛围。每个人都在展现他们自己最棒的部分——主要的元素、厚重的元素、重音和分节法，将之组合起来。在听过如此优秀的合作之后，我需要创作一段优秀的独奏来使这首歌更突出。感受这种氛围、使自己振奋，并且想到新的点子来弹独奏，然后大胆地弹出来。

这就是我弹《通往天国的阶梯》（*Stairway to Heaven*）里的第三段独奏（收录于《齐柏林飞艇Ⅳ》）时的想法。我就是这样来达到我想要的境界的。独奏就像是这首歌的冥想时间。你看到一件精美的工艺品，然后想创造一种与它所包含的其他元素契合的东西。

独奏时你可能会进入某种精神境界，犹如冥想开导。一开始似乎并没有进入状态，但灵感突然就来了。我相信每个有创造性的人，都经历过这样的时刻——火花一瞬间迸发出来。前一分钟还不在状态，下一分钟就嗨了，而且你知道这是积极有益的“嗨”。

1　小瓦尔特，1930 年生的著名布鲁斯音乐人。

那是所有音乐人追求的——找到那一刻。虽然《自从我爱上你》无与伦比，但还是存在一些问题。

是啊，录到了一个吱吱作响的底鼓。每次听这首歌都感觉吱吱声比上一次听更响了！虽然问题很明显，但是那时候被忽视了。

《齐柏林飞艇Ⅲ》是一张未来主义的民谣专辑。《绞刑架》（Gallows Pole）这样的原声歌曲是一方面，此外，即便是重型的电声歌曲也加入了民谣元素。《移民之歌》像一首古老的颂歌，《庆祝日》像冲破瓶颈的狂热布鲁斯，而就我的理解来说，《寻欢作乐》一开始是一首酒歌，要多民谣有多民谣。

是的，约翰·邦汉姆在《寻欢作乐》上有不少功劳，我写了前奏的连复段，但是主音背后的吉他部分主要是建立在他以前经常唱的一首歌上，差不多是什么“寻欢作乐，我曾经有一品脱的苦闷/我现在觉得好多了，因为我在寻欢作乐”。你知道“寻欢作乐”是什么意思吗？是“去酒吧”的俚语，而“苦闷”是一种黑麦酒。罗伯特的歌词让这首歌调转了一点方向，不过氛围还是没变。

仔细想想的话，那吉他连复段有点像低三个音阶的小提琴——有种十六分音符跳弓的感觉。

是吗？有点意思，没错——我从来没往这方面想过，但是确实有点像提琴曲。

你对其他将民谣和布鲁斯现代化的乐队有什么看法？比如费尔波特协定和飞鸟乐队（The Byrds）？是不是和你们的精神有些相似？

你说的几个乐队我都喜欢。但我觉得你肯定不会把齐柏林飞艇和费尔波特协定或者不可思议弦乐队（The Incredible String Band）混为一谈。我想他们是从更加传统的地方来的吧，但我是从不同的领域

出发的。也许，我其实就是从摇滚出发的！（笑）

做这样的音乐要从好几个角度去思考。可是像《朋友们》这样的歌，确实不是传统音乐，但是我很喜欢，也希望我们能在这个方向上开辟自己的新天地。同时，我也觉得我们并没有背弃我们是一支摇滚乐队的本质。

说到这个，《朋友们》是原声歌曲，却有强烈的摇滚攻击性。开头的开放式 C 和弦真是余音不绝。

没错，确实有点戏剧化。就像我刚才说的，我是在一场争吵后写的这首歌，所以紧张感贯穿整首曲子。

其实你的专辑里的原声吉他听起来都有一种独特的“稠密感”。它们都很有风度，而且与电声一样直击人心。能告诉我们你是如何掌握这样的曲调的吗？

无论你是在录电吉他、鼓，还是原声吉他，讲究的都是麦克风和麦克风所摆的位置。如果乐器声音够好的话，根本就不需要在后期加入均衡。但是我的原声吉他的声音窍门之一是我用了一个 Altair Tube Limiter。我是从一个叫迪克·罗斯米尼（Dick Rosmini）的小子那儿发现这样东西的，他在 1964 年录制了一张叫作《12 弦、6 弦和班卓琴的探险之旅》（*Adventures for 12 string, 6 String and Banjo*）的专辑。我从来没听过有那样声音的原声吉他。有一次我在美国遇见他，他说他的录音棚的法宝就是 Altair。事实证明确实很棒也很可靠，我们在 1978 年的《重整旗鼓》[1]（*In Through the Out Door*）录制时还在使用它。

---

1 起名为“重整旗鼓”是因为乐队在 1977 年罗伯特·普朗特的儿子卡拉奇去世时经历了不小的打击，而且受到在英国逃税风波的影响，乐队在之后的一段时间里被禁止在英国进行巡演，现在他们又试着回到公众视野当中，就好像重整旗鼓一般。

威尔士之行的影响是否被夸大了？还是说对你而言那真的是十分重要的时刻？

乐队里只有罗伯特和我去了威尔士，但是我觉得那很重要，因为那次旅行创造了火花。这也为我们之后在海德利庄园（一栋石头建筑，1795年建成，齐柏林飞艇在那里创作并录制了大部分《齐柏林飞艇Ⅳ》和《肉体涂鸦》的内容）的工作奠定了基础。这次旅行给了我启示，我们可以到某个地方去，制造一种研讨的氛围，在那儿小住一段时间。

旅行总是可以带给你灵感。

一切都是为了探险。当我还在新兵时这就是一个传统了。当我和新兵去澳大利亚巡演时，有两种回英国的路线。我提议我们可以在回去的路上顺便去一趟印度，但是其他人都选择途经旧金山的那条路线。我就想，我去过旧金山了，但我之前一直没机会去印度，所以我自己一个人去了，那次旅行也很重要。在凌晨3点，作为唯一一个下飞机踏上一片陌生土地的人，我感觉好极了。

在飞艇1977年两次巡演之间，我决定去开罗看看，因为我想去听听那边的音乐。我记得当时拍了一张很不错的照片，那是我站在狮身人面像前。这些都是我音乐历史中的组成部分。

1972年你和罗伯特·普朗特又去了一次印度，那次旅行也很重要。

罗伯特和我很想试试和孟买的音乐人一起走入录音棚，看我们能创造出什么样的音乐。我们试着和几个打击乐手、6个弦乐手，在一把日本班卓琴的伴奏下录制了《朋友们》和《四根魔棒》（*Four Sticks*），多有趣！虽然他们是很棒的音乐人，但是他们数节拍的方式不一样。给他们信号让他们开始，然后达到我们预期的效果很不容易，但是这也是一次令人兴奋的学习经历。我们试了《朋友们》和《四根魔棒》，因为我觉得弹奏一些我和罗伯特熟悉的歌曲比较保险。我们知道怎么脚踏实地地表现这些歌。

不同文化里节奏的细微差别是最难统一的。

但是这样也很有意思啊！——一种融合。记得你说过《朋友们》开头的侵略性吧？我必须要那种效果、那样的节奏，但是他们却把内容加倍了，搞得一团乱。我当时就想："哦，我的老天！"不过歌曲依然很酷。

毕竟不可能一切都称心如意。想要创新，也不得不经历几次失败。

没错，失败了就停下，你必须好好地消化吸收各种元素，然后思考如何把它们组合到一首特定的歌里，或者如何换一个不同的环境。

那次录音之后我们真的考虑在开罗和印度录歌了。彼得·格兰特真的研究了挺久。我们到处问怎么才能把我们的所有设备通过飞机运送过去。但事实证明我们的想法过于超前了。

你之前说，还有一首在布隆-耶-奥完成的歌曲就是《就是那条路》，是一首 G 调的歌。

第三张专辑里用了许多不同的调，但是我在尝试以开放调弦的形式回到第一张专辑时的感觉。C 调的《朋友们》也有些新意，但是《就是那条路》的开放式 G 调（吉他弦从低到高的顺序：D-G-D-G-B-D）则很常见——马迪·沃特斯、罗伯特·约翰逊还有其他很多音乐人都用过。

不过录制《就是那条路》很带劲，它让我们有机会用一些从未使用过的原声乐器。约翰·保罗·琼斯弹了曼陀林，不过最主要的进步还是在夏威夷吉他上。我没法像真正的夏威夷吉他手那样弹，但是我可以弹出我自己的风格。最后，待到一切豁然开朗，我弹了洋琴。

我还真没注意到歌里有洋琴，和吉他部分混合得太好了。

我当时在做不少原带配音，整个人都很兴奋。约翰·保罗·琼斯回家了，所以我把贝斯部分也放进去了！（笑）这种事情没发生过几次，相信我。开放式调弦给了这首歌太多空间，所以我们能不断填东西进去。而罗伯特的歌词又是十分完美的。

你们是在哪里录制这张专辑的？

在英国录的。多数时间我们往返于不列颠岛和奥林匹克之间，主要工作是在孟菲斯的雅顿录音棚和泰利·曼宁（Terry Manning）一起完成的。

在第三张专辑之后，你开始用一些可移动的设备，这样就能在各种地方录制，包括像海德利庄园和 Stargroves 那样的乡下。你是觉得像往常一样去录音棚录音会毁了氛围吗？

是啊，是我自己总结出的结论。我不知道 The Band 具体是如何录制《来自大粉的音乐》[1]（*Music from Big Pink*）或者《地下室卡带》的，但是据说他们是在租的房子里录的。（《来自大粉的音乐》是用双轨机器录制的，录制地点位于纽约伍德斯托克附近的某座房子“大粉”，鲍勃·迪伦和 The Band 住在那里。）我不确定这是不是真的，但我喜欢这个点子。我觉得这值得一试——去一个地方，好好住上几天，而不是仅仅去一个录音棚然后回家。我知道我们唯一的目标只有——做音乐，并且认真体会这段经历。我觉得这很重要，事实证

---

1 The Band 发行于 1968 年的处女大碟。

明我的预感是对的。我们知道我们做的没错，并且挣脱了束缚，仿佛在丛林里快刀斩乱麻，一路前行并且发现了一座古老的庙。

说到“古老的庙”，差不多就在那个时候，你在苏格兰买了一栋原属于魔术师阿雷斯特·克劳利的房子。而且第三张专辑第一版里，将克劳利的主要信条——“做你想做的”（Do what thou wilt）和“心愿如此”（So mote it be）——写上了专辑封面。你的神秘学研究也为你的音乐做出了贡献吗？

可以说它所给的启发造就了一个小小的里程碑——它是一种参考。我之前就在想人们要花多久才能注意到。事实证明确实是挺久的。（笑）难怪他们在发现那些之后把我们的专辑倒着放了！

你对《齐柏林飞艇Ⅲ》的封面怎么看？

让人失望。其实是我的责任。我认识那个画家，给他描述了我们想要的效果。但是他对自己的作品有特别个人化的品味，然后带着他的作品一起消失了。我们不停地问他：“我们能不能看一眼？能不能让我们看看大概是什么样？”最终，专辑都完成了，封面还是没给我们。到了最后时限我不得不说：“听着，我们必须拿到你的作品。”我不喜欢那个成品，看着像是青少年流行音乐。但当时已经来不及了，不可能彻底改头换面。最蠢的地方在于那一块块的玉米，或者类似的什么破玩意。但是没有什么会比我最初找的希普诺西斯（Hipgnosis）设计小组的设计师更糟了——希普诺西斯就是给平克·弗洛伊德设计封面的。我们雇了他们来设计《圣屋》（*House of Holy*）的封面，然后有个叫斯托姆·索格森[1]（Storm Thorgerson）的人，拿着一张画着绿色电子网球场的图片就来了，那上头还画了个球拍。我说：

1 斯托姆·索格森，著名摇滚乐封面设计师。

“这他妈的是个什么东西?”他说:“球拍——难道你看不懂么?”我说:“你是在暗示我们的音乐是球拍吗?滚出去!”我们再也没见过他。后来就和其他设计师合作了。那真是种侮辱——球拍。他还真有种!那可是第一次和客户会面啊!

你小时候见过什么让你灵光一闪的专辑封面吗?

我很喜欢嚎狼的封面,上面是一把吉他放在安乐椅上——我也不知道为什么让我记忆犹新,但那张图真的很棒,当然也许只是因为我太喜欢里面的歌了,所以爱屋及乌地也喜欢封面。

还有一张约翰·李·胡克尔[1](John Lee Hooker)的封面,皇冠厂牌的,封面上是一把吉他的画。不过,也有可能还是因为我太喜欢里面的音乐了——那是胡克尔最棒的专辑之一。那段时间,其实我更喜欢封面上用艺术家本人的照片。不过说到这儿,我们好像很少在封面上用自己的照片啊,这倒挺奇怪。(笑)

我想聊聊那段时间你用的乐器和音箱。有意思的是你用一把温和的 Harmony Sovereign 原声吉他创造了那些音乐。这事让大家意想不到,只是一把温和的琴。

没错,我当时就是用的这把吉他。Martin 当时在英国不好买,Gibson 原声虽然也有了,但是很贵,我对我的 Harmony 很满意。《宝贝我将要离开你》、《继续漫步》、《朋友们》甚至《通往天国的阶梯》都是用这把吉他编排的。我是在第四张专辑发行后才买了 Martin 的。之前我一直用 Harmony,真的。

你是在哪儿买的这把吉他?

---

1 约翰·李·胡克尔,1917 年出生于密西西比,是极有影响力的美国音乐人。

我现在不记得了。但是要赌一把猜一猜的话，大概是在像Selmer's那样的当地乐器店里买的吧，可能是我还在新兵的时候，也可能是再早一些。我有没有在做录音乐手时用过它呢？真的不记得了。做录音乐手时大部分原声吉他都是用37 Cromwell f-hole 吉他录制的。

录制第一张专辑时米基·莫斯特特意借了我他的Gibson J-200。那把吉他的声音十分华丽，让人难忘。

有意思的是，你还在用60年代中期做录音室乐手时用的Danelectro，虽然你在1969年有了第一把Les Paul。你对你的吉他似乎特别忠诚。

是啊，确实是这样。如果我明天要去巡演的话，我还是会带上1969年从乔·沃尔什那儿买的那把Les Paul。我可能还会用我在飞艇时买的那把双头琴来弹奏《通往天国的阶梯》。我对那些吉他的忠诚度很高，它们就像是我的老朋友。

我觉得这很棒。

不过，带着它们巡演未必是个好主意。我之前很喜欢我的黑色Les Paul Custom，我在1970年带着它去巡演，结果它被偷了。我当时一直在用乔·沃尔什的吉他，但是我鼓起勇气带了那把Custom吉他去巡演，因为当我们在皇家阿尔伯特厅演出时，我想用它来弹艾迪·柯克伦的几首歌，另外它也是很好的备用吉他。声音真的很不赖。对我而言这真是对带吉他上路的勇气的一大飞跃，可是你看结果呢？所以后来我都只带乔·沃尔什那把吉他，就像我刚刚说的，也许这是我自己的一点特殊癖好吧。

人们是很容易因为见不到那把属于自己的琴而心浮气躁的。和

一样乐器磨合要花不少时间。你得花上好多工夫去探索音箱和吉他的能力范围，真正理解它们之后，你才能用它们来创造你想要的效果。

没错，如果你要尝试一样新的东西，无论是新音箱还是什么，你会想到用什么吉他来尝试。就是那第一把 Les Paul，因为我和这把吉他互相了解，这种状态是最佳的。真的。

我想问你一个关于你曾经用过的音箱的问题，那差不多是在录制第三张专辑期间你演出时用的。很多人都认为你一直用 Marshall 音箱来演出，但在重要时刻——如 1970 年的洛杉矶论坛体育馆[1]（The Forum）演出、在阿尔伯特厅的演出，即在那张著名的歌迷盗录专辑《蓝莓山》（*Blueberry Hill*）中——你用了一个 Hiwatt 音箱。

那是很传统的一个吉他音箱。我很不想说在 Hiwatt 之前我用了什么音箱，因为我一旦说了，它们就会被一抢而空，然后我自己都再也买不到了！哎，真是…… 我有几个 Hiwatt 音箱。早期我最主要的音箱是 Vox Super Beatle，它很好用。

后来我观察了一圈，发现大家都在用 Marshall 音箱，而我就是想用点与众不同的，于是我买了 Hiwatt，还自带一个脚踏式的过载。不过最终我果然还是用了 Marshall。

有趣的是，不久之前我们做那次齐柏林飞艇重组演出时，我把我的音箱都拿出来，看看哪个还能用。结果 Hiwatt 的声音依然惊人！真的！

1　位于英格伍德的一座室内体育馆，作为洛杉矶湖人队的主场长达三十余年。

插　曲

与吉米·佩奇和杰克·怀特的对话

吉米·佩奇和“白色条纹”（White Stripes）的杰克·怀特（Jack White）讨论高雅艺术和底层布鲁斯音乐之间的联系。

在 1993 年高中毕业之后，18 岁的杰克·怀特开始在密歇根的底特律做家具商。那段日子过得很简单，然而，怀特却对他的音乐越来越认真。他沉浸在底特律原始的车库摇滚复兴之中，一边构建起复杂的音乐审美倾向一边在许多乐队打鼓弹琴。转折点在 1996 年他娶了梅格·怀特（Meg White）时到来，他开始教她打鼓。

于是白色条纹诞生了，这支乐队的音乐由刺耳的 30 年代密西西比三角洲布鲁斯、荷兰极简抽象主义艺术、齐柏林飞艇的攻击性电声和梅格天真的鼓声组成。成果十分原始和叛逆，很快得到了另类摇滚界的注意。那个时候詹妮弗·洛佩兹（Jennifer Lopez）和贾斯汀·汀布莱克（Justin Timberlake）华而不实的流行音乐在电视上大放光彩，而白色条纹用他们粗糙的车库摇滚歌曲《爱上一个姑娘》（*Fell in Love with a Girl*）和《七国联军》（*Seven Nation Army*）占据了排行榜。

白色条纹最近解散了，但是怀特决定作为独立艺人继续发展他的事业，就像传奇的乡村音乐家洛丽塔·林（Loretta Lynn）那样，他还运营着厂牌“第三者”（Third Man）。

“我觉得杰克在他的领域做得很好。”佩奇评价怀特，“当然了，你必须要有才华。他很独特，而且他有很清楚的视野，这让他非同一般。他演奏方法中的纯粹是值得欣赏的。大部分音乐人最终都会妥协。但是他没有，而且他也绝不会。他坚如磐石。”

杰克和他所尊敬的这位吉他手一样，也用他的音乐产生了巨大的影响。

“吉米·佩奇有着特殊的天赋，他能想出很好的创意，并且总有办法以最有力量的形式实现他的想法。”怀特说，“艺术家们总是容易分心，从而失去了焦点，但是这从来没有在吉米身上发生过。例如，在新兵解散之后，他能够找到新的合作对象、新的音乐人来和他一起实现最有魄力的布鲁斯。更让人印象深刻的是，那时候大家都觉得布鲁斯已经到了顶峰，不可能再有所发展。但事实证明并非如此。佩奇和齐柏林飞艇证明布鲁斯离巅峰还差得远呢。”

“我还相信他作为制作人的重要性其实胜过他作为吉他手的影响力。他不仅能写出让人难以忘怀的连复段，更知道该如何来展现它们。”怀特说。

杰克，你用了很多布鲁斯的原始元素来反对过多的修饰和过多使用科技的文化现状。

杰克·怀特：那是现在最需要反对的——过多的修饰、过多的科技元素和过度思考。这是一种被宠坏了的心态，因为现在做什么都太容易了。如果你想录一首歌，你可以买个 Pro Tools 软件然后录出 400 多段吉他音轨。这就导致了过度思考，这就毁了表演的自然和人性。

我觉得关于齐柏林飞艇最有趣的一点是，他们能够更新、创造出布鲁斯惊人的本质。一首优秀的飞艇歌曲都有盲威利·约翰逊音乐的张力和自然。

杰克·怀特和佩奇，2006 年（© 罗斯·哈尔芬）

收录于《齐柏林飞艇Ⅲ》的齐柏林飞艇版的布卡·怀特（Bukka White）的《震翻他们》（*Shake 'Em on Down*，又称《向罗伊·哈珀（Roy Harper）脱帽致敬》）是一个虽不模仿却充分体现乡村布鲁斯本质的很好的例子。

吉米·佩奇：关键在于你不应该单纯地复制布鲁斯；你得抓住那种感觉。在《齐柏林飞艇Ⅲ》中，我们想要用上乡村布鲁斯，但是这种风格的传统是，必须自然而直接。我有一个老的 Vox 吉他音箱，有一天罗伯特把他的麦克插到了音箱的颤音频道，然后我开始弹琴，他开始唱歌。而你们在专辑里听到的其实是我们最早录下的第一二个版本。因为乐队的默契让我们可以做这样大胆的事。

不过回到你之前说的：你不能过度思考音乐。感觉和张力是不能制造的。布鲁斯不是建筑学，你自己创造出来的那些自然而特殊的时刻才能推动布鲁斯前进。

怀特：有一件事是可以肯定的：吉米作为制作人的技术其实被低估了。他不仅能写出经典的曲子，还能和乐队完美地配合并准确地将作品录制下来。我可以说你录制邦汉姆踩镲的方法和写出你的重型连复段一样重要。在节奏方面你有无与伦比的感觉，不仅体现在吉他连复段方面，也体现在你制作的音乐上。而正是这些让飞艇的音乐如此有力。

佩奇：我的想法是让不同力度的声音产生鲜明的对比，从第一张专辑时就开始试验。一直变化着，直到现在。

杰克，吉米上过艺术学校，而你也从美术中得到了不少启示。你的第二张专辑起名为《风格派》（*De Stijl*），这指的是在荷兰兴起的把艺术纯化，精简为基本的颜色和形状的运动。

怀特：当我们即将完成这张专辑时，我决定向盲威利·麦克泰尔（Blind Willie McTell）致敬。（《风格派》的封面是麦克泰尔的作品《你们南方的罐头是我的》（*Your Southern Can Is Mine*）。）那段时间，20 年代麦克泰尔和大部分优秀的乡村布鲁斯音乐人的作品和演出让我惊叹，而风格派美术运动也在逐渐兴起。他们都在做同一件事：把事物简化，直至抵达其本质。

在我看来，乡村布鲁斯乐手和风格派运动代表了音乐和美术的新纪元，也许是未来。一切都不可能比风格派更精简。他们将自己尊敬的艺术简化，只留下核心。他们只用方块、圆形和直线，还有最常见的颜色。仅此而已。桑·豪斯（Son House）和查理·帕顿（Charley Patton）的乡村布鲁斯也有异曲同工之妙，让音乐回到了最初的基础。

我喜欢把这两样东西拿来做对比，这使得人们认为梅格和我是学艺术出身的，其实我们不是。我没钱学艺术。如果当时有机会的话，我可能会去学吧。

不过其实你不一定要上大学才能学习、读懂艺术。

佩奇：我觉得这话说得很对。如果你本身很有创造力，学校说不定还会起到反作用。要是不幸碰见一个不好的老师，老天，可能你的一生都要毁了。

你怎么就能确定你在创造一些重要的东西呢?

怀特：你知道，作曲家的心都是很单纯的，他们只是想在音乐的世界里钻得更深。你挖掘得越深，就越容易注意到以前的事情。一旦我钻研到了20年代的音乐，就越来越清晰地理解了现代音乐和吉米在新兵以及齐柏林飞艇制作的音乐的意义。这甚至也让我理解了自己在音乐界的位置。就好像我们是一群彼此联结的吟游诗人一般。

杰克，你在之前的采访里说过，要弹得像史蒂维·雷·沃恩[1]（Stevie Ray Vaughan）很容易，但要像桑·豪斯那样弹琴就很难。你能解释一下这句话是什么意思吗?

怀特：我想我当时是想说，用吉他弹布鲁斯是很容易学的。就像老话说的——“想学会一样东西很容易，难的在于掌控它。”我就是想说这个。我不会因为谁飞速弹奏布鲁斯歌曲就对其印象深刻，但我对桑·豪斯“弹错”的音符就记忆犹新。不知为何，当我听到他漏了一个音符或者他滑动的手指擦到琴颈时的声音，就会觉得这对我而言很有意义。

我认为你觉得差别在于桑·豪斯不那么肤浅——他不仅仅一个个音符地弹奏布鲁斯。每一个音符都包含着他自己的理解和设计。他从不炫耀他的技术，而是试着创造一种真正的情感时刻。

---

1 史蒂维·雷·沃恩，著名“南方摇滚”吉他手。

佩奇：技巧当然还是很重要的——首先你必须知道如何弹奏。但是追求新的东西和抓准时机也很重要。我加入过的乐队都在台上演奏过不少即兴段落，那才是见证奇迹的时刻。那才是戏剧性的画面。当然你也有可能失败，不过这也是即兴的内容之一。正是这种紧张感让它变得有趣。真正优秀的音乐从来都不是安全、可预测的。

杰克，吉米的哪些作品让你印象深刻？

怀特：我还记得我 6 岁时听到《爱满载》的情形。我当时有一盘卡式磁带，在吉他独奏开始之前那一块都出故障了，因为我快进到那里太多次了。但是现在，作为一个成年人，最让我印象深刻的是齐柏林飞艇表达布鲁斯力量的手法。吉米真的能以最有力度的形式为中心。如果有一个布鲁斯力量和表达的开关，他有能力把开关开到最大。

我可以给你举个例子。在《齐柏林飞艇 DVD》中，乐队弹奏的哥本哈根电视上出现的《意乱情迷》版本总是能让我感动。在第二段之前，吉米制造出两秒钟粗糙的噪音，那声音太像插电版本的罗伯特·约翰逊了。当约翰逊做类似的事情时，我觉得那是他用原声吉他和麦克风所能制造出来的最有力度的声音，而当吉米这么做时，他也是在那样的环境中发出了最有力度的声响。

当你有吉米那样的视野时，我相信那才是目标。做出最有力量的音乐。

佩奇：不过其实那不只是力量——氛围也很重要。我们想创造出一种厚重到得用刀子去切的氛围。我们的目标就是做出能让你后背发凉的音乐。

你们俩都是会制作的吉他手。做制作人对你们而言意味着什么呢？

怀特：就像你之前说的：其实就是对自己想要的结果有独特的看法。我本来认为，如果都由我来控制的话，最终会导致一种自负："曲作者杰克·怀特，制作人杰克·怀特，吉他演奏还是杰克·怀特"之类的。但后来我还是觉得，如果我自己知道我想要的是什么，那么由我自己来做显然是最有效率的。我可不想花一个小时跟别人解释我想要的是什么。我自己做就行了。

佩奇：就是这样，不是吗？谁需要其他人的帮忙啊？即便你想错了……

怀特：……至少那也是我自己犯的错。

佩奇：其实，我应该说，即便你想得"不对"。你得记住，杰克，艺术家是永远不会犯"错"的！

还有一件不同寻常的事能把你俩联系起来：飞艇写了很多优秀的连复段和副歌，但是很少加入传统的合唱。飞艇最著名的那些歌曲——《通往天国的阶梯》、《克什米尔》和《在山那边遥远的地方》（Over the Hills and Far Away）——都没有合唱。同样，白色条纹的著名歌曲——包括《七国联军》和《忧郁兰花》（Blue Orchid）——也没有合唱部分。这是故意的吗？

佩奇：没错，是故意为之。我们希望一首歌的所有部分都很重要，都能运转。所以没必要特地在每首歌背景里加上合唱。如果你强调了这首歌的一部分，其他的部分就似乎变得平凡了。

怀特：我的看法是，比如齐柏林飞艇的《放荡之歌》（*The Wanton Song*）里的连复段，就是合唱了。就算进行半个小时，我也会完全被吸引住。它是如此有力而简洁，但永远都不会让你感到无聊。

佩奇：连复段在听者耳中也可以产生合唱的效果。一旦这样，整首歌都变成合唱了。这种催眠连复段贯穿全曲的想法已经存在很久了，无论是在三角洲布鲁斯还是中东或非洲一些地区的文化中它都存在着。

在你们的脑海里，有没有什么你们觉得称得上完美的歌曲呢？

佩奇： 毕加索曾经说，没有哪幅画是已经完成了的。我觉得音乐也是一样。我不会说哪样东西是完美的。当然有很多演出能唤起我内心的情感，但是我不会说它们是完美的。

怀特： 说得没错，我同意吉米刚才的话！

6

他们说我们是在自取灭亡

完成齐柏林飞艇的杰作《齐柏林飞艇Ⅳ》、录制《通往天国的阶梯》以及从一次地震中幸存下来。

那是1971年的冬天，大西洋唱片的主管被欲望蒙蔽了双眼。他们希望齐柏林飞艇赶紧出一张新专辑，据说那会是乐队最好的作品——充满传奇色彩——而且刚好快到圣诞了。

但是公司推出季节性营销商品的热情很快就被浇灭了，因为乐队那令人敬畏的经纪人彼得·格兰特发布了一则冷冰冰的公告。他宣布，第四张专辑，既没有标题也不会在包装上提到乐队的名字，甚至不会有厂牌标志和目录，连诸位音乐人的名字都不会署。

大西洋唱片顿时目瞪口呆。没有标题？不写音乐人的大名？那岂不是吸引眼球的东西都没有了吗？

“他们说我们是在自取灭亡，纯属自找麻烦。”佩奇回忆说，“但其实空白的封面不是在针对我们的公司——我们这么做不过是想反驳那些说我们前三张专辑大卖是源于大肆宣传而非天赋的乐评人。我们想证明是音乐让齐柏林飞艇人气高涨，这和我们的名字和形象都没有关系。所以我们把多余的东西都去掉了，让音乐来证明一切吧。”

黑狗与海德利庄园，《齐柏林飞艇Ⅳ》的诞生地（© 罗斯·哈尔芬）

结果音乐所证明的远不止是乐队的实力。它名声大噪。1971 年 11 月 8 日发行的这张无题专辑，包含了一系列经典摇滚歌曲如《黑狗》（*Black Dog*）、《摇滚乐》（*Rock and Roll*），当然了，还有摇滚电台的最爱情歌《通往天国的阶梯》。它简直是个怪物。作为乐队销量第三的专辑，它单单在美国就卖了 23 万张，直至现在每个月还能卖出几千张。

当被问及这张无题专辑——现在往往以《齐柏林飞艇Ⅳ》命名——的争议时，佩奇解释说："我们竭力避免过度规划我们的事业。

我们从来不搞‘我们做这个吧’、‘我们做那个吧’这套，从不循规蹈矩，总是在灵感迸发的时机做想做的事情。”

《齐柏林飞艇Ⅳ》的传奇始于伦敦西部的岛（Island）录音棚，那是在 1970 年 12 月。虽说乐队是在一个寒风刺骨的日子走进录音棚的，但他们热情高涨。这是有原因的：这几年他们已经连续推出了三张白金专辑，而他们在全世界演唱会的爆满情形也不断打破纪录。随着飞艇的人气飙升，他们的野心也越来越大。不幸的是，在岛录音棚的最初几次录音都没能达到想要的效果，所以成员们决定做一个根本的改变。

“我们想到一个有特殊氛围的地方去录歌，并且在那儿住上一段时间，一定很有意思。”佩奇说，“我们想创造舒适的工作环境，看看会发生些什么。罗伯特和我在之前的专辑里写了很多歌，《齐柏林飞艇Ⅲ》是在威尔士山里一个相对孤立的环境里写的，那次我们很愉快。那儿很美，也没有让我们分心的东西。这一次全乐队都去，我觉得会更有趣——找个地方，用租来的移动录音设备把成果录下来。”

佩奇听说在距离伦敦几小时车程的乡下有一座老房子，弗利伍德·麦克曾经在那里排练，于是决定去看看。建造于 1795 年的海德利庄园是一幢三层楼高的石头建筑，一直以来都是穷人和精神病人的福利院。虽说不算特别有吸引力，但它的属性很对佩奇的胃口；此外，这幢历史超过 200 年的建筑物可不是只有物质享受——它还自带临场效果。

“那地方很查尔斯·狄更斯，”佩奇说，“潮湿、阴冷、诡异。我选择的房间位于顶楼，那屋的床单几乎总是湿的。海德利庄园把罗伯特和约翰·邦汉姆吓得半死，但是我很喜欢。我觉得那儿是真的闹鬼。我记得某天晚上我上楼梯回房间，结果一抬头看见楼梯尽头站着一个灰色的影子。我特地多看了几眼，确认一下是不是光影的缘故，结果不是，所以我赶紧转过身走了，因为我真不太想和这些东西交流。不过我倒是不奇怪那儿会有幽灵，因为那地方有很悲惨的过往。我认为，在那儿录音的正面意义是，我们复兴了海德利的能量，那地方在我们待过之后就变得阳光多了。”

但是飞艇选择庄园的原因不只是氛围。佩奇发现那地方的声音回响很不错：“在我参观那房子之后，我马上就知道在那里弹奏原声一定错不了。”

很快，佩奇订了滚石当时最先进的16轨移动录音设备，雇了王牌工程师安迪·约翰斯，很快把乡村救济院变成了全世界最大的录音棚。乐队成员们把乐器都摆放在客厅里、把音箱放在橱柜和楼梯间里，就这么几天工夫，他们创造了摇滚乐的历史。

“我觉得那张专辑的声音有一部分要归功于我们是在一个非常复杂的原声环境下创造的，”佩奇解释说，“声音不是在一个标准的传统录音棚里被制造出来的。我们在房子里把音箱和麦克风挪来挪去，改变着录音空间，我相信这在潜意识层面也能影响听者。这是我从第一张专辑开始就坚持的方法，但是在海德利显然把这种录音方式推向了一个更高的境界。”

乐手们在海德利庄园中让身心得到了放松，同时仍有条不紊地做着他们的工作。在那里停留的一个月时间里，他们不止录制了第四张专辑的大部分歌曲，还为几首将来会出现在他们第六张专辑《肉体涂鸦》里的歌打好了草稿，包括《在海边》（*Down by the Seaside*）、《和斯图一起跳布吉舞》和《夜间飞行》（*Night Flight*）。

“海德利庄园比较让人兴奋的一点在于我们能够钻研每一个想法，并把它们趁热打铁地录下来。”佩奇说，“我们不是那种会把一样东西录上几百次的乐队。我听说有些那类乐队做得太过火了，他们不得不花上三四天录一首歌，说不定还不止三四天，但这很明显不是录制专辑的正确方式。如果这首歌就是录不好，而且已经开始给大家造成心理障碍了，即便只是过了一两个小时，你们也应该停下来做点别的，比如去个酒吧、餐馆什么的。或者先弹别的歌。”

不循章法的《摇滚乐》是专辑中最主要的歌曲之一。佩奇回忆说，当时乐队正在为复杂的《四根魔棒》竭尽全力，但是很明显录音不太成功。为了打破紧张感，约翰·邦汉姆开始敲小理查德的摇滚老歌《坚持烧》（*Keep A-Knockin'*）的开场鼓。自然而然地，吉他手开始在他的那把 1959 年 Les Paul 上弹起了连复段，感觉很不赖，他不得不说："咱们先停一停，先研究这个吧。”在那天结束时，乐队已经打好了《摇滚乐》的草稿。

“当时就是这么回事，”佩奇说，“如果感觉正在状态，我们不会犹豫。如果感觉特对的东西出现了，你就应该跟随它的脚步。这都是过程。我们不得不探索，我们不得不钻研。我们尝试着用所拥有的一切来冒险。”

这也包括之后邀请到的钢琴大师伊安·“斯图”·斯图尔特，他是一位优秀的、被埋没的天才。斯图尔特当时在为滚石弹钢琴，最终成了米克·贾格尔[1]（Mick Jagger）和基斯·理查兹的巡演经理。他是滚石的那些可移动录音设备的监督人员，所以当飞艇录音时，他也过去探班，以确认录音设备是否皆功能完好。飞艇自然不会放走这样一位天才，于是直接邀请他加入录制工作。

“斯图真的很害羞，但是他是个实力惊人的钢琴演奏家。”佩奇说，“他是个真正的布吉乌吉[2]（Boogie Woogie）音乐大师。在海德利庄园有一架很老的钢琴，因为年久失修几乎已经无法弹奏了。它当时状况如此之糟，以至于我们压根儿没想过要用它来演奏。但是伊安来了之后立即就用它即兴了一段。于是我也走过去，按照钢琴的音给吉他重新调了音，其他人则敲着小手鼓，在走廊里

1 米克·贾格尔，滚石乐队主唱，20 世纪最具影响力的音乐人之一。

2 一种黑人爵士舞曲。

拍手、跺脚。然后，我们就趁热打铁地完成了《和斯图一起跳布吉舞》。”

之后，当乐队在伦敦的奥林匹克录音棚对《摇滚乐》进行最后制作时，他们又找到了斯图尔特。“约翰·保罗·琼斯以前常为我们弹键盘，但他觉得把《摇滚乐》的钢琴部分让给斯图是完全没问题的。”佩奇说，“当你有机会启用某个特定领域的大师时，你就会自觉地后退一步，然后享受最终的成果。”

但是《四根魔棒》怎么样了呢？作品最终证明，飞艇在岛录音棚交了好运。那次又是约翰·邦汉姆点燃了创造力的火花，让乐队创作了出人意料的曲目。当时，邦佐好像在前一晚刚看完他的对手、鼓技超群的大师金格·贝克（Ginger Baker）和他的空军乐队（Air Force）的演出。第二天他愤愤不平地走进录音棚：“让我来给金格·贝克一点颜色瞧瞧。”邦佐抓了四根鼓棒——每只手两根——开始奋力敲出极具特色的鼓点，也为乐队带来了一首新歌。而且他手里的这四根鼓棒最终还成了这首歌的名字。

不过海德利庄园的魔力也不是次次都顶用。虽说《齐柏林飞艇Ⅳ》里的大部分歌曲都产自这个乡村庄园，但有些歌曲是在伦敦最终编排的。比如民众的最爱歌曲《黑狗》，它录制于海德利庄园，但是在岛录音棚完成了最后的部分。

提及如何完成这首歌，佩奇回忆道：“约翰·保罗·琼斯带来了开场连复段，我听了觉得很棒。于是我建议写一首和弗利伍德·麦克的《好吧》（*Oh Well*）结构相似的歌。换句话说，我想在罗伯特的声音和乐队之间找一个临界点。《黑狗》要组合完美是很不容易的，如果你仔细听这张专辑的话，你其实可以听见邦佐在每一个连复段之前都敲击鼓棒来给我们倒计时。我们在成功录制这首歌之前来回排练了许多次。”

虽说乐队在庄园的表现力量十足，但是佩奇对他吉他的声音有些不满。他考虑用尼尔·杨[1]（Neil Young）在他那声效复杂的金曲《肉桂色女孩》（*Cinnamon Girl*）里用过的“直接”录音技巧。吉他手和工程师安迪·约翰斯都觉得这些想法在岛录音棚会比较容易实现，所以他们直到回到伦敦之后才完成了《黑狗》。

回到岛录音棚之后，他们便接着完善这首日后的全专辑第一金曲。约翰斯在《吉他世界》1993 年的采访中说，《黑狗》中有侵略性、充满咆哮的吉他声是将佩奇的日落色 Les Paul 插入了一个指令盒，然后用麦克风接到混合板上录制的。

“安迪·约翰斯用混合板上的麦克风扩音器来制造失真效果。”佩奇说，“然后我们用两个 1176 Universal 压缩器串联，将吉他失真之后再压缩。每一个连复段都有三个音轨——一个在左，一个在右，一个在中间。我希望能有东西穿透吉他——我希望有一种完全不同的音色。所以我把吉他插上 Leslie，然后像平时一样录音。”

这种效果虽然很重要，但这只是对之后的热身。《通往天国的阶梯》像《黑狗》一样，也是飞艇待在海德利庄园期间创作的，但是最终乐队认为像这样一首复杂的歌需要在一个标准的录音棚里录制。特别是佩奇觉得这首歌需要一个可控性比较强的环境，才能达到足够完美的效果。

“《通往天国的阶梯》里的旋律部分是用我的 Harmony 原声吉他录制的，约翰·保罗·琼斯弹电子钢琴，约翰·邦汉姆打鼓。”佩奇说，“我们真的没办法在海德利录原声吉他和鼓；我们需要一个大录音棚。就这么简单。”

“虽说我们在岛录制了这首歌，但它其实是在海德利创作的。当时我拿着我的原声吉他游手好闲地乱逛，结果想出了几个不同的部分，最终我把它们合到了一起。但是我希望的是中间能加入鼓点，然

1　尼尔·杨，加拿大著名民谣歌手。

后渐强。而且，我希望能够加速，虽说这不是音乐人应该期望的。”

“也就是说我有了这首歌的架构。然后我告诉了琼斯，使他理解我的想法，之后的几天我们和邦汉姆联系上了。我还记得当时编排《通往天国的阶梯》时，罗伯特写歌词，我们则苦心研究编曲。那次真的很紧张。但是当我们写出满意的结尾并且能够通篇弹奏时，罗伯特的歌词也完成了。这首歌能告诉你当时我们是多有启发性。我们的沟通之中暗藏了多少能量。”

《通往天国的阶梯》还是《齐柏林飞艇Ⅳ》里唯一一首你能从头到尾听见佩奇的主音吉他的歌。他用他的 Harmony 弹出了那不朽的前奏。节奏部分他是用那把 Fender 12 弦电吉他完成的，而许多结束连复段是用他经常使用的那把从乔・沃尔什那儿买来的 1959 年日落色 Les Paul 弹奏的。

然而，也许摇滚史上最著名的吉他独奏是佩奇在第一张专辑里用他那把老 Telecaster 弹奏的即兴段落：“我想出了第一句乐句，然后脑海里就蹦出了衔接乐句，但是整段独奏都是即兴的。我记得当时用的是 Marshall 音箱。”

至于为什么这首歌忍到第四张专辑才诞生，佩奇表示：“我觉得歌词真的很棒，能让人们发挥自己的想象力。一个人听歌的时候，脑子里总会闪现他自己的想法和回忆，而《通往天国的阶梯》更能促发这一点。虽说我们在内页上印了歌词，表达了我们对于这首歌的想法，但人们依然对它做出了自己的解释。这真的很不赖。”

“我在前三张专辑里也写了歌，但是我还是希望有一天罗伯特能完全负责这一方面。而在制作第四张专辑时，他想到了许多让人赞叹不已的东西。我没怎么关心歌词那一块，但是我记得有一次他问我什么是‘你的篱墙内一片喧闹’，然后说：‘好吧，这真是让人浮想联翩。’至于其他的嘛……”

最后，传闻中所说的乔治・哈里森是飞艇这首歌的灵感来源这件事是不是真的呢？佩奇抓了抓脑袋然后笑了。

“其实他确实给了我们灵感，但不是这首歌！乔治在某天晚上和邦佐说：‘你们几个的问题在于你们从来不做民谣。’我说：‘那我们就做个民谣给他看看啊。’于是我写了《雨之歌》（*Rain Song*），收录于专辑《圣屋》。事实上，你能注意到，我甚至在那首歌的前两个和弦里引用了《有些事》（*Something*）的和弦。”

毫无疑问，吉米·佩奇对《通往天国的阶梯》十分自豪，但其实他真正的热情都为专辑的最后一首歌保留着——《当大堤决口》，它源自布鲁斯女艺术家孟菲斯·明妮（Memphis Minnie）1929年的经典歌曲。从某些角度来说，这可以理解。这首歌可以说是他从第一张专辑起钻研到现在的东西集中爆发的高潮。每个和他谈过录音的人都至少听过一次他的那句咒语——“距离等于深度”。而《当大堤决口》里的鼓声也恰巧证明了佩奇的论点。

你总是这么精通环境录音，不是吗？

我了解鼓，它作为一种原声乐器，需要有呼吸空间，所以录音室的声音好不好是非常重要的。鼓是乐队的主心骨。

但是虽然海德利录出的鼓是一绝，吉他声却不怎么样。在那儿录的很多吉他部分最终都作为参考，然后在岛录音棚重录了。不过《当大堤决口》是个例外。

这首歌用的是什么调呢？

用的是我的12弦Fender电吉他的G大调。听上去调偏低，因为我们把音轨放慢了，这样声音显得比较有张力。这也是音轨声音听起来巨大的原因之一。如果你把速度放慢，就会使它听起来更厚实。但有一个问题，你弹奏的时候必须特别小心，因为它也会放大你的错误。这和你把音轨加速刚好相反。加速会使得一切都更紧密。我们在《旦夕之间》（*No Quarter*）里也用过这招。

《当大堤决口》也加入了与专辑里其他歌不同的混音。

正是这个让《当大堤决口》如此与众不同。如果你仔细听的话，每个乐句都加入了新鲜玩意，例如乐句里歌声的变化、背景内容的填充，而到了结尾部分，除了歌声之外其他的一切都开始移动，只有歌声是静止的。

《齐柏林飞艇Ⅳ》最后的工作便是混音。安迪·约翰斯说服了佩奇去洛杉矶的日落录音棚完成，因为那里有世界闻名的先进录音设备。另外，约翰斯坚持说："去洛杉矶总是不会错的。"

不幸的是，这事打一开始就出师不利。佩奇一到那儿，就赶上了加利福尼亚的一场地震。

"我记得我躺在上下颠簸不停的床上。"佩奇笑着说，"我当时就一个想法，老天，我可不能现在死——我得做完最后一个混音。最后我做到了！”

之后发生了什么没人确切知道，不过佩奇有他的说法。和约翰斯完成了混音之后，他便把那卷带子带回了英国。乐队听过后，每个人都惊呆了——这张专辑听起来一团糟，那声音仿佛二重奏忘记加三重频率一般。另外三个乐队成员立刻开始诧异地责问约翰斯和佩奇这一个月来到底在阳光明媚的加利福尼亚干了些什么。

“这和在洛杉矶听起来完全不一样。”佩奇回忆说，“我也吃了一惊。当时有很多关于英国地铁上的磁铁会把录音带内容抹掉的传闻。约翰斯说这带子在运输途中肯定发生了什么事，因为他们做的特效全都不见了。我现在也不知道具体发生了什么，也许监听给我们的讯号有误，因为日落录音棚有现有技术条件下最高级的监听，能够伸展频率。但谁知道呢？”

佩奇马上在岛录音棚重新开始整张专辑的混音。虽说大部分混音都很成功，但他无法重现洛杉矶版的《当大堤决口》。不过他没有在困难面前束手就擒，而是决定再听一次日落录音棚的混音，看看是否有什么线索。奇迹般地，当他重听日落录音棚的带子时，他发现《当大堤决口》的混音很完整、效果也很出色，所以保留了它。这是那张专辑里唯一一首在日落完成混音的歌。

在之后30年里，也许没有哪张专辑能像齐柏林飞艇无题专辑一样引来这么多分析。但是知道那个拿着灯笼的隐者或是背着枝条的老人所象征的真正意思的，只有一个人。让我们问问他吧。

对　话

我对《齐柏林飞艇Ⅳ》封面的理解是，它其实反映了里面的音乐：城市风景与古代遗迹的对比。换句话说，是大城市布鲁斯如《黑狗》与凯尔特民谣《永恒之战》（The Battle of Evermore）的对比。

嗯……我曾经花很多时间在旧货店里找寻人们丢下的有趣的东西。你知道，在人们丢弃的东西里能找到很不错的家具和漂亮的工艺品。某次罗伯特曾和我一起去雷丁的某家店寻宝，里面的东西堆得满满当当。罗伯特找到了一幅画，上面画着一个背着树枝的老人，他建议我们把这个加到我们的封面上。所以我们决定将现代摩天楼加到这个背着枝条的老人身后形成鲜明的对比——你可以看到老的东西被破坏，新事物不断挤上前来。

我们打心眼里喜欢推陈出新，但也不认为一切新事物都有道理。我认为，关键在于，我们在飞速前进……但不要走得太快。

而《通往天国的阶梯》的字体则是我的贡献，是我在一份大概是80年代晚期开始发行的叫作《工作室》（*Studio*）的工艺品老杂志里看见的。我觉得这个字体很有趣，所以我找人做出了整个字母表。

那么内页呢？

内页是我的一个朋友——巴林顿·寇比斯（Barrington Colbys）——画的。插图内容主要就是描绘对真理之光的追寻。

那么哪一方代表乐队呢？是给予光明的那一方，还是追求真理的那一方？

都有一点吧，我觉得。两者皆有……

7

那些巡演完全就是纯粹的享乐主义

70年代，齐柏林飞艇成为典型的舞台表现力极佳的乐队。他们长达三小时的表演把他们如烟火般炫目、具有爆发力的音乐才能表现得淋漓尽致，也赢得了乐评人的尊重。而他们放浪形骸的私人生活更是使他们成了一代传奇。

1971年《齐柏林飞艇Ⅳ》轰动性的成功形成了摇滚史上最大牌的一次三足鼎立，齐柏林飞艇、滚石与谁人这三支大师级乐队并存着。1973年5月5日在佛罗里达坦帕的一场演出，打破了由披头士1965年创下的单场演出出席人数的纪录，而齐柏林飞艇，在世界音乐舞台上无可争议的重量级乐队，如今可以坐在印着自己乐队名字的私人飞机里飞着去演出了。

1973年3月，乐队发行了《圣屋》，这也许是齐柏林飞艇所有专辑里主题最轻松愉悦的一张了。除了情绪跌宕的《旦夕之间》之外，这张40多分钟的专辑是欢快、喜庆、充满活力的。

“我制作《圣屋》的主要目标就是继续摇滚。”依旧是制作人的佩

拿着提琴弓的佩奇，1973 年（© 卡尔·邓恩）

奇说，“虽然大家都在呼唤再来一张《齐柏林飞艇Ⅳ》，但做一成不变的东西其实是很危险的。我不会说具体的名字，但是我想你也听过有些乐队从头到尾都在重复自己的风格，四五张专辑之后他们就江郎才尽了。而我们，你永远都猜不到下一张专辑是什么样的。我想你可以从《圣屋》里听得出我们玩得很开心……你也能听到我们对乐迷的奉献和承诺。”

比如 *D'yer Mak'er* 那类受雷鬼影响的歌和《激情》（*The Crunge*）那样带着一种失衡民谣感觉的歌，都让飞艇的幽默感从他们独特而神秘的美式布鲁斯中显露出来，也代表着乐队风格的转折点。事实上，布鲁斯元素一直占乐队早期作品的一大部分，但是在《圣屋》这张专辑里却完全没有。

虽然《圣屋》听起来轻松活泼，但它依然是飞艇最复杂的专辑之一，毕竟里面有着《在山那边遥远的地方》、《雨之歌》这类有突破意义的歌，还有那闪闪发光的第一首歌《歌声依旧》，这首歌铭刻了佩奇速度最快的吉他演奏之一。即便是看似简单直接的《舞动的日子》（*Dancing Days*）也有着层层叠叠的和声，而且如果你花时间去研究一下那貌似无忧无虑的歌词的话，也会发现他们在上面下了很多功夫。

外向的《圣屋》令乐队的演出形象焕然一新。曾经总是穿戴不正式的嬉皮士服饰的四个人，如今也开始在大型演出时装扮得风度翩翩了。尤其是佩奇开始穿适合他国际吉他之神身份的定做服装，他甚至逐渐成了时尚界的领头羊——他那镶嵌着蜂鸟的锦缎斗牛士风格夹克，在伦敦潮人圈掀起了轩然大波。

场地越大，演出的规模也就越大，飞艇也有这个能力。1973 年的巡演使用了当时最高端的技术，比如干冰、悬挂的镜球、五颜六色的灯光。至于音乐，乐队为每首歌都量身定做了不同的演出效果。《意乱情迷》是 20 分钟绝对的邪恶，而演奏《通往天国的阶梯》时，乐队展现的（观众得到的）则是体验不凡的宗教圣礼。

“乐队刚成立的时候，我们会有点束手束脚。”佩奇说，“但是1973年时我们真的对自己很有信心了。我们不仅能弹奏音乐，更能规划演出。”

他们在台下的生活也变了。齐柏林飞艇算是为摇滚人的宴饮设置了标准模板。在那之后的几年里，破坏宾馆房间、蹂躏果儿之类的事情他们一件没落下，变成这样似乎是十分自然的，还带着他们惯有的派头。齐柏林飞艇场下的纵欲和放浪都是传奇性的，尤其是当他们在洛杉矶和纽约演出时。他们到底有多出格呢？

“我们就是彻底跟着自己的想象力走。”佩奇说，“那些日子是纯粹的享乐。特别是洛杉矶这个地方，就像是索多玛或是蛾摩拉城——彻底的罪恶之都。但是就是那种气氛，好像能让人回到二三十年代的好莱坞，那个黄金时代。我就该吃好玩好。不然干啥呢？”

但纵使堕落的尺度惊人，也丝毫没有影响到齐柏林飞艇带来史上最伟大的摇滚现场演出。

丹尼·古德伯格（Danny Goldberg），最杰出的流行音乐经纪人之一——他的艺人包括涅槃（Nirvana）、音速青年（Sonic Youth）和奥曼兄弟——曾为齐柏林飞艇做过一次石破天惊的巡演宣传。飞艇的私人飞机、毁誉参半的摇滚生活态度和一票难求的演出，使得他们成了吸引媒体的磁石。然而，最终，让乐队大红大紫的还是他们的音乐。

“飞艇出众的最主要原因是这四名成员都有令人难以置信的才华。”丹尼在2008年的一次采访时说，“每个人对于乐队来说都举足轻重。但主心骨还是吉米，他是整个乐队的策划人。他对自己的能力充满自信，亦充分认同身边乐手的优秀。他对当时摇滚界有着自己独特的判断，也知道如何更上一层楼。60年代后，飞艇就掀开了新的篇章。”

1973 年巡演的高潮在 7 月，也就是乐队在纽约麦迪逊广场花园的最后一场演出，也被经典音乐会电影《歌声依旧》记录了下来。佩奇说，在拍摄电影期间，因为过于激动，他整整五天没睡觉。

“我们当时在纽约，既要拍电影，又要做这么精彩的演出，很难让自己停下来。”他说，“我也试着爬上床睡觉，但是没过多久就放弃了，因为出门看看更享受。”

“在典型的飞艇演出过程中你都会看见乐队和观众的交流。我们把这种现象叫作：输送。乐队把大把能量输送给观众，观众再输送回乐队，整夜不停息。”

在之后的对话中，我们谈到了《齐柏林飞艇 DVD》中记录的乐队传奇性的现场风格的演变，DVD 是在 2003 年经过佩奇那一丝不苟的编辑后发行的，长度约 5 个半小时，2 张光碟收录了 4 场飞艇的演出：1970 年 1 月在伦敦的皇家阿尔伯特厅的演出，当时他们刚刚发行了自己的第一张专辑；1973 年 7 月在纽约麦迪逊广场花园的演出，也被收录在电影《歌声依旧》中；1975 年 5 月他们在伦敦的伯爵宫的 5 场演出；还有他们那打破观众数纪录的 1979 年 8 月在英国的内布沃斯音乐节的演出，那是在邦汉姆去世前一年。每场演出都因佩奇的监制而得以被恢复、混录并且重新制作。DVD 里还有一些从电视节目、宣传片和采访中截取的关于他们的有趣片段。

对　话

《齐柏林飞艇 DVD》里几乎包含了所有专业录制的演出现场。但为什么只有5个小时？ 这对于齐柏林飞艇这样级别的乐队来说少了点吧？

这个原因一时半会儿说不清。首先，你得先想象自己回到1968年那个年代，想想那时候的英国是什么样的。那时候BBC掌控着英国电台界，而前卫的摇滚乐队完全得不到应有的待遇。就像我之前说过的，无论我们什么时候演出，我们总是先弹一首短的，比如《沟通中断》，再弹一首长的，比如《意乱情迷》，这样一来能更客观地展现乐队现在的水平和将来的方向。很明显的是，BBC不会在排在前20名的节目里允许我们这样做。所以我们在电台宣传自己的方式就只有参与一些小型混合摇滚演出节目，他们会让你弹奏两三首歌。我们冒险尝试了一下，但是曝光率可以说低得可怜。

后来我们想到通过电视来推广自己，但是机会甚少。DVD则能让你多少感受到我们在做什么。我们有一场在丹麦电视台的演出很有意思，你可以发现观众都被我们吓傻了。他们看上去如此惶恐，好像不确定是应该接着看呢，还是抓紧时间跑路。

我们还参加过一次法国的节目。他们竟然找了救世军乐队（Salvation Army）给我们暖场，这足以证明他们完全不理解我们的音乐。虽然我们之前做过一轮试音，但那儿的声音听起来还是糟糕透顶。最终我们意识到，在电视上推广自己毫无意义。他们这种展现我们音乐的方式太烂了，音效也糟糕透顶。那个时候的电视只有一个两寸的喇叭！而飞艇的魅力可不是一个两寸的喇叭可以展现的。

很明显，乐队很快就找到了如何在没有电台和电视台的帮助下推广自己的办法。

没错。我们用演出来为自己宣传。

在美国也是这样吗？

差不多。新兵可能在美国比在英国还要有名些。我们在那边进行了大量的巡演，而那样的经历也使我能和美国市场的步调保持一致。我知道那里有许多地下音乐圈，对流行畅销歌曲不屑一顾。

美国的 FM 电台帮助你们了吗？

是的，打从一开始就很支持我们。我们刚到美国时，人们就已经对第一张专辑比较熟悉了。这也让我们在那儿的发展变得容易了许多。

你的视野并未局限在音乐方面，你看到了社会层面——新兴事物如 FM 电台的重要性、专辑导向的摇滚乐，还有正在发展的演唱会工业。而且，你创造了一支能够从容应对这些变化的乐队。

没错。例如，我们没有在美国排在前 20 名的单曲节目中播放过单曲，但我们在 FM 专辑导向的电台里发过单曲。我们不会为了靠拢流行单曲市场而写歌——那简直是自取灭亡。但是当人们在 FM 电台听见齐柏林飞艇的新歌时，他们就知道会有一张新专辑。这才是我的潜台词。

另外，以非正式方式发行单曲，也算是逼迫人们去买专辑，这正是我们想要的。我们希望他们能看到乐队完整版的内容。另外，我们不需要遵照任何人的想法。我是说，我们可从不粗制滥造一首 3 分钟的单曲出来。即便《爱满载》也没听从任何人的想法。这完全是不同的事情。

那么，既然你对能够通过电台和现场演出来推广乐队感到满意，为什么还要录制 1970 年皇家阿尔伯特厅的演出呢？

其实不是我们提议的。那是在 1970 年早期，《齐柏林飞艇Ⅱ》才刚刚发行，我们也正在成长中。然后“流行之巅”（英国一档音乐类电视节目）的导演找到我们，问需不需要尽量录一场完整的演出然后做一档电视特别节目。他录了，编辑了，并且在几个月后拿了一盘录有 4 首歌的带子给我们看。我们看了，也参与了编辑，觉得其实挺棒的。但是因为我们前进得太快了，所以当我们看到这录像时，觉得这演出似乎已经落后于我们当时的水平了。似乎已经过时了！所以这个项目也就搁置了。

那么，这些年来你已经淡忘它了吗？

也没有。我家里有一盘复制带，还有一些盗录带。最终我们开了个内部会议，讨论是不是应该拿这些带子做点什么。每个人都觉得不错，所以我们买下了片子，但是有一个新问题——我们不记得那八音轨录像在哪儿了。因为这些年来这些东西一直被搬来搬去，所以我们花了不少时间找它。最后我是在一个电影胶片储存库找到的，这也让我想到了这么多年来我们做的其他项目，决定花点时间把它们都找出来，做一个新的作品。

但是因为档案文件过多，找齐全部真的很不容易，我们的东西并不是集中放在一个地方的，它们被归档于不同的文件，存放在不同的地方。好在有一个很棒的小伙子帮了我们大忙。他是一个狂热粉丝，以至于记住了和飞艇相关的东西都分别被归类放在何处，于是我们一点点地找回了很多东西。

我们找到了多声轨的专辑、1979 年内布沃斯的演出和 1975 年公爵宫的演出，还有我们在麦迪逊广场花园演出时从《歌声依旧》里截掉的片段。这就差不多了。

回想起来，当时飞艇红透半边天，只有这些影像资料是让人觉得难以置信。但是，我之前也说了，我们对我们的音乐和乐队的表现很挑剔，这也是为了让我们的音乐能以一种适当的方式被展现出来。

关于 1970 年皇家阿尔伯特厅的演出你还记得什么?

那是个很有名望的地方。我还记得当时我们几个竭尽全力让那地方沸腾。

你对于那次演出似乎持一种反省心态。这和你在 1973 年的表演者风范可不太一样啊。

阿尔伯特厅的演出对我们而言是一场很大的演出，而且我们真的很想展现出我们最好的一面。那是个魔幻的场馆，建造于维多利亚时代，你走进去时就能感受到在你之前的音乐历史。再加上，这也算是约翰·保罗·琼斯和我的衣锦还乡之旅——因为我们都是在那儿附近长大的——所以我们真的花了很多时间和精力。我同意你刚才说的——你能看出我们的专注。

大部分乐队都不喜欢在演出时弹奏他们最火爆的歌曲，因为他们已经弹得厌倦了。但是飞艇很聪明，总是以他们最著名的歌曲——比如《爱满载》——作为即兴段落的起点，这样一来你们不仅满足了观众，也不会让自己无聊。

《爱满载》是唯一一首在 DVD 里重复出现的歌——阿尔伯特厅演出里有，1973 年又出现了。我们不得不弹，因为这是标志性的一首歌。它在英国更有辨识度，因为我们曾经在“流行之巅”里演奏过。在阿尔伯特厅的片段中你可以听到我们以前是怎么演奏它的，而1973年的版本出现后，你会发现我们加入了新的元素。

《爱满载》不是唯一发生变化的。1973年你们的外表也开始变了。你在1970年时看着比较邋遢。

邋遢？你应该看看我在新兵时候的造型，我已经很讲究了。嗯……我想那时候可能我也买不起什么好衣服就是了！我承认我在阿尔伯特厅演出中穿得不够典雅！我承认还不行吗！

那可真是一件了不得的毛背心……

其实那衣服我还留着呢。我应该把它送给摇滚名人堂，这样他们可以把它穿在那些奇形怪状的塑料模特身上。

我不是故意要说这些，只不过……

为什么不说？我对此欣然接受！

1970年开始齐柏林飞艇不再用暖场乐队，开始了独自演出的传统。

是的，在1968年和1969年巡演时，我们只用第一张专辑里的歌演出，所以一切都挺好的。但是之后我们有了第二张专辑，歌单也就越来越长。

要知道，我们不用电台来推广自己的专辑，所以每次我们出了新专辑，都要在歌单里加几首新歌。有了《齐柏林飞艇Ⅲ》之后我们又有了新的作品，而我们又在不断改进老作品，我们不想去掉任何一样东西。于是我们原本2个半小时的演出延长到了3个小时，甚至4个小时。

你后悔过开了这个先例吗？

只有我不舒服的时候会。我是说，一般来说我们的演出都保持着很好的步调。我们都有个人的单独展示时间，而其他人刚好能休息一下。我有《白色夏日》中的独奏，约翰有他的键盘展示，而邦汉姆有他的鼓独奏。

第二张 DVD 的开场是 1972 年巡演画面的蒙太奇，而正片则是从 1973 年《歌声依旧》电影里剪掉的画面开始的。为什么你要加上 1972 年的片段呢？

因为从阿尔伯特厅到那部电影中间隔了很久，而在这期间我们录了两张专辑——《齐柏林飞艇Ⅲ》和《齐柏林飞艇Ⅳ》。我想表明那一时期是多么重要，所以就加入了 1972 年《移民之歌》的演出片段。

即便是看未剪辑的 1972 年的演出视频，你也能看出比起阿尔伯特厅时期，我们在舞台上越来越如鱼得水。这很有意思。

1972 年在洛杉矶的两场演出（收录于 3CD 装的《西方如何溃败》（How the West was Won））在盗录者圈内流传了好几年。你觉得那些演出为什么那么精彩呢？

这个嘛，我们好像总是在美国演出得更精彩。我们很自大，我们想炫耀，那种感觉棒极了。我们不在乎我们的家人、朋友是不是就坐在底下盯着我们。

24 号在洛杉矶论坛体育馆的演出差不多有 4 小时长，27 号在长岛的演出差不多有 3 小时长。我想长岛的演出之所以比较短是因为我们想有多一点的时间去洛杉矶的酒吧厮混。我不是开玩笑——真的是这个原因！

齐柏林飞艇在那段时间可以说是洛杉矶之王。你们的事迹可以

说充满传奇色彩。

是啊，不过我觉得我们在日本玩得更出格。我们在那儿做了好些事情，说出来估计你都不信。比如，有一个晚上，我们之中有一个人把大家的衣服都扔到了窗外，然后他在屋顶上裸奔了一圈。之后有一个公用电话从街上消失了，结果最后在我们门前找着了，里面还都是钱。而我们宾馆房间里的手绘屏风则被我们用武士刀刺穿了。虽说我只给你举了仨例子，但这可都是在 48 小时内发生的。

一夜夜过去，我们都是这么干的，我们还差点被人控告犯了谋杀罪。回想起来，日本的主办方估计都被我们吓怕了，但是他们还是很有礼貌，一直在给我们鞠躬。

你们怎么会有那么多精力呢？

我觉得是因为我们在舞台上释放的肾上腺素用不完，于是在舞台下我们也进入了 mondo bizarro[1] 状态。你知道么，我们会在一个酒店大堂里骑摩托车，不过有趣的是最多只能撑 15 分钟，再后来脑子就乱得不知道在做什么啦。

那段时间毒品对你而言重要吗？

其他几个人不好说，但是对我而言，毒品算是最重要的东西之一，从一开始就是，直到最后。而且那时候我们会嗑药嗑到以为自己是隐形的。我告诉你一件很疯狂的事情。我记得有一天晚上，我从自己位于纽约某幢楼 9 层的房间窗户里爬出来，坐在空调的室外机上，俯瞰着这座城市。我只是一个人待着，然后突然觉得这样做会很有趣。这真是一个很鲁莽的举动。虽说我运气好，现在还能在这儿对当年这件事一笑而过，但这真是一件很不负责任的事情。我很可能会死

---

1 语出朋克乐队雷蒙斯（Ramones）的专辑，意为“异世界超人”。

掉，离开爱我的人们。我已经看过太多这样的悲剧了。

但是当你的演奏到了出神入化的境地时，你的精神世界也在不经意间改变了。有时候你会经历一些你自己都不相信的事情——真的，压根儿不相信。这就是为什么我们开始录下一切，因为这样很有趣。也许哪天就能影响你。我们打从一开始就不是什么守规矩的人。(笑)

能聊聊那段时间你特别感兴趣的神秘学吗?

不幸的是我的神秘主义知识以及东西方传统魔法和密教的知识都源自克劳利。没错，我对他的技术和想法都很着迷。不过我看东西很全面。

记住，几乎60年代每支举足轻重的英国乐队里都至少有一个成员是上过艺术类大学的，这对于乐队平衡来说很重要。当时，你对比较宗教学和魔法感兴趣并不奇怪。就这么简单。我对这些东西的兴趣大于其他一切。

克劳利，总的来说，是被误解的一个人。他的主张是自我解放。他鼓励人们去思考他们这辈子到底想要什么，并且鼓励他们去做自己想做的事。而且，他主张性别平等，这在爱德华时代是很惊人的言论，但他知道妇女获得应有的权利是迟早的事。我并不完全同意他所说所写的一切，不过我能从中找到不少中肯的内容。

不过，人们把你和克劳利联系起来其实也不奇怪。大家都知道你收藏了很多克劳利的手迹。

是啊，而且我把它们作为我的音乐缪斯。我很清楚我的那些想法都源自哪里。例如，《歌声依旧》里，在我的奇幻场景中，我说了自己是怎么用塔罗牌来作为人生的参考并且做一个寻求真相的人的。

你的摇滚生活方式倒是使你有机会追求克劳利的准则“做你想做

的”，并且以一种普通人完全无法想象的方式。

但是我觉得，我所做的只是在实行我的生活方式。我不是在说教，我觉得没那个必要。我的生活方式就是我的生活方式。我觉得没必要用它来转变谁的想法；那就是我个人的生活。最终，你得到的不是赞美就是批评。

你的生活方式给你造成过麻烦吗？

在 1973 年我们到纽约拍摄电影《歌声依旧》时，我整整五天没睡觉！每件事情都如此让人兴奋——你怎么能把时间浪费在睡觉上呢？你可能会错过精彩的事情。再说当时巡演已经接近尾声了，这些演出过后我们就要回家休息了，所以我可不愿意浪费时间！

我现在是想都不敢想了，但是当时我们的日子就是那么过的。事实上，那天以及后来的巡演中，我们都跟打了鸡血似的，我们睡得越来越少，最终不得不用酒精和安眠药来让自己安静下来睡一觉。

但是当我不再巡演时，就不会这样了。我会好好地享受休息的时光。再过一段时间，我就又充满了电，为下一次巡演做准备了！（笑）我都快精神分裂了。我真的很享受我稳定的家庭生活。

那你在家时都干什么呢？

我会保持休息和工作的平衡，为下一张专辑的作曲和创意做准备。比如，《十年已逝》（*Ten Years Gone*）的所有吉他部分都是以小样形式在家里完成的。这让我保持清醒。这就是介于巡演和在家休息之间的平衡点。但是，我的整个人生就是齐柏林飞艇，所以一切都和它有关——无论是不是在巡演路上。

从 1973 年的巡演开始，你们有了自己的私人飞机——星际飞船。它很好用吗？还是说它只是为了保证无论何时何地派对都能进行下

去，避免你们停下来休息呢？

不，它真的很棒。那是一个你可以带着自己的书、音乐，在从一个城市到另一个城市的旅程中创造某种连贯性的地方。然而，（前任巡演经理）理查德·科尔（Richard Cole）说，有一次他碰见了以前在星际飞船上工作的一个女服务员，她告诉他："你知道吗？以前我从你们这帮人身上多赚了不少钱。"于是科尔问她是怎么赚的。她解释说："这个嘛，当他们想吸食海洛因的时候，他们总是会把一百元的纸钞卷起来当作吸管。而当他们神志不清甚至晕过去时，他们会完全忘记那张钱。所以我们就到处收集那些散落的纸币。"那也许是真事，不过我告诉你：她们绝对没拿到过我的钱！（笑）

那时候人们听齐柏林飞艇的音乐时，我觉得他们可能根本没意识到乐队带来了多少新的事物，不仅是音乐上的，还有社会性的。当时人们还很难接受长发，更不用说性爱、毒品和吵闹的音乐了。你们曾经为此烦恼过吗？

乐队组建初期确实存在类似的问题。我们的经理彼得·格兰特曾经告诉过我们这样一个故事，那是1965年我们和动物乐队一起在美国巡演的时候，当时给我们开大巴的司机是一个黑人，而他和我们一起在酒店的泳池里游了泳。就因为他是黑人，后来酒店经理把那个泳池的水抽干并且整个清洗了。那不是多早之前的事情，就发生在60年代。

还有，我一直都梦想去孟菲斯演出。我从小到大都受到孟菲斯和纳什维尔音乐的影响。然而在那儿演出的经历却让人沮丧。我们到了孟菲斯，然后拿到了那个城市的钥匙。这还挺有趣的，那所谓钥匙就是小小的塑料钥匙，而不是现在那种名誉上的钥匙。我们之所以拿到这钥匙，是因为孟菲斯的市长看到"这帮叫齐柏林飞艇的家伙"的演唱会的票一下就卖完了，感到很惊奇。他觉得，无论这帮"家伙"是什么人，他们肯定很重要，所以他应该送我们这个城市的钥匙。

我们下午拿到了钥匙，但我估计他们不喜欢我们的打扮。之后没多久，就有人警告我们说，等演出结束了就立马滚出这座城市。我真的很气愤，因为我还有很多地方想去看看，比如太阳录音室，猫王曾经在那里录歌，还有其他的地方。他们不喜欢长发啊，兄弟。他们可真是一群保守的乡巴佬。

在孟菲斯演出的时候，有些小孩站在椅子上想看我们，但是每次他们都被家长打下去。因为我们是地下文化的代表人物——长发的嬉皮士——不能让孩子们看见。

之后的那一晚我们在纳什维尔演出。我们当时在更衣室里，为返场演出做准备。这时候进来一个没扣夹克扣子的人，他说："如果你们敢出去，我就打爆你们的头。"他是认真的。他们是真的很生气。所以，你又能怎么办呢？你总不能和那些想教训你的警察势力对着干吧？所以我们只能离开了，在那之后很久我们都没有到南部演出过。

我不会再说别的故事了，但其实还有很多类似的。真的让人沮丧，毕竟我年轻的时候花了那么多时间和精力来研究发源于这个地区的音乐。

现在想想，猫王得有多勇敢才能在这样一个保守的地区站出来挑战社会和性别的障碍啊。

是啊，想想看！猫王是 1954 年出道的——差不多是我们去那儿 10 年之前。他能走出来真是个奇迹！一定是有神明在帮助他。真的。他是一切的始祖。是他把布鲁斯和黑人音乐带入了白人文化圈。

你见过猫王，你还记得那次会面吗？

当时我们受到邀请去看他的演出，并且被邀请参加之后的派对。我们去了他的套房，他的女朋友金吉尔还有其他人也在那边。告诉你，我们真的很紧张。当他走进来时，他做了一个招牌性的抽搐动作。你知道吗，他不是演的——他就这样！你可能会觉得那很好玩，但是对我们来说那真的很酷。虽然一开始有点尴尬，因为他的音乐对我们来说真的太伟大了。不过之后有人说："你还记得你在电影《深爱着你》（*Loving You*）里开的那辆改装汽车吗？"然后就一发不可收拾了——每个人都开始加入这次谈话，放松下来，尽情娱乐。他真的很让人难以置信——非常棒的一个人。

虽说有时候你也会把一首歌延长到20分钟以上，但你们的弹奏方式和死者（Dead）、奶油这些乐队不同。那不只是增加一些独奏——你们漫长的即兴演奏像是互相关联的片段。

其实更像是"未关联的"片段。《意乱情迷》是最明显的一个例子。这首歌里有好几个不同的触发点，我们会用这些信号来提示进入下一个部分。如果我们提出一个暗示，你就知道你必须要变换演奏内容了。不过在信号和信号之间会发生什么，没人知道。

所以也就是有些灰色地带……

这个嘛，我不会称它们为"灰色"。当然它们也不是黑白的。我觉得我们所做的一切是充满色彩的！我们想以音乐人的身份来表达自己，但也不想让人们觉得枯燥。我们想让他们觉得激动得坐不住。

你曾经迷失过自己吗？

在未知的领域里翱翔时，迷失是不可避免的吧，你不可能永远都走对路。所以也许会有一些尴尬的瞬间，但如果你能够及时纠正，反而可以把它变得有趣。那些无意中完成的东西更有灵性。那才是焦点。我是说，这很让人惊讶，这是我们之间的超感觉力。当然了，我们会有暗号提示，但是很多时候我们不过是自然而然地进入了即兴状态。那真是一种享受。

作为一个音乐人，你自然是一个被憧憬的对象。不过同时你也是一个表演家。你把吉他挂得很低，你造就了这种风格，它一直延续到了今天。这么一来，似乎一个摇滚乐手挂 Les Paul 的正确方式就是挂在自己的胯那儿。你这么做是为了形象呢，还是觉得挂得低一些弹起来比较舒服？

你得明白，当我在齐柏林飞艇时，我是全身心投入其中的。这变成了我的一种生活方式，其中也包括把吉他挂得低一些，就像枪手一样。那个时候的摇滚音乐人就像电影里的亡命之徒一样，他们的手枪皮套也挂得越来越低。

你那多样的演出服装也成了一种罕见的标志。是谁设计的呢？比如 1975 年巡演时那件黑色的上面有龙的衣服？

是洛杉矶一位叫作可可的女设计师设计的。我画了基础的草图，把我想要的画了上去。例如，我请她在我的裤子上加上占星符号——摩羯座、上升天蝎和巨蟹座。

我还有那件衣服，而且看起来还和新的一样，就像刚做出来似的。虽然我巡演时经常穿，但它现在的状态依然很好。我的大部分衣服都破破烂烂了，但是那件龙袍看起来依然光鲜。

我对于在台上要穿什么衣服很谨慎。可可给我设计了那件衣服之后，我请她设计了那件白底上有罂粟花的衣服。我会一晚上穿黑色龙袍，隔天晚上再穿有罂粟花那件。这成了我的一种惯例。

你在看 DVD 里的那些演出视频时，有没有记起什么宝贵的回忆呢？

以前我也会看我们演出的视频，但我一般都快进着看。但为了

DVD，我花了很多时间看了每一场演出，确实给我带来了很多回忆，所以这也算一件愉快的工作。特别是在公爵宫的演出，那是我们的回家之旅。当时我刚刚离婚，而且那是 1975 年巡演的最后一站。我记得我决定之后去旅游，因为回家也没什么意思。就在那之后不久，罗伯特出了车祸，此后一切都不一样了。（普朗特和家人在 1975 年 8 月 4 日，于希腊罗德岛经历了一起严重的车祸。）

在阿尔伯特厅和公爵宫演出之间，你们其实有足够的材料能发行两张 DVD，为什么最后你们决定把这些内容一次性发行呢？

其实一开始只是想发行阿尔伯特厅演出的内容。但是我觉得这种行为对我而言毫无意义。我知道我们以前也有一些视频，所以我想，我们为什么不都拿出来打个包发行呢？而且从技术上来说，时机也很不错，因为刚刚才有了新鲜的数字媒体设备和 5.1 立体声。

我想就管理层来说，他们希望我们每场演出都出 DVD。但是如果这样的话，公爵宫那一场就会显得沉闷，因为那里头只有特写镜头。

为什么会这样呢？

我们在公爵宫的时候，是第一次在演唱会上用了后方投影设备。这东西现在一点也不稀奇，但在当时是革命性的。我们把特写镜头投影到舞台后面的大屏幕上，这样坐在后排的观众也能看见我们。结果那些镜头也是仅有的被录制下来的演出镜头，因为那是为了把特写投射到大屏幕上，所以录像里也只有特写。

这么一想，这些似乎只能作为演出的一个记录。所以我们的 DVD 就像是一本日记。它从我们拒绝上电视开始，到内布沃斯演出结束。

我喜欢内布沃斯的一点在于，它让一切都周而复始。我喜欢飞艇是因为我们总在演变。即便是我们最老的歌，每场演出的演绎也都是不同的。你曾经说我们把《爱满载》作为激发即兴的旋钮，其实，当我们在内布沃斯演出时，我又想出了一段全新的内容，我只是想告诉大家我们依然在思考要给他们展现什么东西。

乐队的影像资料不多，但是听说那几年演出时飞艇用专业设备录了不少现场音乐。1972年洛杉矶的演出很棒，歌迷们有没有可能在某一天等来演出录音呢？

你说的对，我们的很多演出都有录音，但是当时的很多带子都被偷走了。80年代早期，我不在家时，它们从我家里“消失”了。所有的东西，包括我们排练时的录音，都被偷走了，然后以盗录带的形式出现在了市面上，真是恶心。

我差不多是在录制我的个人专辑《先驱者》（*Outrider*，1988年）时发现这些东西被盗了。当时我到处找那些小样，还奇怪怎么都没了。当时我家里一团乱，我想也许有一天它们会出现的。它们的确出现了——以盗录带的形式！有人假装是我的朋友，然后把那些东西都偷走了。

8

这就是我的生活——神秘学与音乐的融合

摇滚电影界的《公民凯恩》——《歌声依旧》的制作内幕全揭露，包括佩奇在其中加入的神秘场景的含义。

举世瞩目的1973年世界巡演于7月结束，齐柏林飞艇又重归沉默。距离他们的下一场演出还有18个月，但是在这长长的休假期里，佩奇活跃于各个方面。

他很需要与妻子夏洛特及三岁的女儿斯嘉丽度过些许亲密的时光，但当不和她们在一起时，他就废寝忘食地在自家的录音室里工作，为下一张唱片制作小样。他亦允许自己发展对神秘学的兴趣，创办了一家专售此类书籍的小小书店。彼时，佩奇说："走遍伦敦都找不出哪怕一个地方有像样的神秘学书籍收藏，而我早就对找不到书一事烦透了。"1973年秋季，他在贺兰大街4号开设了春分书店（Equinox），选址距肯辛顿街不远。

为了给他的新企业助威，佩奇征询了他的朋友埃里克·希尔（Eric Hill）的意见——希尔供职于纽约著名的大型古书店韦瑟（Weiser Antiquarian Books），该店以数量庞大的古董神秘学书籍闻

佩奇在麦迪逊广场花园，1973 年（© 尼尔·普勒斯顿）

名于世。吉米也曾是韦瑟的常客，二人由于彼此对书籍、艺术与巫术的兴趣而发展出了深厚的情谊。两人都认为当时的许多神秘学书店，按希尔的话说，“要么既低端又低俗，要么既平凡又平庸”。

“我们认为这家新店在美学上应当精致一些，”希尔在 2008 年的一本《贝乎泰特》（*Behutet*）中说，这是一份神秘学文化的季刊，“当时我们的梦想是很美妙的。”

虽然它只是一个梦，但佩奇决心将之打造为现实。在勘察了不少地方之后，他相中了一个朴素的店面，附近有两个美丽的公园，正好位于以古董商闻名的波多贝罗街。为了打造他所期望的精致优雅氛围，佩奇在店面装修与家具配置上不遗余力地投资。

“吉米雇佣了第一等的建筑师来设计装潢。”希尔回忆说，“书店由许多玻璃分隔开，玻璃上刻着埃及神，如透特[1]（Thoth）、何露斯[2]（Horus）等。全部架子与装饰物都带有黑色的新埃及装饰艺术风格[3]，还有温和的灯光遍及各处。墙上挂着克劳利与奥斯汀·奥斯曼·斯皮尔（Austin Osman Spare）的画作。”

店铺的名字亦经过了深思熟虑。历史上，春分与秋分都用于庆祝精神的平衡与和谐——因为在这两天日夜等长。更切题的是，《春分》同时是由克劳利编辑的传奇丛书的名字，它是公认的神秘学名作。

在克劳利的定义里，巫术是“有意识地改变规程的科学与艺术”。克劳利认为，人若想真正理解自我、依据自己的真实意志行动，迎接宏大的宿命，就要借助巫术。这一目标可以经由乞灵、招魂、星空旅行、瑜伽、性巫术、占卜等各类仪式实现。

1975年，在现已停刊的《龙虾王》杂志的一则有佩奇参加的访谈中，威廉·伯勒斯（William Burroughs），即那位凭借痛感十足的小说《裸体午餐》而声名大噪的先锋作家，给巫术下了一个更简洁的定义：“巫术的根本，正是认为‘意志’是推动宇宙的基本力量——也就是说，如果没有什么人或者什么存在让它发生的话，也便不会发

---

1 透特，月亮、智慧、正义和写作之神，各门科学的保护神及太阳神的信使。

2 何露斯，被认为是保护君主的神，多用一个鹰头人来表示。

3 即 art deco，一种兴起于19世纪末的艺术风格，结合了工业文化的机械美学与资本主义扩张所引入的异域风格。

生了。于我而言，这是不言而喻的。除非有人去推，否则椅子不会动。你的肉体也是一样，它也是由物质组成的，你之所以动，是因为你想动。‘穿过房间’本身即是施魔法。从巫术的角度来思考，世上并无偶然的死亡、病痛、不幸、事故、暴乱。巫术的世界里没有偶然。‘意志’是‘生命力’的另一种表述。”

佩奇的书店对各类专业书籍兼容并蓄，收藏领域涉及东方哲学、卡巴拉、塔罗牌、炼金术以及玫瑰十字会。该店营业期间——书店于1978年关闭——亦发行了两种新版神秘学经典：得到很高评价的《占星术：宇宙科学》（*Astrology: A Cosmic Science*），作者是精神占星术学的开拓者伊莎贝尔·西奇（Isabel Hickey），以及由阿雷斯特·克劳利和S. L. 迈克格雷格·马瑟斯（S. L. MacGregor Mathers）翻译的《所罗门王盖提亚之书》（*The Book of Goetia of Solomon the King*）。

占星书早就被出滥了，但《所罗门王盖提亚之书》则十分激进。“盖提亚”一词起源于希腊语的“巫术”，也可以引申为召唤天使、驱逐恶魔。“亚斯盖提亚”（Ars Goetia）是出版于17世纪的巫术书籍《所罗门王的小钥匙》（*The Lesser Key of King Solomon*）第一节的标题；它描述了《圣经》中的所罗门王所召唤出的72种恶魔，他们被锁进了一个有魔法符号的青铜器中。1904年，马瑟斯和克劳利修订了“亚斯盖提亚”，将之改名为《所罗门王盖提亚之书》，以克劳利有关巫术仪式的思想作为这部分文本的补充。

除了介绍诸多力量强大且具有潜在危害的恶灵，这本书亦对召唤及驱逐这些恶灵提供了详尽的指导。从某种意义上说，《所罗门王盖提亚之书》是一本既危险又有分量的小书。佩奇显然对此很清楚。毫无疑问，这个重要却充满争议的奥秘，触动了他不安分的天性以及些许幽默感。但是在70年代，再版这部黑魔法之书显然不能赢利，它在主流大众中间毫无影响力，只能吸引到研究这类事物的小圈子里的学者、跟风狂。（如今它可以在网上下载到，不要钱。）

休假期间，佩奇亦同意为地下电影导演兼著名神秘学家肯尼斯·安格尔（Kenneth Anger）的影片《路西法诞生》（*Lucifer Rising*）撰写配乐。早在1972年佩奇与安格尔相识之前，这位美国出生的电影导演就已被誉为电影史上最具影响力的独立电影制作者。他的一系列具有开创性的影片，如1954年的《极乐大厦揭幕》（*Inauguration of the Pleasure Dome*）以及1964年的《天蝎星升起》（*Scorpio Rising*），令他跻身当时正崭露头角的摇滚乐亚文化偶像之列。与佩奇一样，安格尔也是克劳利的崇拜者，同时信奉着克劳利所开创的宗教泰勒玛教（Thelema），所以他的作品常常充满了意蕴非常的神秘学符号。

当安格尔到英格兰为他未来的作品筹集资金时，他与佩奇走到一起并不令人奇怪。佩奇曾在肯特郡的某个电影社团看过安格尔的几部短片，包括受到泰勒玛教影响的《召唤我的恶魔兄弟》（*Invocation of My Demon Brother*），且曾在《生活》（*Life*）杂志上读到过一篇他很喜欢的文章，讲的是安格尔到访西西里的某座大房子，那里曾在1920年被克劳利用作修道院。

“墨索里尼把克劳利从西西里赶走了，派人涂白了修道院的墙——墙面本来是克劳利精心装饰、用来实现他的伟大计划的。”2005年，佩奇告诉记者彼得·马考斯基（Peter Makowski），“当安格尔到访修道院时，那里属于两位教友：一个是法西斯，另一个是共产党，他们在房间中央竖起了一堵墙。墙仍然是全白的，轮回在继续，因为两位教友憎恨对方。安格尔想办法进入了修道院，刮掉了墙上的涂料，露出了下面的壁画。”

“我能感觉到安格尔对克劳利十分狂热。因此，这一特质，以及他的作品，令他成了一个我愿意结交的人。最终，他来到了我位于苏塞克斯的家，而我到访了他在伦敦的公寓。”

在最初几次交流中，导演描述了后来成为《路西法诞生》的电影的原初构想，并询问佩奇是否愿意为之创作一条原声音轨。该片充满了暗喻和符号，根植于泰勒玛教的精神，描述了人类进入了一个名为“永恒时间”的新阶段。它有点类似于“新次元”，崇尚“个性”与“真实意志”，这个概念源自克劳利的《法之书》（*The Book of Law*）。影片主角路西法常常被误解，其实他并不邪恶，而是一个光明的使者——一个协力引入了新次元的魔法之子。

对佩奇来说，与一位受人尊敬的艺术家合作正合他的心意，这个计划几近无法抵挡。他同意了，并立即开始了创作——他至今认为，这部原声是摇滚史上最大的遗珠之憾。在他的家庭录音室中，佩奇开始创作一部催眠、迷幻的长篇，与他以往的作品没有丝毫相似之处。

“我采用了许多种乐器和效果器，”他解释道，“我有一把塔姆布拉琴，这是一种能发出低沉的嗡嗡声的印度乐器。它是我早年在印度旅行时买回来的，大约有五英尺半高，确凿是头声音雄浑、洪亮的野兽，是我想用在唱片中的第一样东西。然后我安排了一段佛教吟唱——它令一切都不一样了。我试了试塔布拉鼓，玩得不太好，但我得补充下，效果还是不错的。还有一种乐器我始终避免使用，那就是吉他。只是在结尾处有一小部分吉他，只是为了调调口味。”

佩奇不仅揽下了原声配乐的制作，还允许安格尔用他的彼时最先进的剪辑系统，这套设备安装在他伦敦住宅的地下室里。佩奇甚至在电影中跑了个小龙套，在该场景中他手握“揭示之碑”（Stele of Revealing）的手抄本——这一埃及石碑被认为是克劳利宗教理念的核心元素。

不幸的是，在佩奇已经做完了30分钟的原声后，他与安格尔之间爆发了一场大战。双方对他们关系的破裂各执一词。安格尔指责佩奇制作原声时拖延症严重。然而，佩奇却向记者克里斯托弗·诺尔斯（Christopher Knowles）提供了一份详尽得多的记述。

“肯尼斯把我家的地下室变成了剪辑基地，有一天，看房人发现他带了陌生人来此观光，于是和他吵了一架。肯尼斯对他不能带人来玩儿一事气愤填膺，随后，我就收到了直指我的伙伴与我自己的恐吓信。”

这一事件的悲剧性结果便是，佩奇充满想象力且真的会给听者以“阴魂不散”之印象的音轨，被雪藏了将近40年。2012年，当他终于通过个人网站jimmypage.com推出限量版《路西法诞生》原声大碟时，这部作品正如人们所想的那样极其符合作曲家的描述——“异国情调”。仿佛自焚香中冒出的烟，富于质感的音乐缓缓升腾，由古代和现代乐器演奏出的声调接连铺陈开来：印度拉加[1]、藏传佛教吟唱，还有电子音效交织其间，它们渐渐淹没了感官。与克劳利的大部分写作类似的是，这部原声也既扎根古代又放眼未来，制造出了让人目眩神迷的效果。从很多方面来看，如果想了解佩奇的美学，《路西法诞生》与任何一张齐柏林专辑的重要性是完全相同的。在这位吉他大师的职业生涯中，再没有任何一个时期像这样任由他的想象力自由驰骋。

即使有这多种多样的副业，齐柏林从未自佩奇的心头远去。1974年早期，佩奇重新召回了约翰·保罗·琼斯、罗伯特·普朗特和约翰·邦汉姆，开始在海德利庄园录制即将成为其代表作的双张专辑，它汪洋恣肆、不拘一格，名为《肉体涂鸦》。

在《肉体涂鸦》之前，制作人佩奇就已经在海德利庄园这个乐队的非正式录音棚与家，使用过滚石乐队的移动录音室。不幸的是，彼时滚石自己正在用这套设备，所以佩奇决定借罗尼·雷恩（Ronnie Lane）的移动录音室。雷恩是英国乐队“脸孔”（The Faces）的贝斯手，他在年轻的美国工程师罗恩·奈维逊（Ron Nevision）的帮助下建造了这个录音室。尽管奈维逊只是一个年轻人，佩奇还是选择了他

1　印度音乐的旋律类型。

来参加专辑制作，理由有二：一是他刚刚掌舵了谁人乐队复杂的概念专辑《四重人格》（*Quadrophenia*），另一个更充分的理由则是——“谁会比建造录音室的人更懂该如何使用它?”

“乐队精心准备、认真排练，”奈维逊回忆道，“所以录音时并没有太多重复，大概只有六到八次，其中多数是为了确保节拍完全符合设想、鼓点完全准确。我们会在下午 1 点开始，凌晨 1 点左右结束。”

“起初我在海德利庄园和乐队住在一起，但随后我意识到我最好还是别待在那儿。有时事情会变得有点失控。比如，他们会在早上 4 点把我叫起来录音。我琢磨着，为我们双方着想，如果我不在那儿，他们就没有可能这么搞了。最后，他们同意了我的要求，因为他们明白他们有点过分了。”

虽然在海德利公园期间完成了不少工作，但是他们的第六张专辑距离收工仍然遥遥无期。与《齐柏林飞艇Ⅳ》一样，佩奇最终决定去一个设施更为完善的地方录制主唱与吉他。但是在这项计划开始实施之前，有个更重要的任务亟待完成——那就是开设一家新的唱片公司以及完成一部有关乐队的纪录片，后者已然筹备了好几个月。

1974 年 1 月，齐柏林飞艇与大西洋唱片的五年合同到期了，经理人彼得·格兰特与厂牌商谈续约事宜，涨了一笔颇为丰厚的价钱。合约里同时包括了未来所有的齐柏林唱片将会由他们自己的子厂牌出版。春天，格兰特和乐队正式宣布了天鹅之歌唱片（Swan Song Records）的成立，旗下签约艺人包括齐柏林飞艇、乐坛老炮漂亮东西、声音洪亮的苏格兰布鲁斯歌手麦吉·贝尔（Maggie Bell），以及一支新的超级组合猪队友（Bad Company），由自由乐队（Free）的保罗·罗杰斯（Paul Rodgers）担任主唱，Mott the Hoople 的米克·拉尔菲斯（Mick Ralphs）担任吉他手。

佩奇很想为他欣赏的艺术家创造一个安全港湾，但他亦表示了自己更愿意将厂牌的经营事宜交给格兰特。对一个日程表已经排得满满当当的人来说，这是一个甚为明智的决定。

1974 年 5 月，天鹅之歌正式在美国纽约落地，随后又在洛杉矶开设了分社。据坊间传说，两场开业典礼都极尽糜烂之能事，挤满了娱乐圈的名流、天鹅形状的点心、酒精以及余兴活动用的毒品。

天鹅之歌的成立极为顺利，基本没有遇到什么麻烦，但是乐队的纪录片《歌声依旧》就没有这么好的运气了。影片的最初构想非常直接——邀请导演乔·马索特（Joe Massot）和他的团队，来为乐队 1973 年巡演中在纽约麦迪逊广场花园的三场演出拍摄一部现场纪录长片。

“彼时我们对在电影里展现乐队很感兴趣，”佩奇说，“我们已经录制了 1970 年在皇家阿尔伯特厅的演出，但到了 1973 年，我们的事业相较阿尔伯特厅时代在各方面都向前迈进了一大步。我们的造型、衣着都不一样了，音乐的互动性也大大提高。”

“我们亦感到自己可以选择更职业的拍摄团队，动用多个机位以及更高级的设备。在麦迪逊广场花园演出之前，摄制团队便提前两天来准备摄影角度、估算他们大概需要多少胶片来拍摄整部电影。不幸的是，在他们摄影完毕后，我们看了看工作样片，发现他们很多地方都没拍到！摄制团队连一些很基本的元素都没照顾到，比如一首歌中只录下了几句！我们估摸着他们大概嗑嗨了——很容易得出这个结论。当时每个人都嗑嗨了，但我们至少忠于职守。”

这次乐队提出了一个解决方法，那就是为每位成员拍摄一些“奇幻场景”，以填补影片中的大段空白。罗伯特·普朗特的角色是一个神话中的嬉皮士，在《雨之歌》中拯救了一位悲痛欲绝的淑女；约翰·保罗·琼斯成了一名蒙面大盗，他的突破性表演将会被剪入《旦夕之间》；为了填补《大白鲸》的空缺，约翰·邦汉姆则扮演了一位喜爱快车的居家型农场主。

但是在所有这些场景中，佩奇的角色毫无疑问最不寻常，反映出了他对塔罗牌及阿雷斯特·克劳利作品的兴趣。这部分镜头在他位于苏格兰尼斯湖的房产（曾是克劳利的旧居，于1970年被佩奇买下）拍摄，描绘了吉他大师于某个冬日月夜攀爬陡峭山峰的全过程。几十年前，克劳利本人常常顶风冒雪长途跋涉。吉米一到达顶峰，便偶遇了一位老隐者。当这位隐者的脸露出来时，这张脸渐渐地变得年轻，直至变成了佩奇的脸，然后进一步倒退，展现了这个人人生的各个阶段，直至倒退回婴儿时代。

导演马索特努力把这些片段剪辑到一起，但粗剪版本还是遭到了乐队的拒绝。马索特惨遭开除，接替者为澳大利亚电影制作人彼得·克里夫顿（Peter Clifton），他说服了齐柏林在英国的谢泊顿（Shepperton）录影棚中重新摄制整部麦迪逊广场花园演出以填补原始素材的巨大漏洞——因为那个版本确实难以表现乐队自由奔放、随性自然的表演风格，而他们分明给出了令人满意的表演。

摄制于1974年夏天的谢泊顿演唱会效果良好，乐队安排克里夫顿来将诸多片段剪辑成电影。佩奇知道“有些段落会驴唇不对马嘴”，但他对此不以为意，因为“只是为了给影片增加点乐趣”。此外，乐队也是时候向前发展了——做完新专辑，并开启新一轮巡演。齐柏林飞艇的成员下一次严肃地思考该片有关事宜要到两年以后的1976年。

《肉体涂鸦》的制作延续了整整一年，佩奇与录音师凯斯·哈伍德（Keith Harwood）将在奥林匹克录音室对其修修补补。佩奇想出了专辑名称，这个名字象征着唱片所具备的巨大创造力以及几乎能化无形为有形的能量。

佩奇声称，新专辑所追求的效果是“从头至尾都闪烁着激烈的火花”。佩奇经常用“紧致又无拘无束”来形容巅峰时期的齐柏林，《肉体涂鸦》显然与之极其符合。它主打的几首歌都堪称乐队最为宏大也最为精致的作品（《十年已逝》、《克什米尔》、《在光芒中》（*In the Light*）），与之并置的则是最为狂野的（《在我弥留之际》（*In My*

Time of Dying)、《蛋奶派》(*Custard Pie*)),所以这张唱片隶属于“阴—阳”理念。

“通过专辑,你可以听出四种元素的混合造就了第五元素,”佩奇评论道,“例如,《在我弥留之际》是经过一两次基本上是即兴的排练录制而成的,我们的状态简直恰到好处。它超过 11 分钟,是齐柏林飞艇最长的歌。但当你像那样演出时,谁还会想停下来呢?”

真的,谁还会想停下来呢?在海德利庄园和奥林匹克录音室录制的八首歌远远超出了常规专辑的水准,所以乐队决定再加入几首先前录好的、从未推出的单曲来做一套双张唱片——这是一个极具力度的举动,用佩奇的话来说,“保证能把你的袜子震得掉下来”。

从很多方面来看,《肉体涂鸦》都是对乐队过往成就的总结和对未来方向的揭示。据说《肉体涂鸦》是自 1969 年乐队成立以来,首张长得足够展现乐队方方面面的专辑。

第一张与第三张专辑中非同凡响的音调与第四张专辑的史诗气魄都融合进了有若来自另一个世界的《克什米尔》;常常展现于他们演唱会中的詹姆斯·布朗(James Brown)式的雄浑大气疯克风格,在《跺脚声》中一览无遗;第二张专辑中摧枯拉朽的硬摇滚在《流浪者》(*The Rover*)和《放荡之歌》中回响不绝;更有乐队标志性的神秘主义歌曲《在光芒中》和浑厚布鲁斯《蛋奶派》令前文所述的一切都黯然失色。《肉体涂鸦》甚至有着开疆拓土的野心,但又如《和斯图一起跳布吉舞》一般轻松明快。

佩奇的吉他从头至尾闪耀光芒,再度证明了他为何是公认的摇滚史上最佳多面手。《在我弥留之际》以足以令听者激动得寒毛倒竖的滑音吉他演奏充分表达了他对三角洲布鲁斯的热爱,他所受的民谣影响亦在轻柔的器乐曲《布隆-耶-奥》中展露无遗,而《圣屋》则体现了他仍然可以创作爽快、简洁的连复段,演奏出最干脆爽快的摇滚乐。

“我将《肉体涂鸦》视作一份对乐队工作状态的记录，”佩奇说，“有些人说其中有些部分略显做作，但我认为这张专辑真的很坦诚。它更像是一张个人化的专辑，使听众可以进入我们的世界。有点像‘门在这儿，我可进来啦’。”

专辑与它的包装的名字都是佩奇起的，反映了他对唱片的看法。专辑中的音乐就像专辑名所表明的那样，是真正的“肉体涂鸦”，充满了这支乐队可感知的血、汗、快乐和痛苦。而设计理念上极富突破意义的专辑封套则正是为了向读者发出“进入”的邀请。透过窗户，可以瞥到乐队成员正在参加世界上最为古怪、颓废的宴会，一并在场的宾客还有金刚、伊丽莎白·泰勒、闪电侠和圣母玛利亚。这个封套有一点精心设计的玩笑的意味，但它也反映了在摇滚乐的快车道上乐队的生活正日益变得离奇——而且他们的生活即将变得更加快节奏和怪诞。

推出于 1975 年 2 月 24 日的《肉体涂鸦》立刻取得了商业上的巨大成功，成了首张只凭提前订单就取得白金销量的专辑。在它推出之后不久，之前所有的齐柏林飞艇专辑也同时进入了排行榜前 200 名，亦使他们成了首支同时有六张专辑位列排行榜前 200 名的乐队。

“考虑到齐柏林飞艇的风格以及我们的工作方式，做成双张专辑是非常合理的，”佩奇说，“它似乎是个挺好的主意。当时市场上还有其他乐队的双张乃至三张专辑，但我不在乎，我们的专辑比他们中的任何一张都优秀。”

为了平复坐立不安的焦躁心情，齐柏林飞艇在《肉体涂鸦》推出前两个月登上了巡演之途。距离他们上一次一起表演已经过去一年了，这一年长得仿佛永恒。某场声光俱全的大型演出将会在他们的第十轮美国巡演中起到重要作用，它的背景是齐柏林飞艇的霓虹标志，高科技的激光表演专为佩奇在《意乱情迷》中的弓拉吉他部分准备，还有七万瓦的吉他音箱确保了即便在最便宜的座位上也能感受到水晶般清澈的音质。

另外，佩奇还以几个新造型登台亮相，其中包括他标志性的龙袍——在美国巡演接近尾声的洛杉矶演出和英国公爵宫演出上，他都穿了这件衣服。

他们的歌单也更新了，以便适合为《肉体涂鸦》中的诸多重量级单曲如《跺脚声》、《又病了》（*Sick Again*）和《克什米尔》让道。当佩奇将他的 Danelectro 琴从冷宫中取出、用它表演《在我弥留之际》中的滑音时，吉他迷们将会为此欣喜若狂。但乐队并未删去保留经典曲目如《意乱情迷》、《大白鲸》和《旦夕之间》，而且他们的音乐会往往要持续三小时以上。

对齐柏林飞艇而言，1975 年初期的各种事情进行得极其顺利，现在他们希望头半年可以高调结束。乐队认为，除了在家门口举办连续 5 晚、1 800 个座位的演出，再没什么方法能更好地庆祝持续不断的成功了。地点敲定为伦敦公爵宫。

乐队美国巡演时的整个舞台都被空运到了伦敦，花费巨大。此外，一个可以让所有观众都看清乐队的巨型 Ediphor 牌电子屏，也以 10 000 英镑的超高成本立在了舞台正上方。此乃这项技术在英格兰的首次亮相。

约翰·邦汉姆后来声称 5 月中旬的伦敦系列演出是乐队在英国土地上的最佳表演，许多齐柏林行家也相信这一点。除了表演从冗长的美国巡演中精选出的歌曲，乐队亦以特殊环节回馈英国观众：一系列自 1972 年后就再也没在现场表演过的原声曲目。佩奇抹去了他的 Martin D-28 上的灰尘，以表演温文尔雅的《橘红色》（*Tangerine*）、《去加州》（*Going to California*）、《就是那条路》和《布隆-耶-奥》，每首歌都能为体育场级的音乐会增添些许令人惊喜的亲密感。

这一系列在他们的祖国进行的音乐会场场满座，使得乐队为自己的成就深感自豪，认定这大概是他们最好的演出了。不幸的是，良好感觉很快就会化作记忆，坏的光景即将来临，过往辉煌的唯一作用就是帮助齐柏林飞艇渡过困难。

当齐柏林飞艇正为8月份的美国系列演出做准备时，彼得·格兰特收到了一些坏消息。如果乐队希望留住他们前一年挣的钱，就必须离开英国以躲避该国严苛的收入税政策。尽管邦汉姆和琼斯并不情愿自己的家庭生活再受打扰，佩奇和普朗特还是拥抱了这个机会，前去旅游、探险。

前不久佩奇离婚了，所以再没什么能把他留在家里了。在接下来的几个月间这位吉他大师去了瑞士和里约热内卢，到了6月他则前往摩洛哥与罗伯特·普朗特一家会合。他们参加了在马拉喀什举办的音乐节，还到访了位于北非的沙漠。最终，佩奇独自一人去了西西里，以勘察一个切法卢附近的村子——阿雷斯特·克劳利20年代时曾在那里居住。

另一方面，普朗特去了希腊的罗德岛。悲剧就是在那里发生的。普朗特和他的妻子、他们的两个孩子，以及佩奇的女儿斯嘉丽，都被卷入了一场严重的车祸。普朗特的脚踝与肘部都受了伤，而他的妻子莫林则撞坏了头盖骨、折断了骨盆和腿。孩子们也伤得很严重。在堪称惊魂的五个小时后，五个人被抬上飞机，回到伦敦接受紧急治疗。

齐柏林飞艇的夏季巡演很快取消了，而且尚不能确定普朗特今生是否还能行走。但是在普朗特的恢复期间，乐队达成的共识是，无论情形是好是坏，最好的治疗只有一种：做音乐。9月，轮椅上的普朗特飞往加州，在马里布海滩上一座租来的别墅中与佩奇会合。

接下来的一个月间，两位音乐家就像他们在布隆-耶-奥时那样共同工作，酝酿出了日后将成为他们下一张专辑《出场》的诸多新歌。10月，邦汉姆和琼斯也被召至西海岸，乐队在好莱坞的SIR录音室排练，准备新的素材。

四周后，乐队飞往德国慕尼黑的音乐之国录音室（Musicland Studios），以录制他们的第七张专辑。佩奇常常说《出场》是他最爱的专辑之一，既是因为其中生猛的力量，也是因为它象征了战胜灾祸的凯歌。除了普朗特异常虚弱的身体状况，乐队亦面临着几乎不可能如期完成的工期。

“我们只有 18 天的时间录音，因为滚石提前把后面的日子给订了，”佩奇说，“每天我们录完自己的部分后，录音师凯斯·哈伍德便开始用我们睡觉的时间混音。然后无论谁第一个醒来，就会把别人也叫醒，接下来我们就会继续工作，直到再度睡过去为止。”

当然，佩奇可以换个地方继续工作，但他觉得紧迫的时间反而可以帮助他创作一张有趣的专辑。它是他们焦虑情绪的真实反映——史上第一次没有原声歌曲，没有键盘，没有绵绵细语。

但是有许多电吉他。

《出场》比以往的任何专辑都更多地由佩奇的电吉他引领。在乐队因思乡病而心绪不宁以及普朗特的健康状况的双重影响下，佩奇令整张专辑充满了令人难忘的吉他连复段。有些段落缓缓爬行，有些段落则直击神经，但所有的段落都是为了鼓舞这个颓丧团队的士气，每个段落都仿佛倾尽了生命。

极具震撼性的开场曲《阿基里斯最后的站立》（*Achilles Last Stand*）昭告着这支乐队的事业还远远没有完结。这首齐柏林飞艇最佳录音室单曲的有力竞争者长达 10 分钟 25 秒，以鼓手邦汉姆最有力量的表现为主要特色，还有着摧枯拉朽、风驰电掣的贝斯线，而它的吉他部分是如此宏大、有力，简直可以令人联想到以弗所的希腊废墟。更别说普朗特还在此奉献了他最好的歌词——与他的重伤与险些死亡不无关系——因此你就会明白为什么佩奇将这首歌形容为“非常非常有热情”了。

“我认为《阿基里斯最后的站立》中的独奏段落非常优秀，”佩奇说，他向来是很少挑选最佳的，“它真的很朗朗上口。当我重新听的时候，我想：我的上帝啊，这段独奏对我说了好多东西，到底发生了什么？”佩奇亦对《给一个人的茶》（*Tea for One*）中的独奏给予了肯定，这段痛苦的布鲁斯小调反映出了每位乐队成员都有强烈共鸣的漂泊在外的孤独感。

专辑中其他的著名歌曲包括《为了你的生活》（*For Your Life*），这首歌充满怨恨地控诉了当时滥用可卡因的洛杉矶，尤为令人印象深刻的是其中痛彻骨髓的连复段，用一把 1962 年产的湖蓝色 Fender Stratocaster 弹奏；以及极其重型的《都是我的错》，堪称对盲威利·约翰逊式福音歌的核弹级重塑。

不过并不是每首歌都阴沉悲观。讽刺意味浓厚的《高贵的奥尔良》（*Royal Orleans*）讲述了一个冗长无聊的滑稽故事，其中还有异装癖登场；而《糖果店摇滚》（*Candy Store Rock*）则是对佩奇与普朗特孩提时代钟爱的山地摇滚乐绝对一流的致敬。

当然，不可忽视的是，《出场》是乐队最为黑暗也最为个人化的唱片。普朗特将之称作“负面情感最强烈时的哭喊”，佩奇则承认“它不是一张容易入耳的专辑”。鉴于它荒凉突兀的整体风格、急躁尖利的吉他声响、阴沉灰暗的世界观，《出场》成了齐柏林飞艇商业上最不成功的专辑并不奇怪。然而，每过一年，佩奇对《出场》乃是乐队最佳作品的坚持便会多一分说服力。这张生猛且真实的专辑，就是这样压抑得简直带有破坏力。

《出场》于 1976 年 3 月 31 日正式推出。即使它的个性过于突出，这张专辑仍然在英美两地均登上了排行榜榜首。若照往常，乐队通常会通过巡演来推销新唱片，但由于普朗特仍处恢复期，佩奇将目光转向了一些未完成的工作，即音乐会电影《歌声依旧》及它的双张现场专辑。

尽管齐柏林飞艇不能走近每个人，这部电影却令人们有机会走近齐柏林飞艇。佩奇知道这部电影存在瑕疵，但它的优势也同样明显。

1976 年 10 月 20 日，影片在纽约首映，并于两周后登陆伦敦——两次都只收获了评论界的温吞反馈——却成了超级票房炸弹，特别是在午夜场中反响甚佳。在 1977 年到来前，这部电影共取得了一千万美元的票房收入。

对　话

根据我的理解，《歌声依旧》中口碑甚差的奇幻片段，是为了填补制作团队的失误操作所造成的大片空白。

是的。这是我们提出的解决办法。我们要求导演乔·马索特为乐队成员分别制作各自的片段。

哪段是你最喜欢的？

我真的很喜欢约翰·邦汉姆那段。它完全抓住了他的居家男人本质。既有趣，又和舞台上的咆哮形象形成了鲜明对比。在很多方面，它都展现出了我们在家中的样子。

奇幻场景的情节是怎么设定的？你们事先商量过吗？

其实没有。我知道自己想要什么，罗伯特对此也很清楚——攻城略地什么的。

当你看到剪辑到一起的片段后，是否曾为其中的某些段落惊叹？乐队成员之间会欣赏对方的片段吗？

在那些日子里，我认为，相互欣赏，只能发生在撒尿的时候。（笑）而且公平地说，我很确定大家都在背后互相说坏话！我的意思是，很难为“试图成为电影明星”和“在摇滚乐电影中增添奇幻场景”这两件事划出明确的界限。

约翰的片段尽管很有趣，但是你的片段最为震撼。

我对自己的部分很有想法。我打算在一个满月之夜攀爬我在尼斯湖的房子附近的山，并把全过程拍出来。马索特惊呆了，因为当晚堪称完美，选址也恰好是我所希望的。我们是在12月拍的它，因此地上有雪覆盖，月上有云经过。我们为拍摄这个镜头专门搭建了脚手架，万事俱备只欠爬山，但我忘了一件事，那就是我必须得多次爬上爬下。我边爬边想，我这是在干吗啊！山顶上冷极了——我对此别提多有体会了！

在你的片段中，你曾以一个老年隐士的装扮出现，那是怎么拍的？

这个变形是通过脸模塑像（一种以人脸为模子生产的面具）实现的，我现在还留着它。用它打底，他们创造出了好几种不同的脸庞，使我能拥有人生不同阶段的相貌。我不知道他们到底用了多少脸模塑像，但肯定得有一定数量。然后再把所有脸的镜头剪接到一起。

当电影上映的时候，我把我当时六岁的女儿带去了电影院。这大概不是一个好主意，因为电影太长了，而她太小了。但当演到我的变脸情节时，整个电影院都很安静，只有一个小声音哭喊道："那不是我爸爸！"（笑）

我们能稍微聊聊你的段落的象征意义吗？

对我本人而言，它的象征意味显而易见，不是吗？

你选择了扮成隐士，我觉得这很有趣。因为当时的你是个真正意义上的公众人物。

其实，当时的我也是与世隔绝的。我对隐士精神很着迷，尽管我并未隐居。哦，或许我在某种程度上也算隐居了。我的片段的意思是，有个雄心勃勃的人在追逐真理的灯塔——隐士就代表着那座灯塔，他跋涉在追寻这个东西的路途上。我的意思是，通过那个变形，启蒙可以在任何时间发生，它只取决于你究竟想在什么时间接近它。换句话说，你永远都可以看到真理，但当你看到它时你将它辨认出来了吗？在事后有没有意识到呢？

人们总是对你对神秘学的热情议论纷纷。这个话题可能有些敏感，但你并不打算掩藏你对神秘学的偏好。

我简直是靠它活着。这就是它的意义。我的生活就是音乐与巫术的混合。

你使用符号的意识非常超前。《齐柏林飞艇Ⅳ》中的魔像（即代表超自然力量的符号）以及你在那个时期的舞台服装都是很好的例子，见证了你是如何给流行文化打上自己的烙印的。如今的许多主流大公司都采用这种手段，用神秘学符号来做商标。

你是指辟邪术？是的，我知道我在做什么。这是个多说无益的话题，因为你越讨论它，就越显得你是个神经病。但事实上——至少据我所知——它确实有用，所以我才用它。但这和人们在手腕上缠一圈丝带没什么区别——就是一种辟邪行为。呃，我修订一下前面的话：二者不完全是一回事，但隶属于同一个领域。

如果你让我解释，我只能说齐柏林飞艇的四种音乐元素汇合到一起，形成了第五元素，这本身就是魔法。这是个炼金术的过程。

在你拍完奇幻场景后，你更换了导演。

是的。检查了所有素材后，我们发现还是有空白处没填上，因此我们做出的决定就是雇一个新导演——彼得·克里夫顿，并前往英国的谢泊顿摄影棚。我们复原了麦迪逊广场花园的舞台，并把原始录像里没有的部分补拍了。这是个好主意，唯一的问题就是想出如何填补我的大段即兴演奏。这几乎是不可能准确复制的。我本来打算重新录制，研究怎么一个音符接一个音符地照演唱会时的原样复刻下来，但其中即兴段落长达十分钟以上，我最后决定还是算了吧。

是什么促使你最终将这个片子推向市场？

罗伯特在希腊的罗德岛遭遇惨重车祸后，乐队的活动中止了好长一阵子。所以我们在他的恢复期间重新捡起了这个片子，让它上映了。

事到如今，你对自己拍摄了这部电影感到高兴吗？

哦，当然。事实上，我一直渴望着再拍一部电影。我们在 1977 年考虑到了这个计划。那本该被录下来的，因为它不仅有趣、视觉上好看，也出现了很多新歌，比如《克什米尔》、《阿基里斯最后的站立》以及《都是我的错》。我觉得你应该能感受到，1973 年至 1977 年间，我们的音乐和风格发生了很大变化，其幅度与 1970 年到 1973 年间的变化相当。

有个说法是你之所以选择做电影而非电视特别节目，部分原因是如果拍电影的话你就能对音响效果享有更大的控制权，是这样吗？

声音是电影的主要元素。我们必须得以环绕立体声来混音，这在当时可是相当先进的技术。那会儿的电影院有三个扬声器，正中央的用来放对话，左侧和右侧的则用来播放效果。在《歌声依旧》这部片子里，我们以五个扬声器为标准来做混音，并给电影院送了两个扬声器，放在后面。

我们用影院后面的扬声器来创造一些真正具有震撼力的音效。比如，我们让约翰·邦汉姆的鼓独奏从你头顶正上方传来；当我用弓拉小提琴的时候，声音会在礼堂中荡漾。人们早就听过了声音在立体声音响中“回荡”，但这在当时可是很先进的技术。我们认为这部影片很需要一些声音上的亮点，因为它太长了。做这些效果也是一种控制节奏的方式。

考虑到自那以后音响科技又向前迈进了一大步，《歌声依旧》也有可能重新混音、在5.1环绕立体声中推出、在家庭影院中被体验，你是否对这一前景感到兴奋呢？

当然。早在2003年我们只做《齐柏林飞艇DVD》时就已经朝着那个方向去了。杜比环绕声令许多事情都不一样了。

你是否有机会修复原始版本的音画错位问题？

是的。有个大问题就是我们必须让声音与图像相匹配。电影似乎是与著作权法密切相关的艺术，基本上不可能修改其中的任何一格。所以为了让视觉图像与音乐更吻合，我们安排（技术人员）凯文·雪利（Kevin Shirley）用Pro Tools系列软件修改了声音。他真的做得很漂亮。现在它好多了。

但正如我先前提到的那样，原始版本的电影里我的部分是音画错位的，因为我试图在谢泊顿的录影棚里重演我在麦迪逊广场花园的即兴表演，不过这个缺憾倒并没有那样明显，因为其他人也是音画错位的。在凯文精简了主唱和鼓的部分后，现在我倒是真成了那个音画错位的了！

当影片终于上映时，它取得了巨大的票房成功。

这倒是很令人满意。那时候还没有录像带和DVD，所以唯一可供看电影的地方就是电影院了。这部片子有一大批铁杆粉丝，人们会在午夜场中一遍又一遍地观看这部电影。它就像《洛基恐怖秀》（*Rocky*

Horror Picture Show）。

70年代齐柏林飞艇的票可是很难买的。这部电影是很多人可以看到乐队的唯一机会。

这就是我们拍这部片的原因。从这个角度出发，拍这个片子真的很有道理。但与往常一样，只要我们与核心团队以外的人合作，就会出问题。我们尽了最大的努力来将素材剪到一起，而且为了弥补险些酿成重大灾难的错漏，我们还贡献了许许多多的想象力。

很难让团队中的其他人对工作像你一样上心，即使那是他们的职责。

如果你仔细看这部电影，会发现它几乎错漏百出。在我上台前，我会告诉所有摄影师与我保持距离，这是有原因的，因为我不想在表演时分心。当然他们中没有一个人照做，你甚至可以在电影中看到有个扛摄影机的家伙突然出现，稳稳当当地踩在了我的哇音踏板上！瞬间你就能听到声音升了又降，我硬着头皮继续用那块踏板。你能对此做什么？这些人、这些破事简直是一堆瘤子！

观看这部电影时，我被你通过音量和音调旋钮对吉他展现出的精确、美妙和自如的控制震撼了。这几乎要成为一门失传的艺术。

首先，你必须得足够幸运，能拥有一个能够在清音和过载状态下都可以发挥自如的吉他音箱，这样它可以和吉他效果器相互配合。一旦你有了这么一个东西，就可以自由操控音量与调节器了。

如今情况不一样了，因为有太多办法来创造吉他的声音，但是追溯到70年代，你只能用你所拥有的一点点东西来达到最好的效果。我真正意义上的设备全加起来，只有一个过载效果器、一块哇音踏板、一台Echoplex磁带延时效果器，以及我吉他上配的东西。这一点都不算多，但我正是用它们创造出了齐柏林飞艇头五张专辑的全部声音。要知道，音量和音调控制，选哪些、在哪里用，是非常重要的。

《意乱情迷》和《旦夕之间》这类有着长时间即兴段落的歌曲，它们的即兴段落是怎么创作出来的？

当你和一支像我们一样棒的乐队一起演出时，你可不会想刚独奏了一分钟就停下！而且如果你在一个长期巡演中夜复一夜地演奏同样的一批歌，即兴就成了保持音乐活力以及你个人兴趣的重要方法。我向来不喜欢固定不变的歌，喜欢让吉他跟着手腕的感觉走。这个习惯要追溯到我的录音室乐手时代，当时我必须得现场创作出乐段。

人们早就抱怨过，这些年来，特别是在《通往天国的阶梯》这样的歌里，我在现场从不按专辑演奏。这就是为什么在2008年的重组演唱会上，我决定严格按照乐谱弹奏——就是为了证明我能做到！

我之所以喜欢即兴，是因为最好的音乐总是张弛有度的，有时你抽离一些元素，有时则不。如果个别部分没有弹好，不仅算不得真正的失败，反而更像是英雄的偶尔失手！而且，如果你像曾经的我那样，周围都是优秀的音乐家，那么你即兴成功的概率就更大了！

你为这部电影专门准备过吗？你是否想过“要为子孙后代留下最好的表演”？

没有，我完全没有这样想过。我想，我为这部电影做的唯一准备就是整整熬了五个通宵！这倒是事实。

当你重看影片、重新审视电影及其原声时，是否有哪个部分令你眼前一亮？

我认为《雨之歌》真的很不错。我敢打赌你根本没想到我会这么说，但这首歌确实很有戏剧感。它虽然没有和录音室版本一样好，但我认为这个版本很有个性。我也很喜欢《意乱情迷》中的弓拉吉他环节，它与奇幻片段配合得相当不错。

在你夜复一夜地演奏《意乱情迷》而把琴弓用坏后，究竟是谁把它修好的呢？修琴弓似乎不是随便什么巡演工作人员就能胜任的工作。

没错，而且新的小提琴弓是非常昂贵的，因此我们只买上一大把变了形的琴弓，把它们都带去巡演，这样就能省下不少钱了！

1973年的巡演是为了推广《圣屋》，而它的前一张专辑是具有里程碑意义的《齐柏林飞艇Ⅳ》。对达到《齐柏林飞艇Ⅳ》以及《通往天国的阶梯》的标准，你是否感到有压力？

当然，但我们不想让它妨碍到工作。我只想一直前行。

史诗般的《歌声依旧》，是《圣屋》中我最喜欢的歌之一。

这首歌本来是打算做成纯器乐曲目的——做成《雨之歌》的引子。但我感到罗伯特对此有不同看法。“这歌不错嘛。最好加点歌词——赶紧写！”（笑）

我把原始素材全放到一起；罗伯特则建议我们在歌曲进行到一半的时候切入。在我们想出来究竟该以何种方式切入后，这首歌在一天之内成形了。我用一把Fender Electric Ⅻ十二弦吉他来做这一轨。在那之前，我用一把Vox的十二弦吉他来录制第二张专辑中《谢谢你》和《充满生气且爱得起的小姐》（*Living Loving Maid*）这样的歌。

你是否会随手记下或录下灵感？

我总是这样做。而且我会每隔一段时间整理一下。我总是放一个录音机在身边。这就是《歌声依旧》和《通往天国的阶梯》的创作过程——皆来自我录下的灵感点滴。

《圣屋》是一张基调很愉快的唱片。你是否会以不同倍速播放磁带，以达成不一样的效果?

从来没有。在我的记忆里，我们只变速播放过《阿基里斯最后的站立》的些许素材。但是，我为整首《旦夕之间》都降了速，使全曲的音调也下降了 1/4，因为它能让这首歌听起来更为压抑厚重。

《圣屋》中的乐观氛围——除去《旦夕之间》——表明了你在录制这张专辑时心情比较愉快。比如《激情》一曲，完全是一首玩票性质的余兴之作。

我用了一把 Stratocaster 来演奏那首曲子。我在追求一种詹姆斯·布朗式的很紧凑的风格。只要你听得够仔细，就可以听到我在每个乐句的末尾按下哇音摇棒。邦佐先开始打固定节拍，然后插入琼斯渐低的贝斯线，接下来我也参与进了节奏部分。你可以听出我们在录制《圣屋》与《肉体涂鸦》期间比较快乐的那种心情。你也可以听出我们全心全意的投入。

如果说《圣屋》是你最紧凑的作品之一，那么《肉体涂鸦》就是你最松散的作品了。你是否有意识地放弃了（加压缩以后）光滑圆润的失真音色?

是的，但并没有完全放弃。《在我弥留之际》便是一个相当直接的例子。我们才写好它的骨架便开始了录音。到了结尾部分大家都即兴得很嗨，完全不知该如何收场。但我觉得这效果挺好。我喜欢这首歌，因为在这里面我们听上去非常像一个工作组。我们本可以让它更紧凑，但这种有棱有角的感觉也不错。另一方面，《克什米尔》、《在光芒中》和《十年已逝》都非常有野心。

你是否曾在没灵感时强行创作出一首歌，或者你曾经放弃过那些展开得不太顺利的创意吗？

我们偶尔会在没灵感时硬写歌。实际上，第四张专辑中的《当大堤决口》就是个很好的例子。我们在一个设备很普通的录音室里录过这首歌，听起来很做作。但在海德利庄园的大厅里，邦佐的鼓棒刚落下，刚一听到效果我就说："等等！我们照这个样子再录一遍！"这次录的歌很不错。我们从来就不是一支会排练上 90 次的乐队。如果气氛不对，我们就不工作。

当时你和普朗特正在摩洛哥、撒哈拉沙漠等地旅行，很容易从《克什米尔》这类歌中听到这些地方所带来的影响。去摩洛哥探险是谁的主意？

70 年代早期，我与威廉·伯勒斯为美国音乐杂志《龙虾王》做了一个长篇访谈，在其中我们深入地聊了聊摇滚乐的催眠力量以及摇滚乐与阿拉伯文化的相似之处——这是伯勒斯在听过我们的第一张专辑中的《黑山一侧》后发现的。他随后鼓励我前往摩洛哥，亲身研究那里的音乐。我和罗伯特最终实践了此事。

你曾说《出场》是你最喜欢的齐柏林飞艇专辑之一。

我猜这是因为我们是在近乎不可能的情况下完成这张专辑的。罗伯特的腿上打着石膏，谁也不知道他今生还能不能走路。想想还是会后怕！

最终还是克服了困难……

这倒是。那张专辑是对我们当时心境的呈现。其中没有原声歌曲，没有键盘，没有绵绵细语。我们亦是在压力大得难以想象的情况下完成那张专辑的。我们只用了 18 天就做完了全部工作。平均下来我每天工作 18～20 小时。

还有一件麻烦事是当时其他人都没有什么主意，因此所有连复段都是我编的，这可能是《出场》中吉他的地位如此重要的原因。但我没有责备任何人。当时我们都挺低落的，才做完一轮巡演，不能住在家里，罗伯特打着石膏，因此大家都在犯思乡病。这种情绪全体现在《给一个人的茶》里了。

对那个时期，你记得最清楚的事是什么？

与截止期限做最终搏斗。我们只有三周工作时间，因为滚石把后面的时间都给订了。

你当时有没有权利向唱片公司多争取些时间，用以完成专辑？

当然，但是我不想。我不想再拖延唱片的制作了。在当时的气氛下，我感到如果不能速战速决，我们之间便会弥漫起某种消极的、毁灭性的情绪。正是紧迫感帮助我们打造了一张有趣的专辑。

约翰·保罗·琼斯对《重整旗鼓》的贡献远远大于其他专辑。你是否曾想过，如果你是伴奏者而非灵魂人物，事情是否会有趣得多？

你看，你忽略了《出场》中琼斯基本没有写歌。我的意思是，在《出场》那个时期，我倒是挺希望别人也能在创作上帮我一把的。后来他买了一台合成器（雅马哈 GX-1），正是那台机器激励他搞出了《重整旗鼓》中的一大堆东西；而且创作《重整旗鼓》期间他和罗伯特走得很近，俩人密切合作，这在以前是从没有过的。

你是否丧失了对齐柏林飞艇的热情？

没有，从没有过。事实上，邦佐和我早就讨论过在《重整旗鼓》

之后做一张特别硬的专辑。我们都觉得《重整旗鼓》太娘了。我不是特别喜欢《我所有的爱》(*All My Love*)，有点担心副歌部分。我简直能想象人们跟着它挥舞手臂什么的。我觉得这根本不是我们的风格。我不否认它很有价值，也是首好歌，但我并不想在未来追求这个目标。

齐柏林飞艇已经有了太多成就，你可曾想过再添一首大热单曲？

说实话，并没有。我们只想写有意义的、能够流传的好歌。打榜音乐是一次性产品。

你希望人们怎么看待你在齐柏林飞艇中的角色？

许多人认为我只不过是个连复段吉他手，但我认为自己的能力要全面得多。作为音乐家，我认为我最大的成就是在摇滚乐的大框架内，创作出了令听众意想不到的旋律以及和声。作为制作人，我希望人们能记得，我能引领一支毋庸置疑极富才华的乐队，并使之保持活跃。我认为，从创作小样、逐步完善到使歌曲最终成熟的各个环节，我都使这支团队最大限度地释放了它的能量——齐柏林飞艇是一块多刻面的宝石。

插　　曲

与齐柏林飞艇的公关人员丹尼·古德伯格的对话

1973 年，年轻的丹尼·古德伯格被委以改变齐柏林飞艇公众形象的重任。你问他的目标是什么？那就是令这支乐队比披头士更红。

丹尼·古德伯格现在普遍被认为是摇滚史上最受尊敬的经纪人之一；但是曾几何时，在简直是山那边遥远的地方的 1973 年，他为一家老牌艺人公关公司索特斯与罗斯金（Solters and Roskin）工作。

“我是披头散发的摇滚之国的原住民，”古德伯格说，“因此当齐柏林飞艇找上门来时，我立刻就被选去为他们服务。”

古德伯格说他的任务很明确。齐柏林飞艇卖掉的唱片和演唱会门票比其他任何乐队都多。但是滚石乐队抢走了所有的风头，所以齐柏林飞艇的经纪人彼得·格兰特希望能使这一局面得到改观。

直到 1973 年，齐柏林飞艇仍然拒绝面对媒体。

丹尼·古德伯格：是这样的。他们刚出道时乐评界的反应很消极。乐评人喜欢埃里克·克拉普顿和杰夫·贝克，而且他们认为吉米·佩奇是圈外人。媒体伤了这支乐队的心。但是在美国，凭借电台播放和极其精彩的现场表演，齐柏林飞艇立刻就成了超级明星。所以他们认为自己并不需要媒体来关注。

当我开始为他们工作时，他们正在制作第五张专辑《圣屋》，那时他们心里已经有别的打算了。他们希望重新开始，揭开乐队史上的新篇章，并认为是时候接触更大规模的乐迷了。

你的媒体曝光计划大体上是什么样的？

主要是为了让更多的歌迷接触到他们。他们在佛罗里达坦帕市的某体育场办演出，那里比纽约的谢亚球场（Shea Stadium）还要大，披头士曾在坦帕市创下过单个艺术家或团体单场演出最多观众人数的纪录。所以我们的首要目标就是描述一下齐柏林飞艇是如何打破披头士的纪录的。这个角度成功了，世界各地的媒体都在报道“齐柏林飞艇比披头士还红”。

那年夏天晚些时候，乐队启用了自己的私人飞机“星际飞船”，这也成了我们的一个宣传点，因为它真的很尊贵，很多记者平生从没坐过私人飞机。这个故事很棒，而且充分说明了齐柏林飞艇是一支红得发紫的乐队。

拍摄《歌声依旧》也是打造公众形象计划的一部分吗？

这可能源自同一种冲动——给公众留下一个更鲜明的形象。

关于导演乔·马索特你还记得些什么吗？

我只记得当时乐队自始至终都对他很不满意。他没能把《爱满载》全录下来，捅了个大娄子。那个时期你必须把胶片装到摄影机的大筒里，如果胶卷用完了，就得花上些时间装新的。他根本没有算对时间，结果胶片在录《爱满载》期间全用光了。但是公平地说，乔至少把一些表演捕捉到了，这部电影也或多或少地帮助乐队为人们所铭记。对很多歌迷来说，这是他们对齐柏林飞艇的主要体验。

当时，这部电影看上去并不是那么有意义。实际上，它既古怪又业余。我当时真的不认为 35 年后人们还会去看它，但是我错了。

齐柏林飞艇乐队和他们的星际飞船，1973 年（© 鲍勃·格鲁恩）

你是不是这部影片的粉丝？

我失望透顶。我对他们的现场表演有着更鲜活的记忆，那比电影里呈现的棒太多了。可是事后看来，我很高兴至少还有这么一部片子存世。能够把当年的演唱会以纪录片的形式留下来实在是太珍贵了。这些年来我买了这部片子好多版本的影碟，而且我有一个 14 岁的儿子是它的影迷。当年我并不觉得拍这片子的钱值得花，但现在我明白乐队制作它的决定简直太正确了。

你认为，是什么令齐柏林飞艇如此卓越？为什么我们仍然爱他们？

主要原因当然是四位成员都才华横溢得不可思议。比如，约翰·

保罗·琼斯，他最低调，偏偏他是个大天才。琼斯的知名度最低，可他一个人顶得上任何一支乐队。毫无疑问约翰·邦汉姆是史上最棒的鼓手。罗伯特则证明了自己是个超棒的头面人物、词作者和歌手。吉米聚焦了大家的目光，但其他人也同样优秀。

他们远远比你想象的更难模仿。许多乐队都试图复制他们音乐中的重型元素，但是模仿者既没有光也没有影——缺少他们的性感、狂野和敏锐。事实证明那是非常难以效仿的。风格独特到足以引领风骚数十年的艺人屈指可数，齐柏林飞艇无疑位列于这个短短的名单。

许多乐评都会令人觉得他们不过是派对动物。

他们能很有智慧地平衡工作和玩乐。他们对自己的音乐一向很认真。至于那些派对、不幸，所有的戏剧性事件和纸醉金迷什么的，他们也都实打实地得到了教训。他们对音响检查一丝不苟；他们精心排练；他们重视灯光、音效、歌单。他们的工作态度无懈可击。

我记得曾有好几次罗伯特因为感冒而唱不上去高音，在那之后他总会抑郁上好几天。为了让架子鼓的声音恰到好处，邦汉姆总是会在演出前花上十几个小时做音响检查。他们的成功不是意外。他们从不糊弄，也不嗑药嗑到嗨。我的意思是，当然他们有时候确实会嗑药嗑到嗨，但涉及音乐时，他们总是很认真地准备，他们对待音乐就像任何画家或其他艺术家对待他们的艺术一样认真。

插　　曲

齐柏林飞艇的十个最佳吉他时刻

吉他音乐学家吉米·布朗（Jimmy Brown）整理出了齐柏林飞艇作品集中的每一个音符。在这里，他选出了十首最能说明吉米·佩奇缘何独一无二的歌曲。

音乐编辑兼吉他手吉米·布朗，全世界听力最好的人，被发行齐柏林飞艇乐谱的阿尔弗雷德音乐公司（Alfred Music）告上了法庭，因为他完成了一项丰功伟业——将吉米·佩奇在录音室里弹出的每一个音符都转录到了纸上，并将之出版。在征得佩奇的同意后，布朗于2012年完成了一部收藏有30年来的文献、采访和个人分析的目录全集。

布朗本身是一名极受尊敬的音乐理论家，并且对佩奇演奏的一点一滴都极为熟悉，因此布朗显然很有资格挑选出吉米·佩奇的十佳吉他表演，并解释清楚究竟是什么令它们如此独特。

1.《自从我爱上你》（《齐柏林飞艇Ⅲ》）

在这首芝加哥风格的慢板布鲁斯中，佩奇在节奏吉他部分，于每段副歌的末尾展现出了富有创造力且极为光洁的回转即兴段（最早出现是在1分6秒至1分12秒处）——混合了乡村风格的钢弦吉他。令这个乐句如此有趣且神秘莫测的是如何通过一个降D大7和弦

（Dbmaj7，由约翰·保罗·琼斯的管风琴演奏）把C音推到D音的本位音——也就是Dbmaj7的降9和弦——并试图使之听起来“对路”。这是一件只有极少数音乐家——比如迈尔斯·戴维斯——才有胆量做的事情。

2.《意乱情迷》（现场版，《歌声依旧》）

这个野心巨大的28分钟现场版屹立于这首歌进化史的最顶端，并铭刻了齐柏林飞艇最为紧密、最有创意的一次相互配合——彼时佩奇的音乐想象力和演奏技巧都处于巅峰。仿佛来自另一个世界的小提琴弓部分尤为震撼人心，它于9分10秒处有如狂风骤雨般开始，延续了将近七分钟。

3.《阿基里斯最后的站立》（《出场》）

这是佩奇在吉他编排领域的加冕之作。它是在1分57秒处开始真正绽放光芒的，从这里开始，佩奇倾泻出了大量优美的变奏，在Em和Cadd9两个和弦的基础上行进旋律。每一条吉他音轨都被精心编配了立体声效果，这使得整首曲子即使在晦涩厚重的编排中也能听起来干脆利落。另外值得一提的是，佩奇在前文所述的1973年现场版《意乱情迷》中曾表演过这个慷慨悲壮的Em与Cadd9和弦，开始于5分52秒处。

4.《雨之歌》（《圣屋》）

这首歌的吉他定调极不寻常（吉他弦的排列从低到高是D-G-C-G-C-D），还有着许多清脆响亮的空弦和双音（即同时弹两根弦，两根弦都是和弦内音且均包含了丰富的旋律），和弦进行亦极具智慧。它的创作受到了披头士的乔治·哈里森的启发——他提出要与佩奇比拼抒情歌曲的创作。出于开玩笑的心态，《雨之歌》的前三个和弦令人想到哈里森的《有些事》，但随后就朝着一个更有野心的目标前进了。

5.《克什米尔》（《肉体涂鸦》）

这首歌所采用的 D-A-D-G-A-D 定调方式，此前曾被佩奇用在齐柏林飞艇的处女大碟中的《黑山一侧》上，取得了极好的效果。《克什米尔》以四个迷人的连复段为基础，其中三个运用了开放和弦与八度双音，这创造出了一种相当自然的合唱效果，宏伟响亮，有若史诗。尤为值得注意的是佩奇叠加的方法，即这首歌的主要连复段——那个极具詹姆斯·邦德主题风情的部分——搭配以反复出现的下行挂 4 和弦。佩奇评论道："下行的连续和弦是我首先想到的。在我想出了那个'da-da-da，da-da-da'部分后，我开始思考这两个部分是否有可能携手向前，而它们成功了！当然这里有点不协调，但这并不影响整体效果。这一次，我对此十分自豪。"

6.《爱满载》（《齐柏林飞艇Ⅱ》）

史上最重型的开场连复段之一！由于不满足于像他的布鲁斯同行那样仅仅遵照传统方式演奏，佩奇向这部分添加了些许精细复杂的秘密配方：他并没有单单在 A 弦五品上演奏该连复段的第二个和第四个音符——re，而是用开放式 D 和弦同时奏出了它们，然后用食指将这个 re 升高了 1/4 度。由这两个音调创作出的和声风暴，频率并不完全一致（因此会有"谐波震荡"效果），震撼感官，能给人留下深刻印象——但是这般的紧张感持续时间并不长，很快就烟消云散了，因为佩奇很快就转向了一个坚若磐石的 E5 强力和弦。"以前我每时每刻都在采取这种手法，"佩奇解释道，"比如在《四根魔棒》（收录于《齐柏林飞艇Ⅳ》）中最重要的那个连复段里，我也这么做了。"在那首歌中，佩奇在吉他发出开放式 G 和弦音的时候，用中指推动 D

弦五品来改变 G 的音调。

7.《去加州》(《齐柏林飞艇Ⅳ》)

在原声吉他的大师级作品中,佩奇亦会使用这种同时奏响多根琴弦的手法以获取绝佳的效果。通过将低音 E 弦和高音 E 弦都降到 D 调(也就是双降 D 调音法),佩奇创造出了梦幻般的琶音音型,它能够在不同的弦上反复奏出清脆响亮的音符。凭借着英式与美式民谣吉他融合的风格(想想波特·简奇(Bert Jansch)遇上莫尔·特拉维斯(Merle Travis)的效果),《去加州》成了一座指弹风格的丰碑。尤其有感染力的是始于 1 分 41 秒的那个极具戏剧性的桥段,由佩奇在它的平行小调——D 小调内弹出。如果你听得够仔细,将会听到两把原声吉他在拨奏同一和弦的不同转位。

8.《宝贝我将要离开你》(《齐柏林飞艇》)

又是一首大师级原声作品。这首歌的主要特色是以清脆的指弹琶音表现出了悲喜交织的和弦行进。尤其值得注意的是,佩奇围绕着主题设置了大量细微的旋律变化(可以听一听 3 分 40 秒处的那个),更容易被人接受——这个过程贯穿了歌曲的始终。这或许是史上录音、混音最完美的原声吉他歌曲之一了。有必要关注下这首歌的前奏部分——左通道很“干”(未经任何效果处理),而右通道则基本上是“湿”的(被包裹于巨大的混响之中)。

9.《通往天国的阶梯》(《齐柏林飞艇Ⅳ》)

佩奇凭借这首歌无情地碾压了流行音乐界的两种成规:它的时长超过八分钟(这个长度意味着几乎不可能在电台播放),而节奏则随着歌曲的展开而越变越快。《通往天国的阶梯》是佩奇惊人才华的象征,不仅是作为吉他手的,更是作为编曲者的——因为他经由一个美丽的歌曲结构，有层次地应用了六弦原声吉他与十二弦电吉他，音量与气势都渐渐加强，直至出现那段公认的完美的吉他独奏。

10.《**在山那边遥远的地方**》（《**圣屋**》）

在凸显“对比”方面，这首歌是一个很典型的范本，因为它融合了英格兰—凯尔特风情的原声民谣与由 Gibson Les Paul 驱动的硬摇滚。它以一个轻松愉悦的民间舞曲般的连复段开场——佩奇先在一把六弦原声吉他上演奏这个连复段，待到 1 分 27 秒时，变为具有碾压般力量的和弦与一个极其巧妙的（首次听到是在 1 分 37 秒处）单音符连复段。通过先前那个原声吉他上的漫不经心的连复段，佩奇使这个电吉他上的连复段的切入毫不突兀。最大的高潮是，作为这首歌的制作人，佩奇以一个变形的结尾结束了整首歌曲，当乐队在 4 分 10 秒处渐渐淡出时，独行侠般的吉他奏出了开场段落的连复段的变体，但这次你听到的声音是百分之百“湿”的，散发着神秘气息，仿佛来自另一个世界。

9

我被彻底打垮

鼓手约翰·邦汉姆的去世为齐柏林飞艇乐队画上了句号。佩奇重整旗鼓并且“勇往直前，勇往直前”。

手持《重整旗鼓》完成版的经理人彼得·格兰特想让乐界搞清楚，齐柏林飞艇即使缺席不列颠舞台整整四年，依旧是整个西方世界最受欢迎的乐队。在格兰特与推广人弗莱迪·班尼斯特（Freddy Bannister）的共同努力下，1979 年 8 月 4 日和 11 日，两场在哈福德郡的内布沃斯公园举行的大型音乐会将乐队列为头牌——趁着观众对这一盛事分外关注的东风，专辑亦决定在此期间发行。

考虑到齐柏林飞艇上一次演出已不知是猴年马月，吸引了逾十万名歌迷的内布沃斯演唱会可真是效果轰动。从齐柏林飞艇的官方 DVD 上不难看出，《阿基里斯最后的站立》、《在夜晚》（*In the Evening*）以及《摇滚乐》依旧具备着昔日的魔力。普朗特看上去略显苍老，佩奇则瘦得令人毛骨悚然，不过大体上说乐队还是兴致挺高，而这份乐观事出有因：尽管近年来诸事不顺，四位成员仍然想一起制作音乐，并作为一个整体将事业继续下去。

内布沃斯演出之后，一轮小型欧洲巡演也拉开了帷幕，巡演进行

吉米·佩奇，1984 年（©尼尔·普勒斯顿）

得非常顺利，使得乐队终于同意于秋季开启北美之旅——却没能成行。1980 年 9 月 24 日，鼓手约翰·邦汉姆为即将到来的巡演前往布雷（Bray）录音室参加排练，在一整天的吃喝玩乐与暴饮伏特加后，他回到了佩奇位于温莎的新居与乐队其余成员会合。午夜时分，吉米的一位助理将邦汉姆带往楼上的某间卧室，鼓手在那间房内进入了梦乡。几小时内的某个片刻，他的心脏停止了跳动。约翰·“邦佐”·邦汉姆，齐柏林飞艇的坚实根基，过世了；他只有32岁。验尸官将之定性为“意外致死”，认定邦汉姆是醉酒后在睡梦中因自己的呕吐物窒息死亡的。

几周之后，悲伤至极的乐队成员们与格兰特在伦敦的萨瓦酒店碰头，在那里普朗特告诉格兰特，他们无法在失去邦汉姆的情况下前行。这是意料之中的。佩奇经常将齐柏林飞艇描述为四种元素经由神秘莫测的化学反应创造出的强有力的第五元素，这一说法充分说明了如果你从化学方程式中去掉了任何一个因子，整体也就随之崩溃了。“少了我们之中的任何一个人，我认为这支乐队都无法继续存在了。”佩奇说，“它就不是本来的样子了。任何人都不具备约翰的能力。”

1980年12月4日，其余成员起草了一份官方声明：齐柏林飞艇自此不复存在。

佩奇声称他被邦佐的死讯“彻底打垮”，表示那是他人生中最糟糕的时期。对于佩奇日益飞涨的毒品用量，周围早就遍布着流言蜚语，而他出离憔悴的形容很难让人们产生其他联想。显然，这位至今为止地位都无可撼动的摇滚明星正遭受着空前的危机。然而，他却及时重启了音乐活动，甚至作为特邀嘉宾登台亮相。1981年3月，他出现在杰夫·贝克在汉默史密斯的奥德翁体育馆的安可上，给了诸位观众好大一个惊喜。当他从埃尔顿·约翰（Elton John）的制作人格斯·达德吉恩（Gus Dudgeon）手中购得距他家只有十分钟路程的索尔（Sol）录音室后，他想延续事业的决心已经十分明显了。

不过人们对他作为音乐创作者的未来仍然怀有疑虑——何时开始？以何种形式？当他的邻居迈克尔·温纳（Michael Winner）邀请他创作电影原声时，机会前来敲门了——温纳是名电影导演，最著名的作品就是1974年取得巨大成功的犯罪影片《猛龙怪客》（*Death Wish*）。

这张原声必须在八周之内完成，这对尚未从丧友之痛中缓过神来的佩奇可是个巨大的挑战。于佩奇而言，电影配乐是个相对新颖的领域，但出于对自己精熟技巧的自信，他仍然勇敢地投身于此。1981年秋天，创作并录制于索尔录音室的《猛龙怪客Ⅱ》原声碟，其音乐上的多样性无论以何种标准来衡量都极其令人惊异。《怪谁呢》（*Who's to Blame*）由大角斗场（Colosseum）与原子公鸡（Atomic Rooster）的前主唱克里斯·法罗（Chris Farlowe）献声，而《释放》（*The Release*）则是一首由吉他主导的紧凑器乐作品，听来如同《出场》及《重整旗鼓》顺理成章的延续。不过，真正令佩奇找回昔日自我、不畏全新方向的要数将肖邦E小调前奏曲第四号改编为布鲁斯的《前奏曲》（*Prelude*）以及诡异之作《旅馆耗子和影印机》（*Hotel Rats and Photostats*）。

有传言说《猛龙怪客Ⅱ》的制作团队对佩奇是否能按时履约怀有疑虑。巧的是，鉴于他的成品着实太过精致，温纳宣称佩奇是他所合作过的作曲家中最为敬业的。

待到佩奇完成了《猛龙怪客Ⅱ》，大西洋唱片坚称根据合约，齐柏林飞艇理应再发行一张新唱片。他们一度考虑过出版一套现场合辑，最后却还是决定翻箱倒柜寻找素材，交出了一张由删减与实验片段组成的大碟。佩奇身为制作人，剪辑、拼接与组合的重任也便落在了他头上——使它们变身为真正的专辑。《肉体涂鸦》过后，飞艇的素材库中几乎不剩什么东西了，但佩奇还是翻出了足够的素材以构成一张内容丰富多样、听来愉悦非常的旧作集锦。这些歌曲中最优秀的是沙哑非常的《磨损》（*Wearing and Tearing*），本打算收入1978年的《重整旗鼓》（后被删除），以及大胆奔放的《邦佐的蒙特勒[1]》（*Bonzo's Montreux*）——一首邦佐录制于1976年的器乐作品，后由

1　蒙特勒，瑞士西南部旅游城镇，位于日内瓦湖最东端，20世纪60年代以来每年举办爵士音乐节和电视节。

佩奇进行电子处理。

尽管佩奇对音乐非常上心，但由于他大部分时间都远离公众视线，人们开始咬定他进入了遁隐状态。这位曾作为享有盛名的摇滚乐队的灵魂人物近十年之久——且是以极其醒目的姿态——的乐手，似乎从地球表面消失了。

但是上述状况即将改变。1983 年 5 月，在吉尔福德的市政厅，佩奇与埃里克·克拉普顿一起在安可中表演了《沿着这条路走下去》（*Further On Up the Road*）与《可卡因》（*Cocaine*）。乍看之下这场演出不过是即兴之举，实际上它却是一个精心策划的序幕，紧随其后的是 80 年代最出人意料却又最激动人心的摇滚演出之一：一轮主打超级明星的慈善巡演，由前“新兵”吉他三巨头佩奇、克拉普顿与杰夫·贝克领衔，这三者的聚首在任何舞台上都是前所未有的。

这一旨在资助不列颠研究多发性硬化症的组织（ARMS）的巡演乃是前“脸孔”贝斯手罗尼·雷恩的主意，因为他自己就是患者。有关事宜经由连续两晚位于伦敦阿尔伯特音乐厅的演出步入了正轨。第一场演出的收益如数捐赠给了 ARMS；第二场则吸引到了查尔斯王子与戴安娜王妃，票房也用于发展“王子信托”（Prince's Trust）——一家致力于帮助残疾青年的慈善机构。

不列颠摇滚名人堂中的那些大腕几乎都与三位传奇吉他手一并出场了，在雷恩的诸多朋友与同事中，囊括了交通乐队的主唱史蒂夫·温伍德（Steve Winwood），以及滚石的节奏部门——贝斯手比尔·威曼（Bill Wyman）和鼓手查理·瓦茨（Charlie Watts）。

正如预期，每位音乐家都为雷恩及其他多发性硬化症患者倾情表演，两场音乐会皆十分成功。在早先出场的克拉普顿和贝克充分唤起了观众的热情之后，佩奇因他在后齐柏林飞艇时代的第一次隆重出场而收获了长时间的热烈欢呼。显然，佩奇的回归使观众们震颤不已。在鼓手西蒙·菲利普（Simon Phillips）、贝斯手费尔南多·桑德斯

（Fernando Sanders）、键盘手克里斯·斯坦顿（Chris Stainton）、吉他手安迪·费尔韦瑟-楼（Andy Fairweather-Low）以及主唱温伍德的协助下，佩奇使用首次亮相于 1977 年飞艇巡演的棕色 1959 年产 Telecaster 吉他，表演了《猛龙怪客Ⅱ》原声大碟中的三首曲目——《前奏曲》、《怪谁呢》以及《城市警报》（*City Sirens*）。演出曲目纵使不多，却也囊括了华丽庄重的器乐版《通往天国的阶梯》，由佩奇用他标志性的双颈 Gibson 演奏。狂热的人群近乎歇斯底里，震耳欲聋的欢呼几乎要将富丽堂皇的阿尔伯特厅掀翻。

“我挺焦虑，”提及复出时佩奇如是说，“但我还是很想参与这些演出。说来好笑，我同意了出场，可每到上台前一刻就忍不住想‘我他妈的到底有什么可弹的?’其他人可早就在个人生涯里取得辉煌战绩啦。还好，所有参加者确保了活动顺利进行——因为大家都愿意为了那个聚合我们的理由而努力。”

活动取得了令人始料未及的成功，于是前往美国达拉斯、旧金山、洛杉矶与纽约的巡演也提上了日程。不幸的是，温伍德无法抽身，佩奇于是邀请了猪队友的保罗·罗杰斯来代替主唱之位。

佩奇和罗杰斯专门为美国巡演新添了两首歌：取自罗杰斯最新专辑的《不羁大妈》（*Boogie Mama*[1]），以及一首名为《独翼鸟》（*Bird on a Wing*）的新歌（后来改名为《午夜月光》（*Midnight Moonlight*））。距离佩奇上一次北美巡演已经过去六年了，与在英格兰如出一辙，他也受到了英雄凯旋般的欢迎。佩奇后来表示这一系列演出使他“感受到了世界的善意……观众们都很希望我回去”。

ARMS 演唱会重燃了佩奇对舞台的热情，使他下定决心要为自己的音乐野心找到新的方向。他与罗杰斯在美国巡演上所展现出的化学反应相当激烈，两个人都觉得这一合作值得继续下去。猪队友本身

1　Boogie 本身是种节奏强烈的舞曲风格，这个词亦有“黑人”及“跟随 Boogie 跳舞”的意思，所以 Boogie Mama 描述的是活泼豪爽、能歌善舞的中年妇女。

离解散已经不远了，而对佩奇来说，罗杰斯则意味着通向更新的可能。

1984年夏天，二者招募到了年轻的无品贝斯[1]手、曾为佩奇的朋友罗伊·哈珀伴奏的托尼·富兰克林（Tony Franklin），以及鼓手克里斯·斯雷德（Chris Slade），他曾为平克·弗洛伊德的大卫·吉尔默（David Gilmour）以及曼弗雷德·曼恩的土壤乐队（Manfred Mann's Earth Band）打鼓。四人将这个新组合命名为"抱团"，佩奇表示当时他们的目的不过是"凑一块玩玩、上舞台遛遛"罢了。

截至1984年11月，乐队终于创作出了足够的素材以进行欧洲巡演，三个月后他们推出了同名大碟，以配合接下来的北美巡演。对美国乐迷来说，单单是想到齐柏林飞艇与猪队友一同登场就够欲罢不能的了，这轮巡演也就顺理成章地成了大热门。乐队的首支单曲《放射性》（*Radioactive*）为专辑与演出进一步加热，这首歌中混合了保罗·罗杰斯粗糙得极富魅力的标志性骚灵嗓音。

抱团为佩奇提供了一条挥别过去、拥抱未来的渠道。这一点通过乐队的大胆决定——绝不在演唱会中表演任何齐柏林飞艇与猪队友的素材——表现得分外明显。他们对骗取不懂行听众的掌声毫无兴趣，一心想要开掘出自己的风格。从许多方面来看，抱团都是一支剑走偏锋的原创乐队，将佩奇与罗杰斯那原始粗粝的布鲁斯与大气的80年代新浪潮融为一体，此外它还有着坚韧的节奏乐器组，由富兰克林标志性的无品贝斯驱动，还有斯雷德那大锤般的节奏。

为了给乐队制造出焕然一新的声响，佩奇甚至开始偏爱某把新的吉他。他暂时放弃了那把光芒四射的Les Paul，拿起了那把棕色的Fender Telecaster，其上装有Gene Parsons/Clarence White B-Bender，一种能够使他通过机械手段折弯B弦从而使之上升整整一个音程

1 无品贝斯，指的是没有品丝的贝斯，一般需专门定做。

来创造钢棒效果的装置。吉米早在齐柏林飞艇内布沃斯演唱会中就用这把琴弹过《十年已逝》与《热狗》(*Hot Dog*),待到 ARMS 音乐会时他几乎全程都在用它，不过抱团北美巡演才是真正的官方声明：佩奇有新宠了，这可是开天辟地大事件。

“我用了一年时间才习惯了 B-Bender,”佩奇于 1986 年告诉作家史蒂文·罗森(Steven Rosen),“我一直对踏板电吉他改变声调的方法十分着迷。随后我听到克拉伦斯·怀特(Clarence White)在‘飞鸟’的《无题》(*Untitled*)专辑中使用了 B-Bender，效果惊人。某夜我专程过去听他们弹琴，随后与同怀特一起设计这东西的吉恩·帕森斯(Gene Parsons)聊了聊。我们很投缘，他决定也为我设计一把 Bender。”

如果说“抱团”与 ARMS 慈善演出成功地重启了佩奇的事业，另一项慈善活动则正式令他回到聚光灯下。由“新兴都市老鼠”(Boomtown Rats)的鲍勃·吉尔朵夫(Bob Geldof)和“超音波乐团”(Ultravox)的米兹·尤瑞(Midge Ure)组织的四海一家演唱会，致力于拯救埃塞俄比亚的饥民。据估算，在伦敦温布利体育馆和费城 JFK 中心同步举办的演唱会，将通过电视转播被全世界六十多个国家超过四百万名的观众收看。

主办方先邀请了罗伯特·普朗特和他的乐队登台。普朗特正在美国巡演以推广他的专辑《摇动并搅动》(*Shaken 'n' Stirred*),他的时间表恰好赶得上费城巡演。但是在看到了四海一家的规模与重要意义后，普朗特决定联系佩奇和贝斯手约翰·保罗·琼斯来一个一次性的齐柏林飞艇重组，尽管没有约翰·邦汉姆。有两位乐手接下接替他的鼓手席位这一艰巨任务：德高望重的托尼·汤普森(Tony Thompson),他是一名录音室鼓手，最为人熟知的身份是奇客乐队(Chic)的成员，以及超级明星、“创世纪”(Genesis)的菲尔·柯林斯(Phil Collins)。

东部标准时间8分13秒，乐队登台表演，以《摇滚乐》、《爱满载》和《通往天国的阶梯》引爆全场。乐队成员并没怎么排练，表演状态有点精疲力竭，但是，从观众歇斯底里的反应来看，似乎没有人注意到这一点，哪怕注意到了也毫不在乎。在电视上收看演出的歌迷们，也通过慷慨解囊、响应募捐来表达了积极态度。齐柏林飞艇登场后的半小时内，统计数据表明，为埃塞俄比亚受灾民众募捐的人数翻了一倍。

当然，四海一家的愉快经历以及对齐柏林重组的呼声，也占去了抱团乐队的大量精力。然而，吉米和他的乐队却回到了录音棚录制第二张专辑《不开玩笑》(*Mean Business*)，并随后在1986年举行了一场短暂巡演。没过多久，抱团乐队便解散了。

“抱团乐队原本就只打算出两张专辑，”佩奇说，“做完这件事后，保罗和我都觉得它已经完成使命了。”

插　曲

与"猪队友"和"抱团"的主唱保罗·罗杰斯的对谈

他曾是猪队友的主唱，但是当吉米·佩奇需要一个可依靠的搭档时，保罗·罗杰斯立刻证明了自己是个神助攻。

显而易见，但凡能与吉米·佩奇合作的歌手，势必都是著名的歌手。保罗·罗杰斯便符合要求。他与洛德·斯图尔特（Rod Stewart）、彼得·汤显德和弗莱迪·墨丘利（Freddie Mercury）差不多年纪；2008年，凭借粗犷且带有鲜明布鲁斯特色的嗓音，他在《滚石》杂志史上百大伟大主唱榜单中占据了一席之地。

1968年，罗杰斯在组建了自由乐队后达到了个人声名的巅峰，该团发行于1970年的热门单曲《现在一切都好》（*All Right Now*）则跻身经典摇滚曲目的殿堂。70年代中期，他组建了势头摧枯拉朽的猪队友，签约于齐柏林飞艇的"天鹅之歌"厂牌名下。这支乐队凭借一连串热门单曲攻下了一城又一城，如《永远感受不够你的爱》（*Can't Get Enough of Your Love*）、《感觉像做爱》（*Feel Like Makin' Love*）、《流星》（*Shooting Star*），以及不能不提的《猪队友》（*Bad Company*）。

在以下访谈中，罗杰斯讲述了抱团乐队和它的音乐，以及他与吉米·佩奇的友情。

签约到天鹅之歌厂牌下，对猪队友来说意味着什么？

保罗·罗杰斯：齐柏林飞艇是神。他们竟然愿意花时间成立天鹅之歌这类新人挖掘性质的机构，这可真够令人惊愕的。由于签约到他们的厂牌下，我们获得了一个绝佳的机会——让彼得·格兰特来经营猪队友。

自由与齐柏林飞艇是同辈乐队，见证了他们逐步发展为传奇，也就是你所说的“神”，究竟是什么感觉？

我们被他们的突然崛起震撼了。自由已经活跃了一些年头了，但齐柏林飞艇是在我们眼前爆炸的一颗新星。突然间，他们开了许多超大型演唱会，他们的海报贴得到处都是。

你是如何与天鹅之歌签约的？

在自由解散后，我与米克·拉尔菲斯组建了猪队友。我琢磨着，我们需要一个经理。自由的问题在于，我们自己经营自己，但这跟不上乐队发展的需求。

自由的巡演工作人员中，有个名叫克里夫·科尔森（Clive Coulson）的，离开了我们跳槽至齐柏林飞艇和彼得·格兰特那里。但我们仍然保持了友好的关系，有次他和我提到了天鹅之歌唱片，强烈建议我联系格兰特。所以我就照做了，完全出乎格兰特的意料。我们需要一个王牌经理人和王牌厂牌，而齐柏林飞艇是全世界最王牌的乐队，因此我打电话给格兰特，看看他是不是对和我们一起工作有兴趣。他说：“嗯，我对你挺有兴趣的。”我说：“我有一支乐队，我们叫猪队友。”他说：“我从没听说过这个名字，但我会听一听。”

我们在我当时住的萨里郡的某个村庄的会堂里，专门为他安排了一场排练秀。我们没有贝斯手，但我们有很多好歌，比如《摇滚不死》（*Rock Steady*）以及《永远感受不够你的爱》。然而，彼得根本没露面，这让我们失望透顶。当我们收拾器材准备离开时，他突然出现了，原来他一直在门外偷听，因为他不想有任何事情吓到我们、影响发挥。幸运的是，他喜欢我们的歌。

他说："你们不了解我，我也不了解你们，所以我们不能签任何合同。头三个月里，我们就在口头协议的基础上合作吧。"

抱团乐队（从左至右）：保罗·罗杰斯、克里斯·斯雷德、佩奇以及托尼·富兰克林，1985 年（©尼尔·普勒斯顿）

彼得是个老派的经理人，以前是摔跤运动员，所以他懂得这个行业需要流血流汗的那个层面，你明白吗？他有着很强的直觉——简直是个懂魔法的人，如果你说他是吉卜赛人我都信。[1] 他虽然块头很大，但做派很绅士——至少据我们的观察是这样的。我们从不害怕彼得，实际上，我们过去时不时还会逗弄他。我们坏透了！他一点都不介意。他是个大好人。

1 此处是指彼得·格兰特直觉非凡，擅长运筹帷幄，其直觉之强与因看水晶球、算命占卜而闻名的吉卜赛人有一拼。

接下来我要追忆下好汉当年勇：当我们开始美国巡演时，猪队友的首张专辑在公告牌上排第99名，但当巡演结束时，它排在第一。我想，这就是强大的经理人所发挥的作用了。

当然，我与彼得之间存在些许分歧。他不想让乐队叫猪队友。唱片公司也不想。没人想！某个乐队成员专程跑到我家里来，试图劝说我不要再在此事上如此坚持。但我说："你知道吗？咱们就得叫猪队友，就这么定了。我们注定要叫这个名字。"奇怪的是，在自由乐队时，我也遇到了同样的问题。我认为，无论对方开出的条件再怎么诱人，你也应该坚持自我到底。

你是怎么认识吉米的？

我在天鹅之歌唱片的办公室里认识了吉米。我有点怕他，因为齐柏林飞艇实在是个红得发紫的怪物。真正令齐柏林飞艇如此震撼的是，他们既取得了巨大的商业成功，也拥有无与伦比的艺术深度。尽管吉米素来以冷漠闻名，我却发现他很随和。

我们现在仍是很要好的朋友。当我在英国演出时，他出现在了现场；最近我去艾弗·诺维洛音乐奖（Ivor Novello Award）典礼上领作曲奖时，他也来了，而且和我在同一张桌子旁挨着坐下了。

跟我说说抱团乐队是怎么组建起来的吧。

在几张专辑和许多巡演后，我离开了猪队友。我筋疲力尽了，并不确定我是否需要再开启一场巡演。我决定在家建造一座录音室，在里面做点音乐。那段时间，齐柏林飞艇失去了他们亲爱的朋友、相当于乐队心跳的约翰·邦汉姆。我能感受到吉米快被这个巨大损失打倒了，他会时不时来我这里坐坐，看看我在做些什么。他第一次来的时候，已经有好一阵子没弹过吉他了，他身边所有人都对我说："无论他来的时候你在做什么，千万别让他弹吉他。"

我思考了一下这个情况，于是他一走进录音棚，我就说："嗨，吉米，我们来个即兴合奏吧。"这就像是个意外惊喜……堪称恐怖的意外惊喜！当晚他快要离开时，他在弹琴，我们在合奏。我认为，这对他来说是有决定意义的一步。既然他十分悲痛，就更应该坚持演奏，因为这才是他的天性，他是个音乐家。自那天后，我们便开始一起做事情了。

起初你与吉米的合作是非正式的，但后来情况变了。

吉米在英国的 ARMS 慈善演出上演奏，并启用了史蒂夫·温伍德作为他的主唱。但是史蒂夫因故不能跟去美国巡演，因此他们需要一个人去填补空缺。我想想，应该是埃里克·克拉普顿的经理人——他大力参与了那些演出的组织——给我打了电话："我们听说你和吉米在录音室里合作，你们能不能准备些作品，出来巡演？"吉米和我告诉他们，我们不过是瞎弹着玩玩，没有乐队。他们回答："你们只需要弹半个小时，这就满足要求了。"我们的借口基本上都用光了，因为我们确实写出了够演半个多小时的歌，而他们说他们会给我们找个节奏部门。这说服了我们，而且罗尼·雷恩长得挺帅，于是我们就去巡演了。

我必须承认，当时我很不想重返巡演路，但我始终对做值得做的事情感到激动。当时乐队尚未有成型的计划，但我认为 ARMS 系列演出给了吉米灵感。他从美国回来后，便一直热情地搜集素材，很想回去巡演，因为他觉得这对他来说会是种很好的疗伤。他不停地告诉我："我们快组个乐队回去巡演吧。"我只能不停地回答："我对巡演有点厌倦了。我真的不想再出去了。"

后来，我们开始商量组建抱团乐队的事情。"我们会出版两张专辑，"吉米说，"我们会巡演来推广它们，就这样。"我说："好吧。"事情就这么定下来了。我们两人之间没有签合同。这纯粹是个口头协议。

你们在一起创作的第一首歌便是野心大得惊人的《午夜月光》，持续了九分钟。

是的，野心确实大。我的意思是，我喜欢挑战，而它是我们在一起写的第一首歌。吉米创作了它的主体，原始版本要比九分钟长得多。我有点勉强地说："我们就不能把它改短点吗?"我的意思是，我算老几，竟然配告诉吉米·佩奇这首歌应该稍微短些？但他说："对，我们应该切掉一些。"

你是如何将那首歌的音乐与歌词配合到一起的？这一定是个难度高得离谱的任务。

我想对于这个问题，很多词曲作者都会回答，你应当边听音乐边让音乐对你说话、感受一下究竟有什么歌词涌上心头。我也只是让它对我说话，我也开始唱了："那新造物的黎明……"那些和弦简直是在告诉我，我应该唱这些词。我希望它能成为一首写给未来希望的歌。

很少有人指出，这首歌其实是吉米最长也最复杂的创作之一。

它确实不太适合电台播放！当你听到一首长达九分钟、结构犹如古典音乐的歌时，你就必须认真聆听、投入其中。也许这对大多数人来说都是挑战。

抱团乐队有着非常鲜明的原创风格。它迥异于自由、猪队友和齐柏林飞艇。对你和吉米来说，创造些许新东西是否极为重要？

我们注定是要做原创的。我们两个都从未动过一丁点使用旧材料的念头，现在想来这步调简直一致得诡异，因为我们好像从未讨论过这件事便达成了默契。这是自然而然的，如果我们要做事情，便会一起创作些新的东西。

有传闻说，你对节奏部门的原始选择是金·克里姆森（King Crimson）乐队的比尔·布鲁福德（Bill Bruford）做鼓手、录音室音乐人皮诺·帕拉迪诺（Pino Palladino）做无品贝斯手。

皮诺确实是在名单里的，因为一直以来他都和我们保持着合作关系，不过当时他忙于其他事务。我们便启用了托尼·富兰克林，让他在排练时演奏无品贝斯，而皮诺到底还会不会加入乐队也成了一个疑问。最后吉米对我说："既然托尼和我们一起排练了，所有歌都能弹，所以他已经是乐队的一部分了，我们不如就和他合作吧？"所以事情就定下来了。我想，当时皮诺应该是不愿意巡演，我理解他的选择。

无品贝斯是个很鲜见的选择。

那是吉米的主意，而且它确实为乐队增添了些许不一样的风情。在《放射性》这样的歌里，我们会以一个简单的小样开场，而它会发展出一些不一样的东西——即具有抱团特色的声音。当我们的鼓手克里斯·斯雷德持续敲鼓、贝斯手奏起无品贝斯时，那效果真是棒极了，因为节奏部分能托起整首歌，然后使之自由飞翔。

抱团的首张专辑被严重低估了，其中虽然包括了不少好歌，但也在某种程度上被过于明显的80年代风格破坏了——过度装饰的鼓和吉他。

这是当时的流行风格。你必须要用上那些过度装饰的鼓，因为它够前卫，而我们就是在追求前卫。我们只是在做一些以当时的标准来说十分自然的事情。

你在吉米的索尔录音棚录了这首歌，对不对？

是的，我们就是在那里录的。那是个很不错的录音棚，氛围非常好，在河边，带点灵异色彩，说真的。录音师会说："噢，今晚你就真的睡在那里?”我回答:“当然。”他接着说:“哦,你会平安无事的,一会儿见。”我会平安无事?我为什么要不平安无事?

于是我就进入了梦乡。突然,在半夜,有只大鸟直接掠过我的脸,飞进了碗柜。我跳起来:“他妈的!”点灯,打开碗柜。当然,那里什么都没有。我琢磨着,窗户肯定是开着的,但走到窗户前,发现它上了三道锁——不可能有任何东西飞进来。发生了灵异事件。太灵异了。我直截了当地告诉你结果:我再也不住那里了。

专辑里的很多吉他是你弹的。

没几个人知道这件事,但我确实弹了《放射性》一曲的独奏,这个段落是很久很久以前不列颠布鲁斯先锋阿历克斯·科纳教给我的指法练习,鉴于它是如此机械、诡异,令我想把它变成这首歌的一部分。现在回想,对吉米·佩奇说“我想弹这首歌里的独奏,吉米”可真是个胆大包天的举动,但吉米很痛快地同意了,还贡献了一些非常优秀的和弦。

你曾与许多优秀的吉他手合作过,包括自由乐队的保罗·科索夫(Paul Kossoff)、猪队友的米克·拉尔菲斯,以及皇后乐队(Queen)的布莱恩·梅(Brian May)。是什么令吉米与他们不同?

他简直不可思议,有着数学般缜密的心灵。他可以编写出世上最令人震撼的和弦,并将它们安排到你意想不到的地方——回去听听《国王班底》(*All the King's Men*)中的和弦吧。他可以仅凭一段吉他独奏令一整支乐队焕发光芒——他的音色真实得几乎可供你品尝。我曾站在台上观察他,心里想:“哇!”你真的能感受到。我想,从技术上讲,他很可能是全世界最优秀的吉他手之一——他和杰夫·贝克。

吉米也很随和。有一次他对我说:“让我们翻唱一首歌。你想翻唱哪首歌？什么都可以。”我回答：“我一直想翻唱正义兄弟[1]（Righteous Brothers）的《你已经失去了爱的感觉》（*You've Lost That Loving Feeling*）。”我们随即自己翻唱了一个版本。我觉得，允许大家搞这么一件荒诞的事，充分彰显了吉米的慷慨大方。

总的说来，我认为他在领导抱团时采取了相当不一样的态度，不是吗？非常轻盈浪漫。抱团并不具备齐柏林或猪队友那样的严肃沉重。

相较你曾合作过的其他音乐人，与吉米合作有什么不一样的地方？你认为他的工作方式有什么不同寻常之处吗？

在某种意义上，他是个创作天才。跟你说实话，我之所以几乎是直接把录音室素材留给他，就是因为他很擅长。我从不认为他只是技术好，因为他也具备极佳的音乐触觉，并且拥有超过绝大多数音乐人的录音室知识——肯定比我多。我必须很努力才能跟上他的步伐。我处理音乐的方式，仅仅是“感觉”它。

你们写歌时，是否很快就写好了？据我所知，吉米喜欢在录音室里保持高效率。

哦，我也是这样。我痛恨浪费录音时间。我总是速战速决，吉米也同意这样做：你在排练时把所有跑腿活都做好，就不会浪费录音时间了，因为租录音室是很贵的。我讨厌这种性质的浪费。另外，我喜欢在排练室里下苦功，这样当你进入录音室时，你就很清楚地知道你究竟要做些什么，也便可以专注于表演了。这会使你更容易达到自己想要的质量。

---

1 正义兄弟，老牌流行歌曲二人组，代表作为电影《人鬼情未了》的主题曲《奔放的旋律》（*Unchained Melody*）。

我听说，你在录音室里演唱时，喜欢在一到两遍内录完。

是的。如果你录上一百遍，你会有所失去。你或许能追求到你想要的声音质量，但是能量、愉悦等都尽数消失了。你应该永远尝试从表演中释放些许激动人心的东西，而这是一桩一锤子买卖。

这就像表演——你必须在确切时机进入良好的状态。

这简直太对了。我想你必须将自己全身心投入到音乐中。我通过听某些人的音乐学到了这点——诸如奥蒂斯·莱汀[1]（Otis Redding）和威尔森·皮克特[2]（Wilson Pickett），以及布鲁斯歌手约翰·李·胡克尔、B.B.金和阿尔伯特·金等人。他们唱歌时真诚得浑然忘我，而这是演绎音乐的唯一方式——我是这个意思。你应该在排练中完全学会这首歌，这样待到你进入录音室时，就能把技巧全抛到脑后，传递出音乐的真实面貌。我喜欢真诚的演绎。我想这应该是所有音乐人的表演原则。

抱团让你觉得最棒的事情是什么？

对我来说，当然是它令吉米重返摇滚世界、音乐人生。这是我组建抱团的全部目的。看到他回归正轨，我实在太高兴了。在音乐层面上，我喜欢《保证满意》（*Satisfaction Guaranteed*）、《放射性》、《午夜月光》、《女士》（*Lady*）——我喜欢那些有创意的歌。而且我们做了不少棒呆了的现场表演。

歌迷和乐评人不约而同地认为，吉米作为怪人的声名，甚至要高过他的摇滚明星身份。对你来说，他是一个“正常人”吗？

从某种意义上看，吉米是个再正常不过的人。但他身上也总有些不大一样的维度——他简直是个巫师。在很多方面，他都可以被称为

1　奥蒂斯·莱汀，生于1941年的灵魂歌手。

2　威尔森·皮克特，生于1941年的R&B歌手，以台风狂野、服装奇特闻名。

炼金术士。无论他做什么，都会用魔法学来做解释。

抱团在发行了两张专辑后宣告解散。你是否认为自己实现了目标？

是的，我已经实现了我的愿望，那就是看到吉米开心。当我们解散时，他处于极好、极好的状态。

为什么这一点对你来说如此重要？

它之所以如此重要，是因为毒品和抑郁使得自由乐队的吉他手保罗·科索夫永远离开了我。我始终后悔自己什么都没为他做。我很担心我们或许会失去吉米。

10

关于音乐，我还有很多要说

佩奇录制了他第一张也是唯一一张个人专辑，回望齐柏林飞艇，并且与流行金属歌者大卫·科沃戴尔一起发行了一张颇具争议的专辑。

1986年12月，佩奇与一名24岁的路易斯安那女子派翠西亚·艾柯（Patricia Ecker）成婚。他们相遇在新奥尔良，她在当地一家法式餐馆当女招待。吉米表示两人之间很快就擦出了火花；他们相伴到1995年，并于1988年4月26日生了一个儿子——詹姆斯·派崔克·佩奇三世（James Patrick Page Ⅲ）。这对夫妇搬去了吉米位于温莎的房子，他随即在那里启动了对第一张也是唯一一张独奏专辑《先驱者》的筹备工作。佩奇起先考虑将之打造为一套双张合辑，以四面唱片分别代表他演奏风格的四个方面。

不幸的是，作曲阶段刚刚开始，佩奇挑选好的小样便有好几张从家中失窃了，一并消失的还有齐柏林飞艇的样带以及一些个人物品。失窃事件再加上其他一些原因使得这位吉他大师重新考量起了他原本的打算。

1988年，佩奇对记者巴德·斯科帕（Bud Scoppa）表示：“《先

大卫・科沃戴尔与佩奇，1993 年（© 罗斯・哈尔芬）

驱者》成型期间我的想法也在不断变化，它是我职业生涯中投入精力最多的专辑。结果，我再也不想做成双张大碟了——这简直是受虐狂式的任务。”

很明显，佩奇向这张丰富多样的巨作中倾注了大量创见。他声称，在录制专辑中的每段独奏与素材之前，他都要先尝试四种弹奏方法再做最后决定。吉米在《先驱者》中的演奏在各种意义上都堪称对一种新颖且更为个人化的风格的终极表达，这是他自《肉体涂鸦》起的探索的结晶。较之早期的齐柏林作品，新作比较松散随意，却有着更具棱角的节奏和更为复杂的结构，佩奇吉他的音色亦与《齐柏林飞艇Ⅱ》和《齐柏林飞艇Ⅳ》有着显著不同。

推出于1988年6月19日的《先驱者》颇为全面地总结了佩奇在80年代后期的吉他风格。其中有许多歌都在基底（texture）的基础上加上了好几层素材，和谐的吉他声则引领听众深入享受这一技法。甚至连更为通俗的曲目，比如由大嗓门的布鲁斯歌手约翰·迈尔斯（John Miles）主唱的狂野歌曲《浪费我的时间》（*Wasting My Time*）和《想做爱》（*Wanna Make Love*），也被烙上了复杂灵动的节奏、跳弹的音符、纷乱繁复的内容，以及音色尖锐、灵感恣肆的独奏。

这张专辑在三件卓越"乐器"的支持下完成。某几首感情热烈的布鲁斯小调由克里斯·法罗演唱；另外还有一位特邀嘉宾，他名叫罗伯特·普朗特。也许是由于这三位主唱风格太过迥异，评论家们很难将《先驱者》视作一张浑然一体的大师之作，不过紧随其后的巡演却收获了广泛的认同。与他同抱团乐队开的演唱会不同，佩奇的1988年《先驱者》系列演出——由迈尔斯担任主唱，约翰·邦汉姆的儿子杰森担任鼓手，德班·拉沃德（Durban Laverde）担任贝斯——是对其音乐生涯的整体回顾，并且囊括了早期成果如"新兵"时代的《动力火车》、飞艇的荣耀之作《在山那边遥远的地方》和《蛋奶派》，以及从《猛龙怪客Ⅱ》、《先驱者》及抱团乐队的专辑中精选出的近作。

这轮巡演为佩奇的下一步大动作揭开了序幕：一场迟来太久的飞艇作品更新换代。自这支乐队解散的十年来，黑胶唱片从市场上尽数消失了，飞艇的所有专辑皆被转录为激光唱片。"大西洋唱片以CD形式重新推出了这些歌，可我却没能参与到这项工作中。"佩奇抱怨道，"至于它们到底是怎样被'制作'的，我听到了许多糟糕的传闻，如果你觉得那也配叫'制作'的话。我一点都不觉得他们用心了。比如，他们把《在我弥留之际》结尾处的咳嗽给剪掉了，这可是会惹恼齐柏林乐迷的。”

佩奇和录音技师乔治·马里诺（George Marino）夜以继日地在纽约的斯特灵录音室（Sterling Sound Studio）中加班加点，为飞艇的精选集打理修缮。他们的成果就是1990年的《齐柏林飞艇》，一部包装豪华的亚特兰大公司四碟套装。佩奇翻出了尘封已久的母带并通过现代EQ系统将之转录，并亲自监管歌曲的选择和排序，而他的追求可远远不只是回首光辉过往：“我极其热烈地渴望着令乐队和它的音乐都焕然一新。”

以当时的技术水平来衡量，最终成品是对齐柏林飞艇全面的音质提升。马里诺回忆说，这项任务并不简单，需要在技术与美学层面做出大量颇为艰难的抉择。

“吉米花了好几个月来寻找原始的录音带，”这位技师于1991年告诉记者乔·巴索，“他尽可能地确保我们的素材全部来自原始母带。你简直想象不到这究竟需要做多少发掘工作。有的带子在大西洋唱片，有的带子在吉米家里，还有的带子散落在世界各地的录音室。即便是敬业且职业的艺术家如吉米·佩奇，自1969年以来的诸多带子也有很大可能被封存入库、不知影踪。吉米为了找回它们不遗余力，遍寻全球。”

“当我们最终将母带做出时，必须要修正一些由时间的流逝造成的音质损失。但总的来说，我们想要达成的目标是让每首歌都展现出它的音乐性，并爆发出能量。如果说我们为了使音调更美而追求均衡，却在同时制造出了一些杂质——比如些许噪音或失真——我们会将之完全忽略。实际上，以CD形式发行并不意味着一切都要十全十美。

“我本以为整个项目会是一场噩梦，但是吉米真的将它变得非常有趣。他知道世上有太多乐迷会为这张专辑欣喜若狂，而且他发自内心地希望它出版时能具备极高的完成度。看到他完全沉浸在这些歌曲中真是太好了。”

这盒超大超豪华的CD套装本该很容易起到佩奇的落幕之作的作用——堪称是对其巨无霸级成功的纪念丰碑。然而，这个项目却重新令他焕发了活力，使他在A&R的高管约翰·卡罗德内（John Kalodner）的建议下，与白蛇乐队的主唱、签约在格芬唱片（Geffen Records）旗下的大卫·科沃戴尔于1991年开始打造共同的新专辑。

“齐柏林飞艇CD套装的成功本该使人对开辟新疆场望而却步，但它却使我发觉自己在音乐领域还有很多事情想做想说。”佩奇表示，“大卫是其中的核心元素。自打齐柏林的始创时期过去后，我再也没有拥有像这般合作紧密的创作搭档。这是我近十年来最为认真的一次。”

纵使吉米兴致勃勃，媒体却很快揪住科沃戴尔“名气不及佩奇”这一点，不屑地称这名耀眼的歌手不过是个普朗特的跟风者。佩奇像弹烟灰一样将这些评论弃置一旁：“我们俩的脚一样大，还抽同一个牌子的香烟，这才是我对‘搭档’二字的定义！”

科沃戴尔的回应则更彬彬有礼一些。这位个性外向的主唱很痛快地承认了他的形象确实有些问题，但他将自己与佩奇的合作视为与过往一刀两断的大好良机——他曾在一些做作且色情的MTV台录影带——比如《宝贝又是我》（*Here I Go Again*）——中扮演重要角色。“我早就对身为白蛇的一员感到异乎寻常的厌倦，因为这支乐队的重心始终都不在音乐上——录影带、媒体与化妆反而比写歌唱歌还重要，”科沃戴尔如是说，“它已经退化成了——就好比——‘瞧一瞧看一看啦，我要披上一件穿起来更不舒服的衣服啦。’毕竟80年代的时代风潮是金属乐队都要穿紧身腈纶装。”

即使受到重重质疑围攻，发行于1993年3月的《科沃戴尔与佩奇》（*Coverdale and Page*）仍然在英美两地的排行榜上争得了一席之地，达成了白金销量。这是一个短命的组合，但是它却撮合了佩奇与普朗特于一年后的重新合作。

对　话

“科沃戴尔与佩奇”是怎么组起来的？

在《齐柏林飞艇》套装推出后，我有了九到十个月无所事事的假期，尽管我一直跃跃欲试着想要再出来弹弹。那段日子里，我、普朗特与约翰·保罗·琼斯的团队都感到我们应该以某种形式重聚一下。我们不确定到底是搞一轮“前所未有的传奇巡演”呢，还是录一张新专辑，或者把这两件事都干了。

不幸的是，这些计划都没实现。所以挨过这段搅得我心神不宁的小插曲后，我考虑再出一张个人专辑。我开始物色歌手。我在一盘又一盘录音带中艰难跋涉，但它们中没有哪怕一张能让我有动力抄起电话去联系经纪人。

然后我当时的经纪人给我打了电话，问我是否考虑与大卫合作。我说：“这倒挺有趣，他是个棒呆了的歌手。让我们看看我们能否合得来吧。”我始终觉得，如果我们连谈都谈不来，也就没什么可能共同创作了。事实证明，我们简直是天作之合。

下一步是看我们的创作火花究竟有多激烈。我们是两个“重量级人物”并不意味着我们一定能生成匹配我们二人声名的化学反应。我们决定先花两个礼拜试试看。我估计，如果我们够走运，大概能搞出四首歌。结果，我们一拍即合，灵感呈喷射状态。

所有的想法都是崭新的吗？

这倒没有——有一个连复段是我在相当长时间以前想好的。《摇动我的树》（*Shake My Tree*）一曲开场处的乐句本是我打算用在齐柏林飞艇的《重整旗鼓》中的。当时大家对这个段落一点兴趣都没有。除了邦佐，似乎没人知道该怎么把它处理好，所以我决定把它捡回来用，而大卫立刻就与它产生了共鸣。他当场编出了歌词，然后我们便开始相互激发灵感，直到写出了完整的歌。

罗伯特在公开场合表达过对你们这个组合的不看好。

他到处说我坏话。就连我去美国宣传《先驱者》的时候，我听到的也全都是什么“罗伯特说了这个”、“罗伯特说了那个”。这可真够烦人的。害得我只能不停地反驳：“我们就不能聊聊《先驱者》吗？”

在你和大卫充分磨合、可以顺畅合作以后，又发生了什么？

我们的灵感旺盛如泉涌，所以当务之急是抓紧捕捉。我们用上了一台五十美金的老式录音机，而它在某种意义上简直成了护身符。我们所拥有的设备只有一台小小的 Vox 牌吉他音箱、一把木吉他、一盘录好了一些鼓点节奏的磁带，还有就是那台录音机了。

写了五六首歌后，我们请来了贝斯手瑞奇·菲利普（Ricky Phillips）和“心”乐队（Heart）的鼓手丹尼·卡马西（Denny Carmassi），并在一台雅佳牌的十二轨机器上录好了小样。当我们完成小样后，大卫和我再接着用那台无线电器材公司生产的录音机工作，写了更多的歌，接下来再用那台雅佳。这张专辑的节奏部分是在温哥华的小山录音室（Little Mountain Studio）录的，它在捕捉原声鼓方面享有盛誉；至于人声与伴奏，我们则是在迈阿密的标准录音室（Criteria Studios）完成的。

通过基底与加诸其上的素材（overdub），这张专辑最大限度地实践了你的“吉他军队”理念。

从吉他发出的普通信号中可以分辨出两或三种完全不同的吉

他音箱。这些吉他音箱随后会混合在一起发出声响。我总是想把这个方法应用到录音中，但是从来就没有录到过数量足够的轨道。这次我足足有 72 轨可以随心所欲地搭配，所以我充分利用了这个优势。

我之所以有底气这样做，是因为我们想要放慢速度以保证质量。我希望展现出自己的最强实力，那可是自打齐柏林岁月后我状态最好的一段日子。

节奏部分是怎么录音的？

与主奏和伴奏一样，所有的节奏都是与其他音乐家共同在现场完成的。另外值得注意的是，除去吉他、吉他音箱与效果器上的变化，我们也录制了一个直接馈电——这是吉他的一种原始信号，可以直接通到操作台中。

当你进行现场演出时，一定的节奏推动对于保持歌曲的感觉至关重要。不过一旦你开始分层、加入伴奏了，就会发现之前录制的节奏吉他其实挺弱的，需要大大加强——待我发现这个问题对专辑音效造成了困扰时，我将原先录好的节奏通入了扩音器，然后重新录音以增强原始的节奏。

你是在专业的录音棚里录音，还是用录音器材在普通房间里录的？

当然是在房间里用吉他音箱和扬声器录的。吉他的拾音器与吉他音箱间的相互影响是我的个人风格的一个重要组成部分，如果我站在控制台中这种风格也就不复存在了。我喜欢让音色恰好徘徊在产生或不产生回授音效的边缘。这样录音的唯一缺点是必须戴耳机，我对此不是很享受，但它们是必须经受的折磨。

你曾经用器材“加强”过你的演奏吗？我的意思是，你曾将不同的吉他音箱多次用于自己的段落，以使之更为突出吗？

当然。《现在结束》（*Over Now*）就是十分典型的一例。但是有关这首歌有个十分有趣的故事。乐队一起排练了几轮，接下来，在坐下讨论了到底哪次表演感觉最好后，我又另找了一台别的什么吉他音箱来加强节奏轨。不过首先，为了看看我的弹奏到底怎么样，我决定将加强过的那一次与之前某个被否定掉的版本比对一下。结果证明二者听起来几乎相同——这可实在有些诡异。我两次都和谱子分毫不差。这可真是个鼓励！

尽管这张专辑是通过先进的器材完成的，你仍然避免使用 rack 效果器。

这倒没错。我确实用了一个 DigiTech Legend 21 rack 效果器组，但大体上讲我是踏板的坚定支持者。既然我是最早开始使用踏板的人之一，那为什么要放弃它呢？大体上讲，对我来说坐下来思考“我要把这个、这个和这个混在一起，再朝着预期迈进”是挺容易的。也许我最喜欢的效果就是《现在结束》中用的那个了。在大卫唱完“我放出了佣兵[1]”后，你可以听到那声咆哮——为了造出这个声效，我用上了那把紫色的 B-Bender Les Paul，经由一块 60 年代早期生产的 Vox 哇音踏板，以一台 DigiTech 的哇音效果器来使之“深沉”，还有一台旧的 Octavia，以及我的某条一百瓦 Marshall 超级引线——我曾在齐柏林飞艇中使用过它。

在《骄傲与乐趣》（Pride and Joy）中，你的口琴吹得非常不错。

我早在做客席乐手时就开始吹口琴了，不过最近 20 年没碰过它，

1 原文为 dogs of war，是战犬、战争造成的破坏之意。

所以吹起来蛮有趣的。但是我花了两个小时才找回了吹口琴的感觉。我吹得太用力了，简直眼冒金星！

你曾因自己巨大的声名而倍感压力吗？

我从未被声名所累。我天生就对自己有着离谱的高标准严要求，我是自己最苛刻的评论人。当我表现不好的时候，我是知道的。

今日再回首，你怎么评价《科沃戴尔与佩奇》这张专辑？

整个操作过程毫不拖泥带水，合作十分融洽。我原本就是想通过它证明自己仍然活蹦乱跳并且精力充沛，从这个意义上讲它可真是巨大的成功。

插　曲

一览表：吉米·佩奇最常使用的吉他、吉他音箱与效果器

假若吉他是女人，多数吉他手都是不折不扣的滥交主义者——相较之下吉米的后宫虽然规模不大，却更为团结和有实力。这些年来他显然也有过几次“出轨”，但以下列出的吉他、吉他音箱和效果器，是他最常使用、拥有最高出镜率的好伴侣。

1960 年产 Les Paul 定制款

这把“黑美人”是在 1962 年花 185 英镑添置的新琴，1963 年至 1966 年间佩奇在多数活动中都使用了它。这把定制款最突出的特点大概就是它的 Bigsby 颤音系弦板，以及三个拾音器（有别于通常情况下 Les Paul 的两个）。简单说来，那个多出来的拾音器为佩奇提供了更多的音调与音色——从高调欢快的高音，到丝般润滑的低音和中音。在他还是一名客席乐手时，由于不知道自己将会被要求演奏哪种音乐，所以在手边多屯几种音色，对他的生计维持与事业成功而言至关重要。出于这样的目的，这把燕尾服黑的吉他是非常理想的伴侣。

始终热衷于探索声音极致的佩奇，又为这把琴做了额外的改装。在齐柏林飞艇时代，佩奇和美国吉他手、技师乔·贾默（Joe Jammer）为这把琴发明了一种三倒钩装置。

“它原本只有一个倒钩，所以吉米换拨片时很不方便，且上台时只能带两个。”贾默说，“我把这个钩取了下来，另外安上了三个可拆卸的新钩。这个系统使他得以自由取用任何拨片组合。”

佩奇太爱这把吉他了，以至于他很少带它上路，因为担心不小心磕碰了它。但是由于齐柏林飞艇发展得过于顺利，佩奇改变了主意，在 1970 年 1 月至 4 月期间将它带上了巡演征程。不幸的是，灾难降临了。“在我们前往加拿大的途中，它在机场被人偷了，根本没有到达目的地，”佩奇不无理由地抱怨道。有个著名事件是，他在《滚石》杂志上刊登广告悬赏寻找这把吉他，不过也是毫无收获。他经常提到这把吉他，称之为“那把离我而去的”。

1959 年产 Telecaster（“泰利龙”）

这是杰夫·贝克在 1966 年赠送给佩奇的礼物，是佩奇在新兵时的主要武器；1968 年至 1969 年 5 月期间，他亦于齐柏林飞艇中使用过它。它本身是白色的，但是 1967 年春天，佩奇在上面画了八个圆圈；那年的晚些时候，他又将之擦掉，以龙为主题重新画了图样。我们在《齐柏林飞艇 I》中听到的音乐大多是由它演奏的。他后来用这把琴录了《通往天国的阶梯》中的吉他独奏。

1959 年产 Gibson Les Paul 标准款（“正妻”）

“它是我的情妇，我的妻子。”提及这把被使用得最频繁的吉他时佩奇如是说，“它绝对是不可替代的。”

很难说到底是什么催生了一见钟情。尽管若以“flame-top”[1] 的标准来衡量它很难称得上是美人，但佩奇的“正妻”仍然凭借杰出的声效弥补了自己视觉冲击力上的不足，而且有些特质更令它注定是佩奇的好伴侣。

---

1 Gibson 某款琴的型号。

这把光芒耀眼的1959年产金黄色吉他——从当时尚是“詹姆斯帮”吉他手的未来“老鹰”成员乔·沃尔什处以500美元购得，后来制造了一系列齐柏林名曲——在许多方面都颇为独特。它的琴颈细瘦而粗糙（值得注意的是它的指板头处没有出厂序号），这是因为沃尔什在把它卖给吉米之前将琴颈用砂纸打磨了。除此之外，佩奇还改装了它以与Grover调谐器相匹配——在使用1960年产Les Paul定制款期间，他渐渐习惯了这种调谐器。

“Grover的产品比原装的更敏感，”佩奇解释道，“而且风行了很长一段时间——这已经说明一切了。在飞艇这类吉他贝斯鼓三大件乐队里，你不能忽略这种小配件。当时乔·沃尔什坚持要我买下它，他的判断很对。”

佩奇爱他的吉他，但是他也很愿意用它来追求势均力敌的对手的效果。80年代，他要求供职于自己录音室的维修工程师史蒂夫·霍伊兰德（Steve Hoyland），通过加装push/pull tone pots来获得某种“接近彼得·格林和B. B. 金风格”的反向声音。

1959年产Gibson Les Paul标准款（“侧室”）

每个吉他手都需要一把备用乐器，以提防台上或者录音棚中突然出现的意外情况。在为“正妻”埋头苦寻了好一阵子替代品之后，佩奇终于在1973年购入了琥珀色的“侧室”。

刚入手二号时这把琴尚是原装配置，但随着它渐渐跻身他最常用的乐器之列，也便免不了要做些许改装。首先，他用砂纸打磨了琴颈，以使它的手感与一号琴大体相当。80年代初，他决定重新开发一下它，以探索“这双线圈拾音器究竟能发挥到什么程度”。佩奇为两个拾音器设计了一种智能的调音系统，来实现其分离、串联、并行和进退等多个选项。成品由安装在吉他上的四个标准控制器构成，并在亲身护板下面加装两个按钮，从而使之可以发出音调广泛得难以想象的声音，从最尖锐的高音绵延到最浑厚的低音。

Harmony Sovereign H1260 **平板吉他**

佩奇记不清他是在何时何地买的这把 Harmony 牌的原声吉他了，只是隐约有个印象是在新兵时代购于某家本地乐器行中。彼时更为高档的原声琴——如 Martin 和 Gibson——尚不能在英格兰购得，所以他挑了这把足够大的平板吉他。这把 Sovereign 凭借它几近无限的低频响应以及清晰尖锐的高音端，令佩奇弹起来非常顺手，以至于出现在了《宝贝我将要离开你》、《继续漫步》、《朋友们》以及《通往天国的阶梯》中。

罗伯特・普朗特和佩奇，以及他的 EDS-1275 6/12 双颈琴（© 吉姆・马歇尔摄影公司）

1971 **年产** Gibson EDS-1275 6/12 **双颈琴**

EDS 双颈电吉他是吉米的标志性乐器，尽管它很少被用在录音室里。它留下了数不胜数的照片，作为一把非同寻常的“二琴合一”，既美观又实用。在佩奇的许多最卓越的作品中，他经常在同一首歌中将六弦琴与十二弦琴交替使用，尽管在录音室里这很容易做到，但这种闪电般的任务却根本不可能在现场演出中完成。使用这把 Gibson 的双颈琴——其一为十二弦，其二为六弦——可以使他在音乐会上不仅省去换琴之苦，更有型有格。虽然佩奇定制这把琴的初衷是为了现场版的《通往天国的阶梯》，但他很快在台上将之用于《歌声依旧》等曲目。

1965 年产 Fender Electric Ⅻ

倘若吉米从不在录音室中弹奏 Gibson 双颈，他究竟用什么琴来演奏诸如《谢谢你》、《歌声依旧》、《当大堤决口》以及《通往天国的阶梯》呢？吉米表示，他的选择是旭日色彩的 Fender Electric Ⅻ，它是他在新兵时获得的。

很难在照片或者现场中看到这把琴，不过在 2009 年春天它来了一次相当戏剧性的出场——吉米将它从冷藏室里翻了出来，带上了摇滚名人堂的晚宴，与刚刚入驻名人堂的杰夫·贝克一起表演了《贝克的波莱罗》与《移民之歌》。

1961 年产 Danelectro 3021

由梅森耐特纤维板与白杨木制成的 Danelectro，通常被视作便宜的经济型吉他，但这并不能阻止佩奇看到它的巨大潜能。这件乐器的弦声极富魅力，听起来就好像 amplified 原声吉他，使得佩奇愿意将之用于西塔琴般的 D-A-D-G-A-D 调的歌曲，包括《白色夏日》、《黑山一侧》以及《克什米尔》。他也在一些奔放恣肆的歌曲如《在我弥留之际》中弹奏它。1982 年，原来那个 Danelectro 不锈钢琴桥被 Leo Quan Badass 琴桥取代，另外还配有独立的可调节弦桥，以便进行更精细的调音。

1953 年产 Fender Telecaster

这是唯一一把威胁到佩奇“正妻”的地位的吉他。这把“泰利”于 1975 年 11 月购得，在 1977 年的齐柏林巡演上被用于《热狗》与《十年已逝》两首歌。两年后，为了 1979 年的内布沃斯演出，佩奇将它的枫树琴颈卸下，换作了原本属于 1959 年 Dragon Tele 的黄檀木琴颈。

这把“泰利”经改进后加装了 Gene Parsons/Clarence White B-Bender，从而使佩奇可以折弯它的 B 弦，使之上升整整一调达到升 C，音色接近钢板吉他——这大约是该产品最著名的特色。然而，佩奇却用这一装置创造出了独树一帜的诡异质感，绝好例子便是罗伯特·普朗特的《壮阔的爱》（*Sea of Love*）中那段慵懒随性的独奏。

说到音调，这把锐利的棕色 Telecaster 与佩奇的宝物“正妻”Les Paul 间的差别已经大得不能再大了。但或许这正是它的用武之地。齐柏林飞艇变为过去后，佩奇对开辟新道路产生了兴趣，在 1983 年的 ARMS 巡演上将这把“泰利”用作他的主要乐器，而且在 80 年代抱团以及《先驱者》的巡演中，大量地使用了它。

吉他音箱与效果器

推测飞艇的歌中到底用到了哪些吉他音箱，有点像是个蠢货才会玩的游戏。不知是记不清了还是宁可让人们猜来猜去，吉米很少谈到他的录音室用吉他音箱——但当谈及这个话题时，他反驳道，真实原因其实是每当有人传说他正在使用某个牌子，它很快就会销售一空，害得他很难买到合适的备用品。

这说明，我们肯定已经知道了一些事情。在 60 年代，不列颠的多数录音室和舞台上都能找到 Vox AC30。当时吉米还是新兵的成员，他与许多同行一样，使用这种具有“高推”（或者说“提亮”）功能的吉他音箱，可以添加些许撕碎、炸裂般的声效。起初这支 30 瓦的小型爵士乐团尚能满足需求，但是更大的场地需要匹配更大的音量，所以待到齐柏林早期的巡演中，佩奇开始使用 Arbiter Power One Hundred 音箱头以及 4×12 音箱。这一时期他还用了 120 瓦的 Vox UL-4120 吉他音箱。

在 60 年代进行全美巡演需要克服很多困难，而运送器材漂洋过海的巨额花费正是其中之一。于是美国产的吉他音箱也在这些演唱会上亮相了，我们可以看到佩奇登台时携带由 Rickenbacker、Univox 以及 Fender 的吉他音箱共同组成的大杂烩。

鉴于非专门设计的器材并不总能满足佩奇的要求，所以改装吉他以及原装定制组件就变得非常必要了。首先介绍 Hiwatt Custom 100 "吉米·佩奇"吉他音箱——该组件组成了一只脚踏板，消解了对法兹音块的需求，被用于 1969 年至 1971 年间的巡演，直至他改用了 1959 年产的 Marshall 超级引线。

踏板的问世赋予了音乐崭新的音色与质感，自其风行于世的这些年来吉米亦添置了几块特殊装备。法兹效果器和哇音踏板是市面上最早的一批吉他效果器，其中，吉米对 Sola Sound Tone Bender 以及 Vox 的灰色哇音踏板情有独钟。磁带录音延迟器是另一款当时的新发明，他试验了好几款不同的型号，最后在 Maestro Echoplex EP-3 上安定了下来。

富有创造力地将这些效果器组合应用，可以制造出前所未有的惊人声效，而其中最富异国情调的便是 Echoplex 和这一品牌出产的 Sonic Wave 特雷门琴——一种电子乐器，用演奏者的双手隔空控制一对天线，产生女鬼[1]般的高音。对这种怪异的左右开弓的演奏的最经典运用，当然要数录音室及现场版《爱满载》的中段。

1 原文为 banshee，指爱尔兰传说中以哀号通知家中有人死亡的女鬼。

11

我们老了，也更有智慧了

佩奇与罗伯特·普朗特重聚；参与黑乌鸦乐队（The Black Crowes）巡演；齐柏林飞艇重组；在中国展现吉他英雄的魅力并且开始使用互联网这一新型传播渠道。

唱片业从业者、经纪人、记者以及歌迷们持续不断地向吉米·佩奇和罗伯特·普朗特表示，希望他们能重组齐柏林飞艇，但是截至90年代早期，大多数人都认为这个双人组的光辉岁月已经宣告结束了。

但在1993年，彼时大热的MTV电视台“不插电”系列节目向罗伯特·普朗特发出了邀约——埃里克·克拉普顿、保罗·麦卡特尼（Paul McCartney）、鲍勃·迪伦和布鲁斯·斯普林斯汀（Bruce Springsteen），都曾是这个节目的座上宾，在其中表演他们最知名作品的原声版本。

MTV希望普朗特回顾他的齐柏林岁月，但这位歌手却难以想象在没有佩奇的情况下做这件事。时机看来刚刚好。在过去的几年里佩奇和普朗特曾在一起弹过几次作为余兴活动，无论飞艇时代产生了多

齐柏林飞艇重组演出前两分钟，2007 年（© 罗斯・哈尔芬）

少高压与矛盾，如今也已如树林中的烟雾[1]般消散了。

正如佩奇在 2004 年告诉记者查尔斯・沙・莫里的那样，“当罗伯

1 原文为 rings of smoke through the trees，系《通往天国的阶梯》中的歌词。

特的经纪人打电话让我去波士顿见他时，我正在前往洛杉矶的途中，准备与大卫·科沃戴尔排练日本巡演。罗伯特说，‘MTV 台叫我去做不插电，而我真的很想和你一起做。’我同意了。这真是一次很好的体验，因为它给了我们机会去改编老歌，并赋予了它们非常、非常不同的面貌。”

两位音乐家之间的化学反应是显而易见且极度迷人的。在 80 年代，二人都作为独奏艺术家发行过极其迷人的音乐——有趣的是，质量上都距齐柏林飞艇差得很远。在他们重新聚首后，很快意识到二人组的能量大大多过单打独斗。多数摇滚乐手都将登上“不插电”视作一次以在其他情况下无法实现的私密形式呈现旧作的机会，而普朗特和佩奇则采取了一种远为大胆的形式。他们的重组绝非一次精致优雅的怀旧，而是一出惊人的奇观。

在 1994 年的前半年，他们聚合了一队世界各地的音乐家与编曲者，重新思考、回顾齐柏林飞艇的音乐。这个彼时尚未成熟的概念，意在将凯尔特、中东、北非以及非裔美国音乐的元素融入到齐柏林飞艇中。最终，他们招募了一支 7 个人的民谣摇滚乐队，乐器为手摇风琴、曼陀林、宝思兰鼓[1]（bodhran）和班卓琴；一支 11 个人的埃及合奏组；4 位来自摩洛哥的音乐家；以及伦敦大都会管弦乐团的 28 位弦乐手。

为了为他们的多元文化版不插电加一个感叹号，佩奇和普朗特在摩洛哥的马拉喀什和北威尔士的斯诺登山脉（他们在那里创作了《齐柏林飞艇Ⅲ》中的部分曲目）拍摄了特别片段。对佩奇来说，1994 年 8 月这段在摩洛哥的经历着实激动人心。他和普朗特在格纳瓦[2]（Gnawa）的音乐家们的伴奏下，于马拉喀什街头表演了几首新作。

1　爱尔兰的一种山羊皮鼓。

2　摩洛哥的苏非派禁欲神秘主义血誓兄弟团体，成员多为奴隶后裔，以降灵、辅灵、驱灵仪式音乐闻名。

当不列颠双人组奏起北非风情的原创曲目如《城市不哭》(*City Don't Cry*)、《哇哇》(*Wha Wha*)和《快点》(*Yallah*)时，本地人也前来观赏，满怀好奇与欢欣。

"1994 年罗伯特和我与格纳瓦的玄幻乐[1](Trance)音乐家们的合作，与 1972 年同孟买音乐家的合作一样刺激。"佩奇说道，"格纳瓦的音乐家们在婚礼和庆典上演奏，然后他们就走进屋子驱逐恶魔。他们在一个非常不同的文化环境中起到了非常精神化的作用。他们确实从未听说过我们的音乐——而且真的一点都不在乎我们。但我们也只不过想和他们有点交情，这样每个曾参与过这个项目的人有朝一日都可以说：'是的，挺酷的。我记得我曾和那些英国人一起弹过琴，很有趣。'"

短短几周过后，佩奇和普朗特再度召集了 40 多位音乐家在伦敦的录影棚中粉墨登场，录制了《旦夕之间：吉米·佩奇与罗伯特·普朗特的漫游》(*No Quarter*: *Jimmy Page and Robert Plant Unledded*)。在录影前的几个月，键盘手艾德·席阿莫(Ed Shearmur)与埃及打击乐手侯赛姆·兰姆齐(Hossam Ramzy)被派与了一项巨大的任务，即精心打磨野心巨大的管弦乐，将风格迥异的各个部分组合为坚实有力的整体。

"艾德·席阿莫和我花了大量时间在一起讨论音色、节奏与模式，然后我们在他家里的录音室中做实验，"兰姆齐告诉记者尼尔·戴维斯(Neil Davis)，"艾德会将这些想法呈献给罗伯特和吉米。如果其中有他们喜欢的，我们就会找来那些埃及音乐家与作为核心的摇滚乐队排练，来看看是否能融为一体。"

在这个过程中，编曲者认为融合诸多看似完全不可能融合的元素的最好方式，乃是将它们并置而非叠加。据此，他们致力于在齐柏林

---

1 即格纳瓦的特色音乐，因据说拥有能引起幻觉的神奇效力，故被称为玄幻音乐。

飞艇和埃及的节奏之间寻找轴心点，并将卓越的效果用于《克什米尔》、《朋友们》与《四根魔棒》的编曲。这一动态的演绎，在不消解二者本身的艺术特性的前提下，充分展现了飞艇音乐自身的灵活性。

1994 年 10 月 12 日，90 分钟的《旦夕之间：吉米·佩奇与罗伯特·普朗特的漫游》在 MTV 台正式播出，叫好又叫座，甚至使宣传力度远大过此的埃里克·克拉普顿 1992 年的回归演出都黯然失色。《漫游》的胜利鼓舞了吉米和罗伯特继续他们的合作，成果便是《走进克拉克斯代尔》（*Walking into Clarksdale*）。这张推出于 1998 年的专辑，是这一二人组自 1979 年的齐柏林飞艇最终章《重整旗鼓》以来，首张单曲全新的全长大碟。这张专辑由在《旦夕之间》中负责节奏部分的迈克尔·李（Michael Lee）担任鼓手，查理·琼斯（Charlie Jones）担任贝斯，却出乎意料地有着朴实无华的风格，这份淡然有力、宁静简洁之突出，就像《漫游》的奔放巴洛克感之鲜明。齐柏林飞艇向来以不按常理出牌为傲，遵循着这一传统，佩奇与普朗特找来了惊世骇俗的朋克制作人史蒂夫·阿比尼（Steve Albini）来录制《走进克拉克斯代尔》。

凭借为剑走偏锋的乐队，如小妖精（Pixies）、耶稣蜥蜴（Jesus Lizard）和涅槃录制不经修饰的专辑，阿比尼声名大噪。尽管他对于佩奇和普朗特这样的二人组来说似乎是个极其非主流的选择，但三人的理念却出奇的吻合。正如飞艇时代的佩奇，阿比尼录起音来多快好省，并同时致力于捕捉卓越的表演。他相信若想制作伟大唱片，你只需要一支能够演奏出素材的乐队，以及一位有能力挑选素材与放置麦克风的工程师。

“我干活的方式其实与吉米和罗伯特很像，”阿比尼告诉《吉他世界》杂志，“在那些做唱片时还没什么科技可依赖的日子里，人们录制的东西中总有种原初的躁动。自然地，我必须要捕捉这种东西，因为地下摇滚乐队没什么钱可供到录音室中浪费。这也正是吉米和罗伯特所寻求的东西。”

佩奇进一步解释道：“我总是将《走进克拉克斯代尔》视作一个曲集，收纳了有望以音乐呈现景观的歌曲和心情。《在光芒中》便是接近这整幅图景的关键点，其中有高峰、小丘与烟雾迷蒙的山谷。说真的，它是一张氛围的专辑，蕴含着大量信息，虽然是以极简抽象派的风格呈现。这才是《旦夕之间》完成后我们希望前进的方向。但是鉴于有太多音乐家都在这个领域探索，我很难从中脱颖而出。所以我们还是回到了自己所擅长的风格，即为贝斯、鼓、吉他与人声写歌。”

从中不难看到，这种更为直接的形式究竟对我们的吉他手产生了多么重大的影响。在《先驱者》以及他与科沃戴尔的合作中，他探索了复声道录音及现代数码录音的极限。在《走进克拉克斯代尔》中，佩奇对回归自己巨大能量的本源产生了兴趣。甚至这张专辑的名字也拥有强有力的民间渊源——克拉克斯代尔位于密西西比，正是诸如罗伯特·约翰逊、桑·豪斯以及马迪·沃特斯等艺术家生活与演奏的地方，是公认的三角洲布鲁斯圣地——所谓三角洲布鲁斯，乃是影响了一代不列颠摇滚音乐人的流派。从概念设定上讲，它象征了佩奇与普朗特回归本源的强大愿望。

与齐柏林飞艇的《出场》极为相似的是，佩奇希望《走进克拉克斯代尔》成为一张“富有表现力的专辑”，希望其中的每个音符都能恰到好处、“有所意味”、“什么修饰都不需要。”

谈及他与普朗特在合作这个项目时的关系，佩奇毫不犹豫地表达了他对老搭档的赞美。“我们总能顺畅地激发对方的灵感火花，”他说道，“我想念他的声音以及合作关系，他也确凿想念我弹的吉他，这对彼此都有好处。真的很幸运在 14 年后我们仍可以变出当年那种精神。化学反应几乎是即刻的。”

即刻归即刻，即刻也意味着注定不会长久。与抱团极为相似的是，佩奇与普朗特实验计划出版了两张专辑和几轮巡演之后，便以和它出现时同样快的速度消失了。

在接下来的十年里，佩奇和普朗特各走各的路，就像两根风中的羽毛一般不断变换着方向。作为歌手，普朗特对召集乐队和组织不同的计划具有先天优势。2007 年，他凭借格莱美获奖专辑《聚沙成塔》（*Raising Sand*）获得了巨大的商业成功，这是一张美洲元素浓厚的专辑，与当代蓝草音乐人艾莉森·克劳斯（Alison Krauss）合作。

佩奇则艰难地寻找着值得他注意的搭档，并将注意力集中在了精挑细选的短期项目上。他偶尔会回归他钟爱的齐柏林飞艇，制作了《齐柏林飞艇 DVD》以及现场 CD《西方如何溃败》，两张碟均于 2003 年推出。他亦监制了齐柏林飞艇 1976 年的经典音乐会电影《歌声依旧》于 2007 年的重新推出。

在这些一次性的项目中，最具震撼性的是他在 1998 年与嘻哈土豪西恩·柯布思（Sean Combs），即吹牛老爹（Puff Daddy）的合作。这首《跟我来》（*Come with Me*）将吹牛老爹的说唱覆盖于佩奇的吉他之上，以大型管弦乐编配的飞艇的《克什米尔》为伴奏，由愤怒反抗体制（Rage Against the Machine）的吉他手汤姆·莫若罗（Tom Morello）制作，是超级大片《哥斯拉》（*Godzilla*）的原声。

“那真的很有趣，”佩奇回忆道，“我接到了一个电话问我是否对和老爹一起翻唱《克什米尔》有兴趣。他不想搞数字音乐采样那套，想知道我是否愿意在现场乐队的伴奏下弹奏我的吉他部分。这听起来挺不错的。”

“但当他解释他要在洛杉矶录他自己的部分，同时通过卫星连接到我时，这件事变得更有趣了。他给我打电话，表示他希望在歌曲中间的某一点能有个转调。我向他解释由于吉他处于开放式调弦中，所以我宁可以 D 调来演奏。然后我建议我们调至 E 调。他沉默了一会儿，然后说：‘我可不懂什么 D 调 E 调。’我觉得这个答复简直棒呆了！

“我们录完这首歌后，他告诉我他想往歌里面加一支管弦乐团。我说：‘好极了，祝你好运。’结果他加进来了整整两支乐团来制造超级宏伟的音效。我的意思是，这个人或许不懂D调和E调，但他的想象力可真是惊人。

“最后的成品是一出史诗，我也非常享受为它工作。当我们在“周六夜现场”（Saturday Night Live）中表演《跟我来》时，他又把我给震撼了。音响检查和最后彩排期间他始终改变着编曲。我必须得非常集中而且不停数数，这样才能弹对位置。我琢磨着：‘他一辈子也别想记住这些变化。他永远都搞不对的。’但是他都能记住！分毫不差！所以你必须得让他由着性子来。

“有趣的是人们并不理解我为何要与吹牛老爹合作。天啊！这和他们说自己听不懂嘻哈音乐在唱些什么是一样的道理。他们是真的不明白吗？对我来说，成为嘻哈界的一员真的挺重要。做一首这样的歌是个挑战，而我乐在其中。”

1999年10月9日，佩奇和吹牛老爹再度于新泽西的巨人体育馆（Giants Stadium）同台表演了这首歌，目的是支援以对抗贫穷为目的的组织“净援助”（Net Aid）。佩奇在鼓手迈克尔·李（来自佩奇/普朗特组合）与贝斯手盖伊·普莱特（Guy Pratt，来自佩奇/科沃戴尔组合）的伴奏下，亦为广大观众表演了两首器乐作品——名为《多米诺》（*Domino*）的新歌，以及精心编配过的《意乱情迷》——吉他上的旋律经过了精心的修改。

当佩奇宣布他将与亚特兰大的黑乌鸦乐队合作并一起巡演时，这一消息听起来就好像佐治亚半空响起一个惊雷。实际上，早在声明发布之前，他们就已经勾搭了好长一阵子了。1995年，罗伯特·普朗特把佩奇带去观看一场位于阿尔伯特音乐厅的黑乌鸦乐队演出；几天之后在巴黎，佩奇便登台与该团一同即兴了。接下来的几年间，两队人马继续交织着事业轨迹，仿佛命中注定似的以各种形式开展着合作。终于，佩奇被邀请去为一场慈善音乐会打头牌，意在资助两家他最喜爱的慈善机构："用再教育和音乐援助儿童"（Supporting Children through Re-Education and Music，SCREAM）与"为巴西儿童行动"（Action for Brazil's Children，ABC）。

"它在伦敦一家名为Café de Paris的夜店举办，"佩奇说，"罗伯特·普朗特和我一年前在那里弹过琴；这次我想做点不一样的。我的朋友罗斯·哈尔芬（Ross Halfin）建议我去和黑乌鸦乐队合作，当时他们正好在伦敦，准备登上温布利体育馆。"

黑乌鸦乐队对这个提议非常动心，立刻接受了邀请。齐柏林对他们的音乐有着巨大的影响，因此不难看出为什么佩奇会这样有吸引力。佩奇和黑乌鸦乐队都演奏同种形式的狂放布鲁斯，而且黑乌鸦乐队的主唱克里斯·罗宾逊（Chris Robinson）听起来特别像史蒂夫·莫里奥特（Steve Marriott）和泰利·雷德的混合体，这两位都是佩奇曾为齐柏林考虑过的歌手。

6月27日，佩奇和黑乌鸦乐队举办了一场高潮迭起的十首歌演唱会，吸引了近四百名观众，他们将Café堵得水泄不通。表演曲目都是布鲁斯经典，包括吉米·罗杰斯（Jimmy Rodgers）的《矫情的醉汉》（*Sloppy Drunk*）、埃尔默·詹姆斯的《晃晃你的摇钱树》（*Shake Your Moneymaker*），以及一些飞艇的大热曲如《爱满载》和《负心人》。由于气氛着实太好，几个月后，黑乌鸦乐队的经理彼得·安格鲁斯（Pete Angelus）给吉米打来电话，问他是否愿意再多演几场。我们的吉他手觉得这个计划听来蛮有趣。在与罗伯特·普朗特一起探索了创作中的异国情调与原声元素后，他准备与黑乌鸦乐队这支第一流的南方劲旅一同回归毫不妥协的硬摇滚和布鲁斯了。

很快就定出去了六场演出，其中两场将在洛杉矶的希腊剧院举行，全程录影。除了表演齐柏林在现场演出中最受欢迎的歌曲《庆祝日》、《在我弥留之际》与《柠檬之歌》外，佩奇与黑乌鸦亦勇敢挑战了鲜少在演唱会中出现的《都是我的错》、《寻欢作乐》、《躁动莫名》(*Hots on for Nowhere*) 以及编配繁复的《十年已逝》。

“当我们表演《十年已逝》时，我平生第一次在现场听到这首歌的全部吉他部分都被演奏了出来，”佩奇表示，“简直像上了吉他天堂。最棒的是他们确实认真做了功课。我基本上没有碰到什么地方令我不得不停下来说：‘实际上，是这么弹的。’”

这支乐队亦演奏了一版独特的《事物的形状》，将新兵的版本与杰夫·贝克所录制的混合。为了表达对旧友的尊敬，佩奇表演了一段音符完美的对新兵时代的贝克的狂野独奏的再创作，自 1969 年后，他可再也没有做过这件事了。

但倘若没有那些创新的元素，这也便不成为一出真正的佩奇事业。他们决定，双张大碟《希腊剧院现场：超越一切》(*Live at the Greek*：*Excess All Areas*) 将会通过 musicmakers. com 网站发行。考虑到彼时 iTunes 尚是史蒂夫·乔布斯眼中的一抹微光，这可真是一件富有争议与远见的创举。但当佩奇和黑乌鸦成为首个仅仅凭借纯网络单曲便登上排行榜前十名的艺术家时，来自音乐工业的怀疑当即烟消云散，它刚好把住了时代的脉搏。

彼得·安格鲁斯告诉记者阿兰·迪·伯纳 (Alan di Perna)：“并不需要什么才能就能发现舞台上正发生着一些颇为独特的事。吉米的经理人比尔·科比实利 (Bill Curbishley) 和我都感到，倘若我们不将之录下来看看究竟会产生什么效果，便会错过一次真正稀有的机会。起初我们只是想‘咱们把它录下来看看到底发生了什么’，后来，比尔和我开始讨论它或许会成为我们想发行的东西，以及我们究竟要怎么做才能使之特别一点。我说：‘怎么做才能使歌迷在第一时间看到视频？’互联网使这件事的实现成了可能。如果我们选择传统的营销和发行渠道，保守估计也要四到六个月才能抵达唱片店。”

另一个使独立进行的全互联网发行变成可能的原因是，彼时合作双方都没有唱片合约。黑乌鸦乐队才刚离开索尼，而佩奇是没有签约给任何公司的独立艺人，所以他们都可以随心所欲——只有一个例外。“在索尼的合约中，”安格鲁斯解释道，“规定解约后两年之内不得重录任何曾签约给索尼的歌，这就是为什么《希腊剧院现场》中没有任何黑乌鸦乐队的作品。”

专辑发行后，很快成了有史以来互联网上销量最高的作品。尽管《希腊剧院现场》并未直接导致音乐工业蜂拥奔向互联网，但它也确实使得唱片厂牌驻足观望。它亦重新树立起了佩奇作为业界先锋的地位。

不幸的是，他的另一出后齐柏林时代的冒险——他与黑乌鸦乐队之间前途与水准兼具的合作并未持续很长时间。他们与谁人乐队一起举行了一轮巡演来推广专辑，却因佩奇的背部问题被缩短，自此再没有延续。

接下来的几年佩奇过得相对平静，却出产了不少好作品——他夜以继日地加班加点了好几个月，完成了两个非常重要的齐柏林飞艇项目。2003 年见证了《齐柏林飞艇 DVD》的推出，其中收录了乐队的 12 年职业生涯中唯一由专业团队摄录过的现场（其细节已经在第七章中有所描述）。

为这张 DVD 做了极好注解的是《西方如何溃败》，一部三碟现场套装，曲目精选自在 1972 年 6 月 25 日和 6 月 27 日分别举办于洛杉矶论坛体育馆与长滩大舞台（Long Beach Arena）的演唱会。这几场演出在飞艇的狂热研究者与靴腿收集者中有若传奇，而你可以从中听出个中缘由。《移民之歌》与《通往天国的阶梯》被演绎得精彩非凡，与它们一起的还有一曲力量无穷的 23 分钟版《爱满载》，以及简直能让人产生性高潮的 25 分钟版《意乱情迷》。

佩奇解释道："洛杉矶系列演出简直穿魂摄魄，你可以听出我们个个都状态绝佳。当我们演奏时，听来简直像有种谜样的第五元素[1]。"两部合辑均反响热烈。《西方如何溃败》在2013年7月14日登顶，这是继1979年的《重整旗鼓》后首张达成这般成就的齐柏林作品。不过那张DVD才是真的卖疯了——不仅RIAA鉴定它足足有十二白金，且据BBC声称，它打破了有史以来所有的音乐视频销量纪录，在发行首周卖掉了较之第二名近三倍的销量。它在美国最高销量DVD的宝座上足足待了三年。

2005年，凭借自己对慈善组织"巴西任务"（Task Brazil）以及"为巴西儿童行动"做出的贡献，佩奇获得了大英帝国官佐勋章[2]（Officer of the Order of the British Empire，OBE）并于当年晚些时候获选里约热内卢荣誉市民。他对为巴西贫困儿童奔走这一事业的热情，乃是他与一名该国女子严肃恋情的结晶，她名叫希美纳·戈麦斯-帕拉查（Jimena Gomez-Paratcha），二人是在与普朗特进行《旦夕之间》巡演时相识的。在收养了戈麦斯-帕拉查的女儿之外，这对夫妇又要了两个孩子，生于1997年的佐菲亚·杰德（Zofia Jade）和生于1999年的阿申·若桑（Ashen Josan）。

2007年9月，经由一则爆炸性的消息，吉米再度走回了聚光灯下：11月26日，在伦敦的O2体育场，齐柏林飞艇将举行重组演唱会，只此一晚。届时佩奇、普朗特以及贝斯手约翰·保罗·琼斯，会携约翰·邦汉姆的儿子杰森·邦汉姆登台，举办这场为纪念于前一年12月去世的大西洋唱片创始人阿梅特·爱特根（Ahmet Ertegun）的

1　古希腊人提出了地水风火四元素说，而"第五元素"——以太，被认为充满地球外的宇宙空间。

2　隶属于大英帝国最优秀勋章（Most Excellent Order of the British Empire）。这是英国授勋及嘉奖制度中的一种骑士勋章，由英王乔治五世于1917年6月4日所创立，用以褒奖在文化、体育等方面做出卓越贡献的人士。获勋人士所来自的阶层十分广泛，因此也更具有大众化的性质。

演出。这将是齐柏林飞艇元老成员们自 1988 年 5 月后的首次共同登台表演，当时他们出现在了大西洋唱片的 40 周年庆典上，鼓手同样是杰森。

为了加点热度，1976 年的电影《歌声依旧》也在正式演出开始前的几天以双张 DVD 的形式重新发行了。这部影片展示了 1973 年乐队在麦迪逊广场花园进行的三日演出，为了这次的 DVD 版特地重制了杜比 5.1 环绕声。套装中亦包含了超过 40 分钟的从未发行过的素材，包括《在山那边遥远的地方》与《庆祝日》的现场表演。

尽管《歌声依旧》的重新推出或许会给部分人留下给重组演唱会赚吆喝的印象，但二者在主题上还是颇有几分联系的：O2 的演出与新版音乐会电影都给了乐队弥补遗憾的机会。首先，齐柏林飞艇需要证明自己配得上过往声名。在统治摇滚界的 11 年里，齐柏林一天比一天壮大，造就了音乐史上延续得最为长久的奇迹。但那些热衷于对乐队吹毛求疵的人总是会以乐队之前两次重组来衡量他们，即 1985 年与鼓手托尼·汤普森和菲尔·柯林斯在四海一家演唱会上的演出，以及 1988 年的亚特兰大唱片 40 周年纪念。

甚至佩奇也承认，这两场万众瞩目的演出极其令人失望。“在 O2 体育场的重聚意味着证明齐柏林飞艇的实力，所以我们对此非常认真。”他说，“在四海一家和亚特兰大庆典上的演出之所以效果差，是由多种多样的原因导致的。这在 O2 演出中都不会再发生了。”

其次，在首版发行很久之后，《歌声依旧》也成了市场上的抢手货。正如佩奇所指出的那样，自这部电影与原声大碟于 90 年代进入数码领域以来，“它们从未获得过应有的评价。”新版 DVD 与 CD 的成就远远不只是为旧版正名——佩奇借助先进科技大大改善了它们的音质。

O2 演出是乐队及两千名乐迷翘首以盼的一切。重整旗鼓、精心排练过的齐柏林飞艇表演了 16 首歌，涵盖了乐队职业生涯的方方面面，包括两首以往从未在现场表演过的歌曲《继续漫步》和《为了你的生活》。

“起初，他们只是要我们弹上一会儿，但我们加进去了更多的歌。”佩奇说，“我们很快意识到我们可不能把《爱满载》演上整整30分钟，搞个大段鼓独奏，再弹个《通往天国的阶梯》，就结束啦！或者顶多再弄个安可，《摇滚乐》，就走啦！——我们可不能这么干。所以为了向人们展示我们过去是怎么弹的，而且弹出诚意和热情，我们必须举办一场足够长的演出。”

演出有着诸多高潮。其一是一曲令人激动的《意乱情迷》，其中佩奇高举他的弓，释放出了较之70年代还要暗黑的黑魔法。《克什米尔》，大气磅礴有若强风过境，除了“史诗”二字再无其他形容。但是为了这场演出将头发染成了巫师般白色的佩奇，将最为振奋灵魂——且令人惊喜——的时刻留给了《通往天国的阶梯》。即使它早就是公认的“史上最佳吉他独奏”，佩奇也很少在现场一个音符接一个音符地表演它的间奏，更愿意围绕着《齐柏林飞艇Ⅳ》中的版本即兴发挥。但这次他却老老实实地照着唱片原样弹了，令整个体育场陷入了疯狂。“我感觉谁都不相信我竟然真这么弹了！”他笑着说，“我只是想炫一下——我能！”

或许O2演出唯一的令人遗憾之处是它只有一场。多年以后，佩奇不无幽怨地解释道：“罗伯特不想继续。这有点傻，明明需求量巨大。只做一场是很自私的。我总觉得我们早就把精灵叫出神灯了，只是没让它发挥作用。”

待到神灯终于封印，佩奇也转身高调投身于一系列项目，致力于在四种媒介上拓展疆场：电视、电影、印刷出版和互联网。对于一个已经年近七十的艺术家而言，这样的成就可绝非“没什么大不了”。

打头阵的是2008年他在北京奥运会闭幕式上表演的《爱满载》，据估算，被全球约20亿人通过电视转播观看。接下来是《吉他英雄》——这是一部由戴维斯·古根海姆（Davis Gugenheim）执导的纪录片，上映于2009年，通过佩奇、白色条纹乐队的杰克·怀特以及U2的刀锋先生（The Edge）的视角探索了电吉他艺术。2010年9月，佩奇推出了限量版图片自传《吉米·佩奇自选集》。这本书由他本人策划并辅助设计，在创世纪出版社（Genesis Publications）旗下推出。最终，在2011年6月14日，佩奇上线了他的个人网站jimmypage.com，意在将之打造成展现其“过去、现在与未来”的平台。

佩奇表示，北京奥运会的闭幕式令他倍感荣幸。为了表演《爱满载》，他与英国广受欢迎的选秀节目“X因素”（The X Factor）的冠军莱昂娜·刘易斯（Leona Lewis）合作。在盛大的烟火与成百上千名舞蹈演员、杂技演员与锣鼓手的陪伴下，佩奇与性感的女歌手一同登上了北京国家体育馆（俗称“鸟巢”）的舞台，站在一辆红色的双层巴士顶部，表演了一版令人目眩神迷的《爱满载》——当然在中国官方的要求下，其中过于露骨的歌词与呻吟被删除了。

佩奇所参与的部分叫作“伦敦八分钟”，是一场象征着主办权移交至2012年东道主伦敦的仪式。“我真的挺喜欢做这种事的，因为它充分展现了音乐究竟如何感染他人。”佩奇说，“中国所有地方的人都在看那场演出。它色彩浓烈、场面浩大、戏剧性强——而且莱昂娜的演唱方式十分大胆——但它的真正动人之处，在于那个使整首歌充满力量的连复段。”

“你知道那究竟在中国引发了怎样的反响吗？”佩奇说，“柏林墙倒下来的那会儿，摇滚乐在很多方面改变了苏联社会。在那以后许多中国人都跑来和我说那有多么精彩，我觉得，耶，任务完成了！真他妈棒！你明白吗，这一切都起始于那个连复段！”

与佩奇一同旅行的摇滚摄影师罗斯·哈尔芬，亦回忆起了那段值得铭记的表演。

“仪式包括将奥林匹克旗帜递交给伦敦市长，因为伦敦将是下一届主办方，”哈尔芬说道，“吉米是为数不多的几个中选者，被挑出来代表英国。但他并不是与齐柏林飞艇一同表演。那是一场重大活动，意味着我能在一个历史性场合为吉米拍照。”

“我们提前一周飞往北京，以便排练、适应环境。航班于清晨5点半降落在了一个令我们西方所有机场都显得又老又破的超现代航站楼，有个举着接机牌的学生告诉我们跟着他走到海关。这感觉有点像欧洲的学校郊游。

“出了机场，热浪滚滚。已经有32度了。我们在北京城里开了一小时车，比较奇怪的是街上根本不塞车。我们到了大饭店，看到它周围环绕着街垒和铁丝网。然后我们又排了一次队，经过了许多道只有机场才有的安检——不过比费城JFK中心和洛杉矶国际机场可要严格多了。我们终于到了酒店，奇怪的事又发生了——除了奥组委的官员，那里面基本没有什么人。这感觉就跟进了《阴阳魔界》[1]（*The Twilight Zone*）似的。和那个超现代化机场不一样，这酒店好像1970年后就没翻修过了。

“交接仪式在长城另一端某个老旧飞机场进行，离酒店有一小时车程。在接下来四天内的每一天，吉米和我都开车到那儿，一待就是一整天，但每天他只有五分钟的正事干。夜里我们溜出去了好几次，可是审查程序实在是太烦人了，所以大部分时间我们都待在空荡荡的酒店里。有次我走出那个奢侈的监狱，发现了君悦酒店。那是个正常酒店，里面住着好多中国人，一道狗屁安检都没有。我告诉了吉米，然后我们立刻就挪地方了，搞得奥组委很没面子。

“活动当天，吉米、我、莱昂娜·刘易斯和足球运动员大卫·贝克汉姆——贝克汉姆身边仿佛有几千个保镖围绕着一般——被塞进一辆巴士，驶往鸟巢。那天有39度，巴士里没有空调。在去体育馆的

1 著名灵异恐怖题材剧集。

途中我们停了三次车，挤过永远环绕的好儿圈保镖，走了半里路来到某体育馆，进行最后排练。我们在奥林匹克村里面，又走了至少半个钟头。没有厕所，没有吃的，什么都没有。那些办奥运会的真是很清楚怎么招待客人！

“在又被撂了半天之后，他们终于把我们带进了体育馆中心。最后，在晚上 8 点半，吉米、莱昂娜和大卫登上了那辆‘魔力巴士’——那辆传统的红色双层巴士，带他们驶进体育馆的场地。巴士一抵达观众就沸腾了，与此同时吉米弹起了《爱满载》的开场连复段。莱昂娜的表现可真不错！而我发现站在场地内部拍摄演出比拍现场要容易多了。

“由于离开中国的飞机票非常紧缺，吉米和我决定再待些日子；事实证明那是这段旅程中最快乐的日子！无论我们去哪儿，所有人，老的年轻的，都认出了吉米，而且他们打招呼时都会来两段空气吉他！某天早上，7 点钟吧，我们去了故宫。那儿到处都是人，吉米也被团团围住了。

“甚至离开中国也是段愉快的经历。机场中不再有烦扰。每个海关工作人员都想和他们的新晋吉他之神签名合影。吉米非常热情地满足了他们。”

尽管论纪念意义或许比不上北京奥运，佩奇的下一项活动亦是同样迷人有趣。传奇影业（Legendary Pictures）的总监兼 CEO、制片人托马斯·图尔（Thomas Tull）和导演戴维斯·古根海姆决定实现长久以来的梦想：用胶片捕捉吉他的美丽。考虑到图尔早就出品过超级大片如《蝙蝠侠：开战时刻》（*Batman Begins*）、《斯巴达三百勇士》（*300*）、《宿醉》（*The Hangover*），而古根海姆则凭借极具开创意义的全球变暖题材纪录片《难以忽视的真相》（*An Inconvenient Truth*）——由阿尔·戈尔（Al Gore）担任解说——获得过奥斯卡金像奖，他们的梦想可谓极有可能照进现实。

图尔并未将之制作成一部直截了当的吉他史，而是选取了三代不同的吉他手，请他们自己来解释这一乐器对各自艺术的重要意义，以及吉他在文化层面上的重大影响。图尔和古根海姆最想邀请的，便是佩奇、刀锋和怀特。

“如果我们凑不齐他们，或许就不会制作这部影片了。”古根海姆说，“这是我们真正想拍的片子，所以我们下定决心要把它拍好。”

整部影片的概念既简洁明了又富有吸引力。第一部分是三个独立的板块，由三位艺术家各自讲述他们与音乐和吉他的爱恨情仇。紧接着是一场未经事先排练的“峰会”，其间三者会演奏各自的歌曲。

“刚刚完成那部由阿尔·戈尔解说的电影的戴维斯找到我，大致介绍了一下项目的轮廓。”佩奇说，“他显然是个音乐发烧友，我对此很欣赏。他有热情。他提的其中一件事是，‘首先，我们会做个访谈，而我会把声音录下来。但访谈不会在摄影机的拍摄范围内进行，更大程度上是为了多了解你，同时也是为了增加点工作的动力。’我一听，哟，还挺酷。事情就这样慢慢发展起来了。”

影片中还有许多更有趣的细节，其中之一是吉米教另外两个吉他手演奏《爱满载》的核心连复段。有那么一瞬，怀特和刀锋显然都变回了 13 岁那年深深为吉他疯狂的自己，为他们竟然能向最能代表摇滚乐的经典偶像学习最能代表摇滚乐的经典连复段而激动得快要晕过去。

正如怀特所解释的那样，“那个连复段是伴随你成长的事情之一，它就像摇篮曲一样嵌入了你的身体。”刀锋先生也说：“一首如《爱满载》般的歌曲，我们太熟悉了——它就像《圣经》或者街道标牌。但是看到它的原作者弹奏它……还是好像进了金字塔。”

《吉他英雄》获得了良好的评论界反馈，并取得了票房上的成功，最终位列史上最高票房纪录片前一百位。尽管它没能成为图尔与古根海姆所期望的吉他史诗，但仍是对三位摇滚史留名的重要艺术家的迷人记录。对于许多人来说，这可能是他们首次有机会得以像老朋友那样近距离感受佩奇、刀锋和怀特。

具象画家弗朗西斯·培根[1]（Francis Bacon）曾有言："艺术家的天职永远是使扑朔迷离更加神秘莫测。"在音乐的世界里，没有谁对这句格言的理解能比佩奇更深刻——许多年来，他始终被视作"神秘莫测的摇滚明星"的典型。但是他近来的一系列活动，却透露出了他想让世人认同并理解自己的成就的愿望。如果说《吉他英雄》是他对解释自己的艺术所做出的第一轮尝试，他的下一个项目就走得更远了。此前几年，佩奇颇下苦功地挑出了数千张照片，按照日期分门别类，以创作一部"图片自传"。这部书取名为《吉米·佩奇自选集》，由创世纪出版社出版，篇幅浩大，皮革包装，作为迄今为止对该音乐人最详尽的记述，内含超过650张照片——其中有些来自他的私人收藏——佩奇认真地为每张照片做了注释。

"这本书描述了我作为音乐家的一面。"佩奇解释道，"它的主旨是呈现我对音乐的热爱从何而来、如何发展。同时，我也希望它能引发共鸣。我挑选的照片与这个主题间的联系都很微妙，你不会直接注意到，但如果多看几次，你肯定能明白我想说些什么。事实上，除了我本人，谁都不能制作这本书。"

创世纪公司的出版人兼设计师凯瑟琳·罗伊斯（Catherine Roylance）对此非常同意。"他参与了每个细小环节，对内容、装订以及材质等都非常关心。"她说，"他眼光很好，可以在编纂阶段预料到图片集的整体效果，一页一页地令这本书有了自己的风格。我认为，这是一种前所未有的'图片自传'，堪称出版史上的里程碑。"

1　弗朗西斯·培根，生于1909年，被认为是20世纪英国最伟大的画家，其作品以强烈的扭曲、变形、暴力著称。

这本书严格遵循编年体，以一系列令人惊叹的50年代晚期照片开场，它们展现了少年吉米·佩奇，在他的最初几把吉他（Hofner President和Grazioso Futurama）的陪伴下，与最初的几支乐队（莱德·E·刘易斯与红帽子、尼尔·克里斯汀与十字军）一起，步入摇滚世界的大门。在这批罕见的录音室音乐人照片之后，是许多佩奇与新兵乐队的照片，其中一张拍摄的是某场举办于康涅狄格州韦斯特波特的小型演出，照片中他与杰夫·贝克正在调音，非常亲密。

当然，齐柏林飞艇岁月被大加渲染，但凡是他们职业生涯中曾登上的舞台，都奉上了从未公之于世的照片。这本书亦在威尔士的布隆-耶-奥稍作停留，这部分内容清新迷人——佩奇与普朗特曾在此地为乐队的第三张专辑作曲。还有一张照片，摄于1971年，展现了佩奇站在尼斯湖那座出镜率甚低的博爱斯金大宅（Boleskine House）前，它曾是阿雷斯特·克劳利的旧居。

该书亦公允地评价了佩奇的后齐柏林时代，收入了他在ARMS巡演上与埃里克·克拉普顿和贝克的演出、在剑桥民谣节上与罗伊·哈珀的演出，在马拉喀什的即兴表演以及在2008年北京奥运会闭幕式上的亮相。它们都是这位神秘吉他手职业生涯的高潮。

《吉米·佩奇自选集》亦反映了佩奇的天性——并不愿向外界述说太多“自己”。他对个人生活几乎闭口不言，不仅每段注释都只有两三句，而且整部书限量发行2 500本——每本售价近700美元，以确保它只贩售给一小撮忠实而富有的歌迷。

也许是作为对其他成千上万歌迷的补偿，他的下一轮行动又回归大众了。在那本创世纪书的鼓舞下，佩奇认为是时候在互联网上推出点什么了，于是jimmypage.com应运而生。

“我多年前就拥有这个域名了，现在只不过是启用它罢了，”他说，“我感到时机到了，应该把素材编辑一下了。”

令他走向互联网的其中一个因素是大量吉米·佩奇网站的存在。

“当你有歌迷特别是有一些热衷做网站的歌迷时，有歌迷站点是挺好的一件事。”佩奇说，“唯一的问题是这类网站是滋生谣言的温床。这些年来，由于互联网和论坛，有关我本人和我的事业的都市传说已经被人们当作普遍真相。”

“另一个做这个网站的理由是，如果你告诉那些不太能把我和我的歌对上号的人我究竟做了什么，他们大体上会想，‘噢，耶，他是齐柏林飞艇的吉他手，不是吗？那场 O2 演出就是他搞的。’但如果他们能看到我的其他材料，没准就会把我和 BBC 联系起来（这里佩奇指的是他 1957 年在著名主持人胡·威尔顿的‘靠自己’节目中的表演），那年我 13 岁。这样他们就能更理解我了——我已经很认真地做了 50 多年音乐了。”

迄今为止，这个网站上最有趣也最有野心的部分就是刚点进去时的醒目页面，它每天都更新，内容为佩奇的“历史上的今天”。与《吉米·佩奇自选集》极为相像，醒目页面亦包括一张照片，以及三至四行吉他手本人写就的文字，以介绍该事件的重要性。还有一个惊喜是，照片往往还配有来自佩奇私人收藏的罕见音频和视频。所有上载的材料都可谓相当吸引人——其中甚至还包括他在尼尔·克里斯汀乐队时精彩而富有感染力的表演，以及《先驱者》巡演中对《在我弥留之际》的惊艳演绎——但它们的数量实在是少得令人着急，搞得每位访客都十分饥渴地盼望着更多。“使扑朔迷离更加神秘莫测”，真是一点没错。

插　曲

与男性时尚设计师约翰·瓦尔瓦托的对谈

时尚风潮的推动者与撼动者约翰·瓦尔瓦托解释“吉米·佩奇风格”缘何仍走在时代前列。

于大多数艺人而言，只要能在职业生涯中创造单单一款经典形象，他们已经足够幸运了。然而，吉米·佩奇创造了许多——万花筒般的 Telecaster、复古拉斐尔前派的艳丽服装；马戏团老板般的黑衣，其上缀有银色星星亮片，还有一把艳阳色的 Les Paul；一袭颓废的黑魔王龙袍，配以高调的 Gibson 双颈琴……以上这些，只不过是他诸多辨识度极高的形象中的一部分，而且它们直到今天还在激发时尚设计师的灵感。

约翰·瓦尔瓦托，当今世界引领潮流的设计师之一，认为佩奇是摇滚史上最具影响力的时尚偶像之一。“没有几个音乐家能在自己的当红时代过去后仍对时尚产生影响。”曾为 CK 和拉尔夫·劳伦（Ralph Lauren）设计服装、如今成功运营着个人品牌的瓦尔瓦托说道，“吉米是为数不多的几个跻身这一行列的人之一。他的造型引领了 60 年代和 70 年代的潮流，如今亦影响着世界各地的设计师。我们不断被他在齐柏林飞艇时代的老照片激发灵感，他甚至影响了我们思考的方式。在整个职业生涯中，他确实很用心地去塑造形象，至于效果，堪称完美。是真正意义上的完美。”

是什么使得吉米·佩奇的风格如此独特？

约翰·瓦尔瓦托：一些音乐人拥有自己独特的风格，但这样的人数量不多。多数人从来不懂这回事。吉米则不仅对整体风格有把握，而且他知道该挑选哪条丝巾。他知道怎样做能近看远看都不错。此外，他对舞台服装也很在行。甚至当他留胡子的时候，也没有显得很寒酸或者散乱——他的胡子看起来酷毙了。就这么恰到好处。我的另一个时尚偶像是演员史蒂夫·麦奎恩（Steve McQueen），他也有一样的本事。他们自带光环。

现在的吉米仍然很有型。任由头发白去是一个绝妙的主意。他没有被苍老牵着走，而是始终保持着掌控力。他身上有光环——他身上一直有光环。

吉米是如何影响到你的工作的？

我始终对音乐和时尚充满热情，但联结这二者的，是齐柏林飞艇。甚至直到现在，如果你看看我对男装和女装的灵感记录簿，上面都有齐柏林飞艇与吉米·佩奇。并不是说我要模仿他的造型，而是关乎捕捉一种气氛。我特别喜欢他在70年代早期的照片，那时他以极为时髦、新奇、街头的方式盛装打扮。

当人们提及70年代的风格时，往往会说大卫·鲍伊（David Bowie）或者马克·博兰（Marc Bolan）。相对而言吉米不够突出。

在70年代，雌雄同体才是"风格"。诸如娄·里德（Lou Reed）、鲍伊和博兰这样的人，穿得相当女性化，但吉米从未越过中间那道线。他确实依当时的风尚穿衣，却从未被风尚套牢。他有自己的观点，按自己的步调前行，而且他从不跟风。

音乐人融合男性与女性的能量。而吉米做得刚刚好，所以他的衣服纵使浮华，却很有男子气概。我近来看了一些UFO乐队在70年代的照片，很显然他们也被雌雄同体的时代风潮影响了，而其中几个成员确实穿了女式上衣。我可从没觉得吉米穿过女式服装。

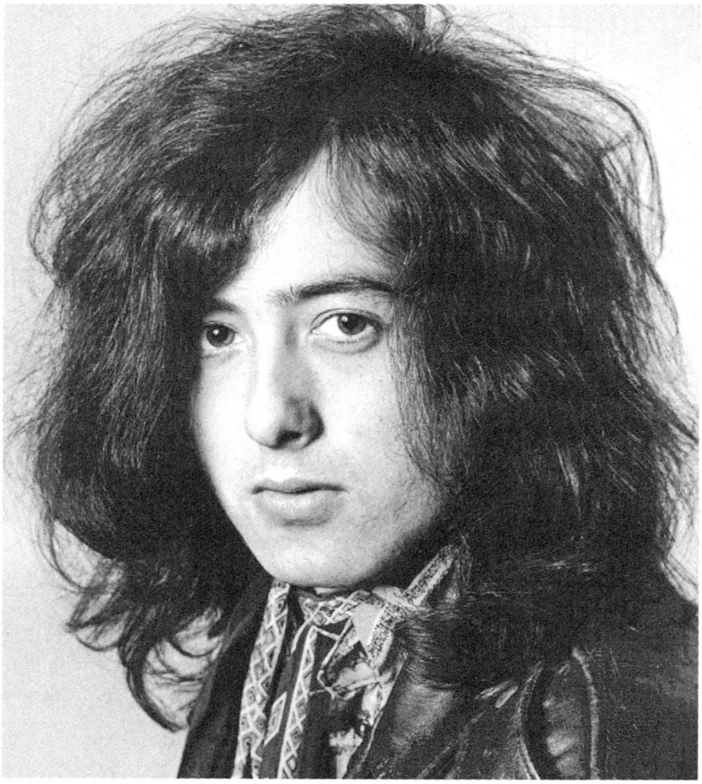

齐柏林飞艇早期宣传照，1968 年（© 迪克·巴奈特/盖蒂图片社）

也许这是因为他的颜色偏好相对朴素。

他明白利用黑色的优势——利用黑色中所蕴含的能量。这是许多人用了很长时间才发现的，但他从一开始就明白了。吉米并没有选择很多颜色，但是挑颜色时始终很有品位，他用其他颜色来修饰黑白龙袍和绣花袍。

更棒的是他从来不会让人觉得他是在演话剧，他看上去就像是玩摇滚的。很多音乐人不懂如何取舍元素。但吉米，你会明白他总能从更宏观的角度来想问题——舞台是什么样子的？这些人在舞台上看起来是什么样？他显然是个对细节极度着迷的人，直到他施展弓拉吉他的瞬间也未曾放弃。

吉米·佩奇的风格仍然适合当今社会吗？

在过去的35年间，他确实拥有巨大的影响力。即使这并不是实打实的，时尚界还是持续不断地从他那里收获灵感。

吉米·亨德里克斯也很有影响——他的军装夹克如今仍是时尚工业的心头好。年轻一代仍然觉得亨德里克斯酷毙了，但吉米的影响力要大得多。

终场演奏

吉米·佩奇的占星术——由著名占星师玛格丽特·桑塔格罗（Margaret Santangelo）读解。

吉米·佩奇对占星术的兴趣早就不是秘密了。你可以从他在袖子处的装饰窥见端倪——或者更确切地说，是他的裤子。虽然他的生日究竟是不是 1944 年 1 月 9 日尚存争议，但其星盘中最重要的元素，均绣在了其 1975 年和 1977 年登台时所着的黑龙袍的左臀部处。一系列具有象征意义的图样中，摩羯是他的太阳宫，天蝎是他的上升宫，巨蟹是他的月亮宫。这三个宫是吉米·佩奇的星位图中最主要也最有趣的占星原型。

通过在演出服上绣上占星学界内部人士才懂的象征符号，佩奇所做的远远比将神秘学元素运用到时尚中更多：他是想唤醒并使这些符号所象征的事物显现，且既有意识地又是在潜意识中在个人性格里加深了这些关键特质。

太阳星座以黄道十二宫图的形式呈现了人的自我，展现了出生当时当地的星星位置。太阳在摩羯宫中，使人拥有野心、实践能力与生意头脑。在吉米·佩奇的星位图中，它落于象征着财富、价值与金融的黄道十二宫第二宫。太阳的位置确保了吉米永远也不会在挣钱上遇到任何问题。事实上，它说明吉米肯定能成为一个精明的商人。

“签到大西洋唱片前，我一手打理了第一张唱片的全部财务工作，并完成了所有录音。”佩奇说。他的财商，以及他最终取得的利润与商业成功，是太阳与水星在第二宫联合的结果。他在挖掘市场、推广自我的同时仍然保持了艺术家的品格，这一点可以归功于天蝎宫所带来的自律、精明及谨慎。

佩奇的龙袍上第二个具有象征意义的图样，代表了上升天蝎，它或许是最重要的。所谓上升，是表明你会如何向他人展示自己——也就是说，你会被怎样看待，以及你究竟会同谁交心（这是太阳的一个功能）。吉米·佩奇的性格——以及他对待媒体和外界的态度——都完完全全来自那个天蝎宫。事实上，目前我们对其个性所知的几个层面——他对神秘学的兴趣、他对保有隐私的坚持、他强烈的控制欲——都是上升天蝎的特质。上升天蝎给了吉米一个地方来隐藏他的真实自我，并允许他向世界呈现出更为含混模糊、精微玄妙的形象。

最后一个图样代表了十二宫的第四宫巨蟹。吉米自己的月亮落于巨蟹之上，且考虑到月亮是巨蟹的天然领袖，这是一个非常有力量的位置。它使人感情激烈、直觉良好，甚至有通灵能力。巨蟹宫的月亮将吉米心灵最深处的感情与思想运送至他的作品里，同时，它出现在许多沉迷酒精、毒品的音乐人的星位图里。它亦是吉米自毁倾向特别是酒精、毒品滥用特质的起源。

由于这一月亮影响的加强，他的巨蟹月亮落于天蝎第八宫——掌控共享资源、性，以及其他一切隐蔽之物的领域。这一点经由他的自我保护与遁隐特质充分证实。他从未将之带出过录音室、展示给哪怕一个观众，考虑到他拥有如此之多的与大量逆行行星相连的天蝎能量，这一点堪称奇迹。

佩奇满是占星符号的龙袍裤（© 堀江和代）

然而，位于第九宫、华丽狮子座的木星，由于不喜欢他的子午图，所以许下诺言说要让吉米不单单会表演，更能奉献出地球上最伟大的演出。更进一步讲，木星——象征好运的行星——是他的星图中位置最高的行星——暗示着他将在职业上取得巨大的成功。

另一个在吉米的星位图中反复出现的主题是逆行。他出生时，除了金星，所有行星都在逆行。这一影响，创造出了一个专注于内在、对公共视线会感到不自在且天生内省的人。逆行的水星恰好与他在摩羯宫的太阳相连，于是他也就自然而然地拥有了灵性和自我反省的能力。这一点与落于他的第一宫的射手金星密切相关，它象征着灵性、智力、更高等的教育、出版和出国旅行。这表明，即使这些行星上都存在内向能量，金星仍然是他的主要指引者，在冥冥中指引着他该如何在世上留下印记、证明自我。

一个典型的射手/第九宫冒险即是佩奇的神秘学书店“春分”，他于1973年在伦敦创办了它。佩奇本来就没指望通过这家书店挣钱，仅仅希望它能成为相关领域的核心。在这里，他出版了一本由克劳利翻译的书《所罗门王盖提亚之书》，并将书店打造为了神秘学界位于伦敦的社交中心。

此外，射手金星鼓励了佩奇成为发行人，不仅发行了自己的音乐，更发行了他所设立的天鹅之歌厂牌（也是在1974年）的音乐。佩奇的金星力量，与摩羯座赋予他的经商本能，令他得以建立起极为成功的厂牌。该厂牌为齐柏林飞艇以及佩奇本人精挑细选的艺人——比如猪队友和漂亮东西——推出唱片。

在任何艺术家的十二宫图里，金星都是最为重要的行星，代表了声音、歌唱和音乐（以及所有的创造性艺术）。在佩奇的星位图里，它是唯一一颗顺行行星，且在代表自我与身份的第一宫中，它是掌管灵性、外国人、旅行、教育与哲学的射手。佩奇对音乐的尊重，以及他对创作近乎宗教般的狂热与投入，都源自射手金星的能量。由于佩奇认为音乐创作是种超验的努力，他能够克制第一宫的自我需求以使乐队更加和谐。佩奇会使用玄学词汇来形容他天生注定的创作搭档罗伯特·普朗特——“我们二人几乎是在与音乐通灵……这个过程几乎毫不费力。”

佩奇通过齐柏林飞艇的作品，探索了音乐的超自然层面，借助音乐这一手段，与智慧之光进行言语与心灵两个层面上的交流。事实上，佩奇是一个音乐炼金术士：经由对声音、频率、科技以及其他事物的自由操控，他召唤出了创作精神的本源，与它实现了共振。

但是，这位隐士并不仅仅是智慧之光的追寻者——他亦是光芒的承载者。佩奇，经历了这轮旅程，已然克服了天蝎所赋予他的缄默本能中的许多缺点，从阴影中走出，分享起了他的声音的奥秘。直觉、灵性与创造力之星海王星，目前正占据着佩奇的子午图，推动着他完成自己的蜕变，遁入到那与其年轻心灵共鸣无限的永恒之中：这位睿智而博学的智者，在高处摇曳着他的智慧之灯，引领着更多尚未得到启蒙的同行者跟随他的脚步。

致　谢

首要的是，我要感谢吉米·佩奇多年以来的耐心投入与时间付出。无论我什么时段去采访他，事情总会变成这样：第一个小时进行得很顺利，第二个小时我们会陷入瓶颈，第三个小时我们已经开始寻找离采访地最近的出口。但好在他总能礼貌地溜走。

接下来，我要感谢我最喜欢的摇滚摄影师罗斯·哈尔芬，他的作品我们可以在本书中看到；还要感谢他可爱的助手堀江和代。罗斯拍出了吉米最好的照片，在我造访伦敦期间，他与和代是非常好的同伴。

在某几次对吉米的访谈中，精力充沛的格雷格·迪·贝内德托充当了我的搭档。格雷格凭自己的努力成了一位卓越的吉他手；每当我搜肠刮肚地冥思苦想着下一个有意义的问题时，他总能适时地填补尴尬。就冲这点，我也要感谢他。

随后，我要向亚历克西斯·库克、克里斯·斯盖皮里提、阿兰·迪·伯纳、哈罗德·斯泰因布拉特和约翰·伯德纳鞠一躬。亚历克西斯是一位优秀的艺术指导，他帮我设计了这部相当复杂的书；克里斯则充当了我的首席顾问；而阿兰慷慨地允许我“劫掠”他有关佩奇个人生涯的最优秀作品；斯泰因布拉特先生则在最后时刻提供了一系列有用的建议；非凡的吉他技师伯德纳则向我科普了吉米的器材。你们都是值得赞美的大好人。

这一切也离不开我的太太罗琳达、我的儿子凯恩和我的女儿妮可多年来对我的工作的支持（即便我花了一年时间窝在厨房里码字），我向他们表达深深的感激。

最后，感谢泰勒玛教费城分会的菲利斯、克里斯·德雷加、约翰·瓦尔瓦托、保罗·罗杰斯、我全能的代理人大卫·邓顿、我的超级好伙伴查尔斯·康纳德、乔·巴索、玛格丽特·桑塔格罗、彼得·马考斯基、大卫·布洛兰、比尔·麦丘、斯蒂夫·卡拉斯、扬·由贺利斯基、伊兹·扎伊，以及《吉他世界》杂志的安东尼·丹姿、吉米·布朗、汤姆·毕乔和杰夫·基茨，他们帮助我得以在截稿期临近时放下手头的工作去赶稿子。没有你们，我不可能完成这本书！

参考资料

图书

Case，George. *Jimmy Page：Magus，Musician，Man.* Hal Leonard，2007.

Clayson，Alan. *The Yardbirds*. Backbeat Books，2002.

Crowley，Aleister，ed. *The Goetia：The Lesser Key of Solomon the King*，trans. Samuel Liddell MacGregor Mathers. Weiser Books，1995.

Daniels，Neil. *Robert Plant：Led Zeppelin，Jimmy Page and the Solo Years*. Independent Music Press，2008.

杂志文章

Behutet Editors. "Interview：Eric Hill，Manager of London's Equinox Book Shop." *Behutet* 37，Vernal Equinox 2008.

Blake，Mark. "Graffiti Art." *Guitar World*，May 2005.

Bosso，Joe，with Greg Di Benedetto. "Physical Riffiti." *Guitar World*，January 1991.

Burroughs，William S. "Rock Magic." *Crawdaddy*，June 1975.

Di Perna, Alan. "Birds of a Feather." *Guitar World*, May 1995.

Di Perna, Alan. "Higher Ground." *Guitar World*, June 1998.

Harper, Clive. "The Equinox Bookshop: Some Images and Impressions." *Behutet* 33, Vernal Equinox 2007.

Houghton, Mick. "The Jimmy Page Page." *Sounds*, July 10, 1976.

Icenine, Alexander. "Led Zeppelin Ⅲ." *Creem*, December 1970.

Ingham, John. "Technological Gypsy." *Sounds*, March 13, 1975.

Makowski, Peter. "Speak of the Devil." *Guitar World*, Holiday 2006.

Mendelsohn, John. "Led Zeppelin Ⅰ." *Rolling Stone*, March 1969.

Mendelsohn, John. "Led Zeppelin Ⅱ." *Rolling Stone*, December 1969.

Rosen, Steven. "Jimmy Page: The Interview." *Guitar World*, July 1986.

网站

www.jimmypage.com

www.ledzeppelin.com

www.led-zeppelin.org

www.tightbutloose.co.uk

www.wholelottaled.webs.com

图书在版编目（CIP）数据

光与影：吉米·佩奇谈话录 /（美）托林斯基（Tolinski，B.）著；吴少骊，陈易之译.—北京：中国人民大学出版社，2014.9
ISBN 978-7-300-20015-6

Ⅰ.①光…　Ⅱ.①托…②吴…③陈…　Ⅲ.①佩奇，J.—访问记　Ⅳ.①K835.615.76

中国版本图书馆 CIP 数据核字（2014）第 216067 号

光与影
吉米·佩奇谈话录
布莱德·托林斯基　著
吴少骊　陈易之　译
Guang yu Ying

出版发行	中国人民大学出版社		
社　址	北京中关村大街 31 号	邮政编码	100080
电　话	010－62511242（总编室）		010－62511770（质管部）
	010－82501766（邮购部）		010－62514148（门市部）
	010－62515195（发行公司）		010－62515275（盗版举报）
网　址	http://www.crup.com.cn		
	http://www.ttrnet.com(人大教研网)		
经　销	新华书店		
印　刷	北京联兴盛业印刷股份有限公司		
规　格	160 mm×235 mm　16 开本	版　次	2015 年 1 月第 1 版
印　张	17.75 插页 2	印　次	2015 年 1 月第 1 次印刷
字　数	225 000	定　价	55.00 元